D1721665

Sprachbezogene Curricula und Aufgaben in der beruflichen Bildung

WISSEN – KOMPETENZ – TEXT

Herausgegeben von Christian Efing, Britta Hufeisen
und Nina Janich

Band 12

*Zu Qualitätssicherung und Peer Review
der vorliegenden Publikation*

Die Qualität der in dieser Reihe erschei-
nenden Arbeiten wird vor der Publikation
durch externe, von der Herausgeberschaft
benannte Gutachter im Double Blind
Verfahren geprüft. Dabei ist der Autor
der Arbeit den Gutachtern während der
Prüfung namentlich nicht bekannt; die
Gutachter bleiben anonym.

*Notes on the quality assurance
and peer review of this publication*

Prior to publication, the quality of the
work published in this series is double
blind reviewed by external referees
appointed by the editorship. The
referees are not aware of the author's
name when performing the review;
the referees' names are not disclosed.

Christian Efing / Karl-Hubert Kiefer (Hrsg.)

Sprachbezogene Curricula und Aufgaben in der beruflichen Bildung

Aktuelle Konzepte und Forschungsergebnisse

Bibliografische Information der Deutschen Nationalbibliothek
Die Deutsche Nationalbibliothek verzeichnet diese Publikation
in der Deutschen Nationalbibliografie; detaillierte bibliografische
Daten sind im Internet über http://dnb.d-nb.de abrufbar.

Gedruckt mit freundlicher Unterstützung der Stadtsparkasse Wuppertal.

Gedruckt auf alterungsbeständigem, säurefreiem Papier.
Druck und Bindung: CPI books GmbH, Leck

ISSN 1869-523X
ISBN 978-3-631-67698-1 (Print)
E-ISBN 978-3-653-07175-7 (E-PDF)
E-ISBN 978-3-631-70883-5 (EPUB)
E-ISBN 978-3-631-70884-2 (MOBI)
DOI 10.3726/978-3-653-07175-7

© Peter Lang GmbH
Internationaler Verlag der Wissenschaften
Frankfurt am Main 2017
Alle Rechte vorbehalten.
Peter Lang Edition ist ein Imprint der Peter Lang GmbH.

Peter Lang – Frankfurt am Main · Bern · Bruxelles · New York ·
Oxford · Warszawa · Wien

Diese Publikation wurde begutachtet.

www.peterlang.com

Vorwort

Der vorliegende Band „Sprachbezogene Curricula und Aufgaben in der beruflichen Bildung" geht zurück auf eine internationale und interdisziplinäre Tagung gleichen Namens, die vom 21.-23. März 2016 von der germanistischen Sprachdidaktik an der Bergischen Universität Wuppertal ausgerichtet wurde. Nachdem sich die Forschung zu sprachlich-kommunikativen Aspekten in der beruflichen Bildung in den letzten Jahren intensiv insbesondere der Kompetenzdiagnostik (insbesondere im Bereich Lesekompetenz von BerufsschülerInnen) sowie der Erhebung und Analyse der kommunikativen Anforderungen an Auszubildende und der Sprachbedarfsermittlung gewidmet hat, rücken nunmehr verstärkt Curricula und Aufgaben als logische Anschlussthemen in den Fokus der Diskussion: Die Kompetenzdiagnostik hat bereits überindividuelle sprachliche Förderbedarfe von BerufsschülerInnen aufgezeigt, und die Anforderungsanalysen und Sprachbedarfsermittlungen haben mit den erhobenen und analysierten Situationen und Materialien zu den realen Anforderungen in ausgesuchten beruflichen Kontexten eine erste empirische Basis für eine nun nach und nach mögliche reflektierte (d. h. die festgestellten Anforderungen kritisch reflektierende) Entwicklung oder Veränderung von Curricula geliefert (und liefern sie weiterhin), die bildungspolitisch verankern können, über welche sprachlich-kommunikativen Kompetenzen LernerInnen und Berufstätige verfügen sollten. Erst ausgehend von solch einer klaren, auf den realen Anforderungen basierenden Kompetenz- und Lernzielperspektive lassen sich Methoden und Lehr-Lern-Materialien (verschiedener medialer Form) bzw. konkrete Aufgaben konzipieren, mit denen die im Beruf benötigten sprachlich-kommunikativen Kompetenzen auch in der beruflichen Ausbildung angebahnt werden können. Die Methoden und Aufgaben sind für die LernerInnen der Dreh- und Angelpunkt des Lernens, denn Aufgaben setzen Anforderungen und eröffnen Lernmöglichkeiten.

Im gesamten Prozess sind dabei sowohl Deutsch-Erst- als auch Deutsch-Zweit- und Fremdsprachler in den Blick zu nehmen. Angesichts der aktuellen Flüchtlingssituation mag es nicht überraschen, dass zahlreiche Beiträge des Sammelbandes dabei deutlich den Bereich des Deutschen als Zweitsprache fokussieren; ein weiterer, quer zu Curricula und Aufgaben liegender Schwerpunkt ist insbesondere die Schreibförderung. Ein Blick auf die Bildungsinstitutionen zeigt, dass der Band das Thema nicht auf die berufsbildenden Schulen beschränkt, sondern etwa auch die Ausbildung an Universitäten aufgreift.

Curricula sind zunächst einmal nicht mehr und nicht weniger als eine bildungspolitisch-juristische Instanz bzw. Bezugsgröße für Lehrende, die verbindliche Inhalte oder Kompetenzen festlegt und bestimmten Entwicklungsphasen der LernerInnen zuordnet. Schaut man sich Lehramtsanwärter an, so wird deutlich, dass (z. B. in Hausarbeiten und Unterrichtsentwürfen) auf Curricula zumeist lediglich aus solch einer juristischen Legitimationsperspektive referiert wird: Inhalte, Themen und Kompetenzen von Lernsettings werden mit Rekurs darauf, dass „das ja so in den Curricula vorgegeben ist", begründet – und nicht etwa mit der fachdidaktischen Bedeutung dieser Inhalte, Themen und Kompetenzen; es fehlt also ein Bezug auf die eigentlich relevante Ebene, die die Aufnahme in die Curricula ausgelöst hat. Doch sollten Curricula und ihre Inhalte fachdidaktisch – und nicht etwa durch Tradition o.dgl. – fundiert und legitimiert sein. Aus Perspektive der Curriculumentwicklung ist es die Aufgabe der Didaktik, theoretische Konzepte und empirische Ergebnisse der Grundlagenforschung in Curricula zu überführen und zu gewährleisten, dass Curricula sich im Gleichschritt mit Kompetenzen und Anforderungen entwickeln und eine fachlich-fachdidaktische, keine juristische Instanz darstellen: Die fachdidaktische Diskussion sollte nicht den Curricula folgen, sondern ihnen vorangehen. Dann werden Curricula zu Steuerungsinstrumenten der Unterrichts- und Schulentwicklung oder, zum Beispiel, der (gesellschaftlichen und beruflichen) Integration von Flüchtlingen.

Stecken Curricula den fachlichen, fachmethodischen und sozialen Bezugsrahmen ab, in dem die sprachlich-kommunikativen Kompetenzen gefördert werden sollen, die in der beruflichen Wirklichkeit als relevant erachteten werden, liegt die Bedeutung von Aufgaben darin, Wege zu ebnen, diese realen Kompetenzanforderungen (insbesondere ihre Bedeutung für berufliches Handeln) bezogen auf alle Fertigkeitsbereiche im Hier und Jetzt des Lernraums im kleineren Maßstab abzubilden, den Lernern Gelegenheit zu geben, ihren aktuellen (deklarativen/ prozeduralen) Wissensstand zu erkennen und lehrerseits methodisch vielfältige Anreize zu liefern, dieses Wissen weiter auszubauen. Aufgaben sollten daher in ihrer Formulierung und Anordnung verständlich und nachvollziehbar sein und kognitiv und motivational sinnvoll an den Lerngegenstand sowie die individuellen bzw. gruppenspezifischen Lernervoraussetzungen anschließen.

Sprache und Kommunikation haben nicht nur Zuträgerfunktion für berufliches Handeln, sondern stellen in unterschiedlichster Form häufig selbst berufliche Aufgaben dar. Ob der Bericht einer Krankenschwester über die verabreichte Medikation für den Patienten im morgendlichen Übergabegespräch oder das Ausfüllen von Transportdokumenten und Begleitpapieren für den Versand einer Ware: Berufliches Handlungsfähigkeit ist darauf angewiesen, dass in Aus- und

Weiterbildung reflexive, rezeptive und produktive Lernprozesse über Sprache und Kommunikation in Gang gesetzt werden und letztendlich ein Repertoire an Formen und Strategien bereitsteht, um diese Aufgaben losgelöst vom Lernort sachgerecht, effektiv und verantwortungsvoll zu erfüllen.

Die Wuppertaler Tagung diente in diesem Sinne auch der Erörterung aktueller Ansätze und (empirisch gestützter) Forschungsergebnisse, wie sich sprach- und kommunikationsbezogene curriculare Vorgaben in unterschiedlichen schriftlichen und mündlichen Handlungskontexten der Berufswelt über unterschiedliche Aufgabentypen, im Kontext von Übungen und Prüfungen und angesichts gegenwärtiger Migrationsherausforderungen umsetzen lassen. Der Dank der Herausgeber für eine perfekte Tagungsunterstützung und formale Vorbereitung der Sammelband-Beiträge gilt Larissa Schlößer. Ebenfalls zu großem Dank verpflichtet sind wir den Freunden und Alumni der Bergischen Universität Wuppertal (FABU) für die finanzielle Unterstützung der Tagung sowie der Sparkasse Wuppertal für die finanzielle Unterstützung dieser vorliegenden Tagungsdokumentation.

Wuppertal, im März 2017   Christian Efing, Karl-Hubert Kiefer

Inhalt

Annette Müller (Berlin)

Sprachdidaktisches Wissen von Berufspädagogen in der Lehrerausbildung: Überlegungen zur möglichen Einbindung in ein Curriculum

Abstract: In vocational education, an increasingly heterogeneous student body leads to a shift in requirements for training of vocational teachers. As a factor of learning, language is of particular relevance in this regard. Teachers are facing exceptional tasks when confronted with the heterogeneous linguistic learning dispositions of vocational students in multilingual classes. These linguistic challenges require language-didactic knowledge and working techniques which vocational teachers ideally acquire already during their own training. Taking this as a starting point, the present paper focuses on the qualification of future vocational teachers in the first phase of their training. It is the objective both to train future vocational teachers to be aware of their usage of language when teaching multilingual classes and to impart working methods which combine linguistic and vocational learning. To this end, a knowledge catalog with teaching contents of *German as a second language in vocational education* is presented.

Einleitung

Die zunehmende Heterogenität der Lernenden an beruflichen Schulen führt zu veränderten Ausbildungsanforderungen des schulischen Bildungspersonals. Dabei kommt Sprache als Faktor des Lernens besondere Relevanz zu. Im Rahmen dieser Ausführungen soll der Blick auf die Zielgruppe von Berufslernenden in Schulen der beruflichen Bildung gerichtet werden, die eine andere Erstsprache als Deutsch erworben haben.[1]

---

1   Die Formulierungen *Berufslernende, die eine andere Erstsprache als Deutsch erworben haben, mehrsprachige Berufslernende, Berufslernende mit Migrationshintergrund* und *Zweitsprachler* werden im Folgenden weitgehend synonym verwendet. Die damit bezeichneten Personen blicken, unabhängig von ihrer Staatsangehörigkeit, auf eine aktuelle oder vor Jahr(zehnt)en erfolgte Migration nach Deutschland oder in deutschsprachige Länder zurück, aufgrund derer sie in unterschiedlichen Domänen unterschiedliche Sprachen verwenden. Deutsch als Zweitsprache (DaZ) zeichnet sich dabei als dominante Umweltsprache und als Sprache der Bildung und Ausbildung aus.

Lehrkräfte stehen im Umgang mit den heterogenen sprachlichen Lerndispositionen der Berufslernenden in mehrsprachigen Klassen vor besonderen Aufgaben. Diese sprachbezogenen Herausforderungen erfordern sprachdidaktisches Wissen und Arbeitstechniken, auf die Fachlehrer möglichst schon im Rahmen ihrer Ausbildung vorbereitet werden sollten. Ausgehend davon geht es in diesem Beitrag um die Qualifizierung künftiger Berufspädagogen in der ersten Phase der Lehrerausbildung. Ziel ist es, künftige Berufspädagogen zu einem bewussten Umgang mit Sprache im Fachunterricht mehrsprachiger Klassen anzuleiten und Arbeitsweisen zu vermitteln, die sprachliches und fachliches Lernen verbinden.

Die folgenden Ausführungen werden von der Frage bestimmt, welches sprachdidaktische Wissen angehende Berufspädagogen als Handlungsgerüst zum sprachbewussten Umgang mit berufsfachlichen Inhalten benötigen. Im Ergebnis führt diese Frage zu einer Auflistung von Lehr- und Lerninhalten, dem sogenannten Wissenskatalog *Deutsch als Zweitsprache in beruflichen Schulen*[2], der hier als Orientierungsgerüst in Funktion eines Curriculumentwurfs vorgestellt wird.

1. Ausgangspunkt: Sprache in der beruflichen Bildung

In der Vergangenheit fiel dem Lernbereich Sprache im Bereich der beruflichen Bildung (dazu Grundmann 2007, Frackmann/Tärre 2009: 63) traditionell eine untergeordnete Rolle zu.[3] So verwundert es auch nicht, dass die Situation mehrsprachiger Lernender in beruflichen Schulen – trotz einer über fünfzigjährigen Einwanderung nach Deutschland und des bereits vor etwa vier Jahrzehnten aufgenommenen Arbeitsbereichs *Deutsch als Zweitsprache* (Maas 2008: 665) – erst seit Anfang der 2000er Jahre in sprachdidaktischen Zusammenhängen zunehmend Beachtung findet (Angaben zu Modellversuchen und Projekten, die diese Thematik anfänglich bearbeiteten, finden sich in Leisen 2010: 5 f.; Kugler 2013: 153).

2 Der Wissenskatalog ist im Rahmen eines Lehrauftrags der Verfasserin zum Thema *DaZ-Förderung im Berufsschulunterricht* an der Humboldt-Universität zu Berlin entstanden. In Berlin war seit dem Wintersemester 2007/2008 bis vor kurzem für Lehramtsstudierende aller Fachrichtungen im Bachelor- und Masterstudium der Besuch von jeweils zwei Veranstaltungen zum Thema *Deutsch als Zweitsprache (DaZ)* obligatorisch (Lütke 2010). Aktuell wird eine Studienreform im Bereich der DaZ-Module durchgeführt (Lütke et al. 2016), die unter anderem eine Integration des DaZ-Moduls in das neu eingeführte Praxissemester vorsieht. Dies veranlasste die Verfasserin, auf ihre zurückliegende Tätigkeit zurückzublicken und diese auszuwerten.

3 Die Vernachlässigung sprachlicher Aspekte im Rahmen der beruflichen Bildung ist auf eine überkommene Bildungsauffassung zurückzuführen, die sprachliche Bildung dem Bereich der allgemeinen Bildung zuordnet (Riedl 2011: 29; Maas 2008: 664).

Dabei ergibt sich insbesondere mit Blick auf die sprachliche Situation in beruflichen Schulen die Dringlichkeit, Sprache und Sprachbildung mit besonderem Nachdruck zu berücksichtigen (Pätzold 2010). So weisen berufliche Schulen durch das Angebot verschiedener Bildungsgänge wie keine andere Schulform eine breit gefächerte Heterogenität (Grassi/Fleischmann 2012; Deutsche Gesellschaft für Erziehungswissenschaft 2009) auf. Lehrkräfte beruflicher Schulen sehen sich in besonderer Weise zur Auseinandersetzung mit sprachlicher und kultureller Vielfalt veranlasst (Kimmelmann 2009).

Berufslernende sind in ihrer Bildungsbiografie fortgeschritten und geprägt (Fiebig et al. 2014: 21; Knapp/Pfaff/Werner 2008; siehe dazu auch Siemon 2016: 433 ff.). Angesichts der Tatsache, dass sicher ausgebildete Sprachfertigkeiten eine wesentliche Voraussetzung des Ausbildungserfolgs sind (Ohm 2014), zeigt sich im Bereich der beruflichen Bildung vielfach, dass sich die in der Sekundarstufe I entstandenen sprachlichen Lücken im weiteren Bildungsverlauf reproduzieren (Grießhaber 2010: 40) und den fachlichen Lernprozess wesentlich erschweren können. Die hier skizzierte sprachbedingte Bildungsproblematik, die in sprachdidaktischen Zusammenhängen unter dem Begriff *bildungssprachliche Kompetenz*[4] diskutiert wird, steht im Kontext einer in Deutschland nach wie vor festzustellenden Bildungsbenachteiligung, von der besonders Lernende mit Migrationshintergrund betroffen sind (Wolf 2013; Geißler 2012; Granato 2013; Bundesministerium für Bildung und Forschung 2015: 53).

Ein weiterer Gesichtspunkt, der sprachliches Lernen in beruflichen Schulen kennzeichnet, ist die Spezialisierung auf berufsrelevante Themen im Verbund mit der Präsentation berufsbezogener Inhalte in einem besonderen sprachlichen Register, den Fach- oder Berufssprachen, die von Fach zu Fach unterschiedlich

---

4   Mit dem Begriff *Bildungssprache* liegt ein Ansatz zur Erklärung beobachtbarer Sprachschwierigkeiten von Lernenden mit Migrationshintergrund im Umgang mit schriftsprachlichen Anforderungen (Gogolin 2009; Ohm 2010; Feilke 2012) vor. Der zentrale Bezugspunkt bildungssprachlicher Kompetenz ist – im Gegensatz zur mündlichen Sprachform – die Ausrichtung an konzeptioneller Schriftlichkeit. Bildungssprachliche Kompetenz ist das Ergebnis des Bildungsprozesses in der allgemeinbildenden Schule. Sie impliziert die literale Fertigkeit, Sprache in schriftsprachbezogenen Zusammenhängen kontextunabhängig zu entschlüsseln und zu verwenden und führt dazu, Sprache als Mittel zur selbstständigen Erarbeitung von Wissen sicher einsetzen zu können. Ausgehend von diesem Erklärungsmuster lassen beobachtbare Schwierigkeiten von Berufslernenden im Umgang mit schriftsprachlichen Anforderungen (dazu beispielsweise Klein/Schöpper-Grabe 2013 und die Ausbildungsumfrage des Deutschen Industrie- und Handelskammertages 2015: 20) vielfach auf unzureichend ausgebildete bildungssprachliche Kompetenzen schließen.

ausgeprägt sind (Buhlmann/Fearns 2000; Niederhaus 2011; Kniffka/Roelke 2016).
Gemeinsam ist Fachtexten, dass sie in einer verdichteten, komprimierten Ausdrucksweise unter Verwendung komplexer syntaktischer Strukturen verfasst
sind – wie der Verschränkung mehrerer Nebensätze, dem Gebrauch verzweigter
Attribuierungen oder der vorwiegenden Verwendung von Passivformulierungen.
Zudem weisen sie einen Fachwortschatz auf, in dem sich fachliche Zusammen-
hänge prägnant und sprachökonomisch ausdrücken – beispielsweise durch den
Gebrauch von Komposita, Fremdwörtern, Metaphern sowie durch Verben, die
ihre jeweilige Bedeutung durch Präfixe und Suffixe wesentlich verändern können
(Kniffka/Roelcke 2016: 61 ff.).

Die sprachlichen Anforderungen in der beruflichen Bildung sind in den letzten
Jahren immens gestiegen und werden angesichts einer immer komplexer wer-
denden Arbeitswelt weiter steigen (siehe dazu Ohm 2014: 7). Zwischen diesen
zunehmenden Anforderungen und den sprachlichen Fertigkeiten vieler Berufslernender (dazu beispielsweise Klein/Schöpper-Grabe 2013) besteht eine unver-
hältnismäßig hohe Diskrepanz. Kniffka/Roelke (2016: 21) ist zuzustimmen, wenn
sie feststellen, dass Fachsprachenkompetenz als „die Kompetenz zur richtigen
und angemessenen Verwendung von Fachsprache in Produktion und Rezeption
schriftlicher und mündlicher Texte" nicht „quasi nebenbei, also ungesteuert zu
erwerben ist" (Kniffka/Roelke 2016: 23). Obwohl der Umgang mit Sachtexten
in allgemeinbildenden Schulen in vielfältiger Weise (Efing 2013: 243 ff.) geübt
wird, zeichnet sich ab, dass Absolventen der Sekundarstufe I oft nicht genügend
auf die in der beruflichen Bildung bestehenden fachsprachlichen Anforderungen
vorbereitet wurden. Somit besteht die Gefahr, dass unzureichend ausgebildete
bildungssprachliche Kompetenzen den Ausbildungserfolg beinträchtigen.

2. Curriculum

Deutlich wird, dass sich das Aufgabenprofil der Lehrkräfte in der beruflichen
Bildung um Aspekte der Sprachbildung erweitert hat. Sprache im Rahmen des
Fachunterrichts zu berücksichtigen, stellt Berufspädagogen vor eine doppelte
Aufgabe: Zum einen gilt es, diejenigen Grundfertigkeiten zu vermitteln, die in
der allgemeinbildenden Schule nicht ausreichend bearbeitet wurden. Zum anderen stellt sich Fachlehrpersonen die Aufgabe, den Ausbau und die Erweiterung
von sprachlichen Fertigkeiten in beruflichen Zusammenhängen anzuleiten (vor
allen Dingen, wenn es um das Lesen von Fachtexten oder um berufsbezogene Schreibaufgaben geht). In diesem Zusammenhang sprechen sich Hufeisen/
Neuner (2006: 159 ff.) für ein Gesamtcurriculum aus der Perspektive der Mehrsprachigkeitsforschung aus und plädieren dafür, dass „alle Lehrenden [...] über

Kenntnisse in der Didaktik und Methodik von DaZ [verfügen] und [...] sie entsprechend in ihren Fachunterricht mit einbeziehen [können], um Lernende[n] mit fremdsprachlichem bzw. Migrationshintergrund gerecht zu werden" (Hufeisen/Neuner 2006: 166). Dass die hierzu notwendige sprachdidaktische Professionalisierung der Lehrkräfte auf allen drei Ebenen der Lehrerausbildung und Lehrerfortbildung – also in der universitären Ausbildung, im Vorbereitungsdienst und in die Berufspraxis begleitenden Fortbildungen – spiralförmig anzusiedeln ist, liegt nahe (Benholz/Siems 2016; Hachfeld 2012: 61).

2.1 Der Begriff Curriculum

Der Wissenskatalog ist für die erste Phase der Lehrerausbildung konzipiert und stellt den Beginn einer „professionalisierungsbezogenen" Auseinandersetzung mit der Thematik *Deutsch als Zweitsprache (DaZ) in beruflichen Schulen* dar. Er soll als Verlaufsplan der Vermittlung von Sachwissen und als Handreichung zur sprachbezogenen Arbeit im Fachunterricht in mehrsprachigen Lerngruppen der beruflichen Bildung dienen.

Mit dem Anliegen, eine Systematisierung wissensrelevanter Lehr- und Lerninhalte vorzunehmen, ist der Wissenskatalog auf die Erstellung eines Curriculumentwurfs ausgerichtet. Daher ist zunächst der Begriff *Curriculum* zu klären. Akker/Fasoglio/Mulder (2010: 5) nähern sich dem Begriff durch eine etymologische Betrachtung und führen aus: „The Latin word ‚curriculum' refers to a ‚course' or ‚track' to be followed. In the context of education, where learning is the central activity, the most obvious interpretation of the word curriculum is then to view it as a course or ‚plan for learning'".

In der Bildungsplanung wird der Begriff *Curriculum* in engem Zusammenhang mit der Erarbeitung von Lehrinhalten, Lehrplänen und Lernzielen verwendet. Ende et al. (2013: 48) heben hervor, „dass es sehr schwierig ist, zwischen Lehrplan und Curriculum eindeutig zu trennen."

2.2 Der aktuelle Stand der Curriculumdiskussion

In der Bundesrepublik wurde der Begriff *Curriculum* in Anlehnung an Robinsohn (1967) in den frühen 1970er Jahren – im Kontext des sogenannten Sputnikschocks und der damit thematisierten Bildungskatastrophe – eingeführt und führte zu einer umfassenden Revision von Lehrplänen (Deutscher Bildungsrat 1974). Mit Beschluss der Kultusministerkonferenz von 1996 erfolgte im Bereich der beruflichen Bildung mit Einführung des Lernfeldkonzepts eine weitere bedeutsame Curriculumreform, mit dem Ziel einer noch stärker an der beruflichen Realität ausgerichteten Ausbildung. Von besonderer Bedeutung ist in diesem

Zusammenhang das Konzept des Spiralcurriculums, das eine Bearbeitung von Themen wiederkehrend in unterschiedlichen Zeitabständen auf unterschiedlichen Kenntnisstufen vorsieht. Aktuell steht in didaktischen und unterrichtswissenschaftlichen Curriculumdiskussionen im Kontext der kompetenzorientierten Ausrichtung des Unterrichts das Konzept des Kernlehrplans im Vordergrund. Ein Kernlehrplan liefert „keinen genauen Verlaufsplan […] Er gibt stattdessen ein sprachliches Abschlussprofil in Form von gestuften Teilkompetenzen vor. Das Abschlussprofil bildet einen zu erreichenden Standard ab" (Ende et al. 2013: 144).

2.3 Zwei curriculare Eckpunkte des Wissenskatalogs

Der Wissenskatalog *DaZ in beruflichen Schulen* wird in curricularer Hinsicht von zwei Eckpunkten bestimmt:

Eckpunkt 1: Orientierung an einem offenen Curriculumbegriff. Dazu führen Roth et al. (EUCIM-TE 2009: 18) aus: „Der Begriff des ‚Curriculums' bewegt sich von einem Verständnis von einem umzusetzenden Plan weg hin zu einer Konzeption ‚eines aktiven Prozesses, in dem Planen, Handeln und Beurteilen reziprok verbunden und integriert sind' […] Dabei ist es auch mit einer einmaligen Implementierung nicht getan – IALT [„Inclusive Academic Language Teaching"; damit beziehen sich die Autoren auf das von ihnen konzipierte Curriculum] entfaltet seine Wirkung erst im permanenten Gespräch mit den jeweils vorherrschenden Zielen und Methoden der schulischen Bildung und den beteiligten Akteuren". Diese Prämissen sind ein zentraler Orientierungspunkt des Wissenskatalogs. So entspricht ein offenes Curriculum vor allen Dingen in Bezug auf das Thema *Lernen in der Zweitsprache* der Dynamik einer mehrsprachigen Gesellschaft und den innewohnenden stetigen Veränderungen, so wie es die aktuelle Situation beispielsweise im Hinblick auf die berufliche Integration von Geflüchteten zeigt.

Eckpunkt 2: Situationsorientierung. Das Gestaltungsprinzip eines situationsorientierten Curriculums, das im Kontext der Entwicklung des Lernfeldansatzes anzusiedeln ist, wird von Clement (2006: 263 f.) folgendermaßen beschrieben: „Situationsorientierte Curricula nehmen auf Geschäfts- und Arbeitsprozesse Bezug, mit denen die Absolventinnen und Absolventen des Ausbildungsganges in ihrer beruflichen Praxis voraussichtlich konfrontiert sein werden und wählen diese zum Relevanz- und Ordnungsprinzip des Lehrplans. Die Qualifizierungsinhalte werden aus Analysen des zukünftigen Tätigkeitsbereiches abgeleitet".

In diesem Sinne orientiert sich der Wissenskatalog zum Thema *DaZ in beruflichen Schulen* an der beruflichen Praxis und an den beruflichen Handlungserfordernissen der Lehrkräfte. Gleichzeitig impliziert die Ausrichtung an einem situationsorientierten Curriculum, dass Unterrichtsgegebenheiten und strukturelle Rahmenbedingungen in den Wissenskatalog einfließen, die eine Integration von Sprachförderung in den Fachunterricht erschweren. Dabei kann eine sogenannte Dilemma-Analyse hilfreich sein, wie sie von Altrichter/Posch (2007: 220 ff.) in den Bereich der Unterrichtsentwicklung und Unterrichtsevaluation eingebracht wurde und häufig im Kontext von Aktionsforschung angewendet wird.[5]

2.4 Ebenen der Curriculumentwicklung

Ausgehend von verschiedenen Ebenen der Curriculumentwicklung bezieht sich der Wissenskatalog auf den Bereich der Unterrichtsgestaltung, also auf die Mikroebene. Nicht außer Acht gelassen werden sollte in einem Wissenskatalog die Mesoebene der Curriculumentwicklung, bei der es um Schulprogrammentwicklung oder – mit Blick auf die hier diskutierte Thematik – um den Entwicklungsschwerpunkt *Sprache als Querschnittsaufgabe im Rahmen der Schulprogrammentwicklung* geht sowie um die Bearbeitung von Dilemmata[6], die eine Verbindung fachlichen und sprachlichen Lernens erschweren oder verunmöglichen. (So könnte eine Auseinandersetzung der Studierenden mit der Frage, welche Gegebenheiten Sprachförderung im Fach beeinträchtigen, dazu beitragen, dass sich die künftigen Fachlehrpersonen bereits im Studium mit beobachtbaren Dilemmata und dem damit verbundenen Veränderungsbedarf auseinandersetzen und in ihrer späteren Berufstätigkeit entsprechende Innova-

---

5 Der Dilemma-Analyse liegt die Annahme zugrunde, dass Widersprüche allgemeine Strukturen sozialer Organisationen sind. Die Bewältigung dieser durch Dilemmata gekennzeichneten Situationen „fällt leichter, wenn die in ihnen verborgenen Widersprüche und Spannungsverhältnisse sichtbar gemacht, dadurch der Aufmerksamkeit zugänglich und [...] bearbeitbar werden. Die Dilemma-Analyse besteht aus der Suche nach und Formulierung von Widersprüchen und Spannungsverhältnissen sowie aus deren Bearbeitung. Dabei werden die Widersprüche als zentrale Ansatzpunkte für das Verständnis von Situationen und für die Entwicklung von Handlungsstrategien angesehen" (Altrichter/Posch 2007: 221).

6 Als ein zentrales Dilemma erachte ich das Thema *Schreibförderung in sprachlich heterogenen Klassen in beruflichen Schulen*. Angesichts der individuellen Ausprägung der jeweiligen Sprachprofile kann gezielte Schreibförderung meines Erachtens zumeist nur im Rahmen individueller Förderung erfolgen. Ein weiteres Dilemma sehe ich in der Frage, wie der unterschiedlichen Schreib- und Lesegeschwindigkeiten von Lernenden nichtdeutscher Herkunftssprache als Form struktureller Benachteiligung beispielsweise in Prüfungen begegnet werden kann. Ungeklärt ist weiterhin, wie einer Bearbeitung von Fehlern und einem korrigierenden Feedback im Unterricht mehr Zeit eingeräumt werden könnte.

tionen aktiv unterstützen und vorantreiben.) In Bezug auf die Curriculumdiskussion zum Thema *Sprache als Querschnittsthema* ergibt sich folgende Sicht:

Tabelle 1: Sprache als Querschnittsthema

Mikroebene	Unterrichtsbezogen	**1. Phase der Lehrerausbildung** Erwerb des grundlegenden zweitsprachdidaktischen Wissens (Wissenskatalog: vorwiegend deklaratives Wissen) im Kontext einer Auseinandersetzung mit Überzeugungen und Haltungen **2. Phase der Lehrerausbildung** Anwendungs- und Transferphase (Ausbildung professionellen Wissens = vorwiegend prozedurales Wissen).
Mesoebene	Schulorganisatorisch	**Schulprogrammarbeit** – Bearbeitung des Entwicklungsthemas *DaZ als Querschnittsthema* im Rahmen der Schulprogrammentwicklung in beruflichen Schulen – Bearbeitung von Dilemmata auf struktureller und administrativer Ebene.
Kerncurriculum	Prozess- und Ergebnisqualität	**Bestimmung von Kompetenzen und Erarbeitung von Standards** zu den Themen *Was sollten Berufspädagogen können und was wird von Berufspädagogen erwartet, um angemessen, effizient und erfolgreich sprachpädagogisch in mehrsprachigen Zusammenhängen zu handeln?* sowie *Was ist guter Unterricht, der Sprache als Querschnittsthema berücksichtigt?* => vorrangig 2./3. Phase der Lehrerausbildung in Zusammenarbeit mit verschiedenen Akteuren der beruflichen Bildung.

Die Vermittlung des Wissenskataloges *DaZ* ist – wie bereits angeführt – zunächst der erste Schritt des professionellen Lernprozesses in den verschiedenen Phasen der Bearbeitung dieser Thematik im Rahmen der Lehrerbildung. Festzuhalten ist, dass Curriculumentwicklung zumeist ein langer Prozess ist, der unter Einbeziehung von Interessensvertretern unterschiedlicher Bereiche erfolgt und letztendlich von politischen Entscheidungen abhängt (Akker/Fasoglio/Mulder 2010: 5).

2.5 Exkurs: Die Erfassung von Lehrerkompetenzen und die Bestimmung von Standards im Bereich Deutsch als Zweitsprache in der Lehrerbildung

Wie zuvor dargestellt, ist die Bestimmung von Kompetenzen und Standards im Kontext der Entwicklung von Curricula die Grundlage der Ausgestaltung eines Kerncurriculums. Konsens ist, dass bislang jedoch wenig Wissen darüber vorliegt, „welche Kompetenzen man erwarten kann, wenn Studierende aller Unterrichtsfächer Module im Bereich Deutsch als Zweitsprache besucht haben" (Koch-Priewe/Krüger-Potratz 2016: 16; siehe auch Kimmelmann 2010b: 7 und Gültekin-Karakoç et al. 2016: 132).

Erste Untersuchungen zur Entwicklung von Standards in Bezug auf Kompetenzen des pädagogischen Personals im Umgang mit mehrsprachigen Lerngruppen im Bereich der beruflichen Bildung liegen zum einen mit der von Kimmelmann (2010a) erstellten Dissertation und zum anderen mit dem 2015 abgeschlossenen BMBF-Projekt „Professionelle Kompetenzen angehender LehrerInnen (Sek I) im Bereich Deutsch als Zweitsprache (DaZKom)" (Köker et al. 2015; Gültekin-Karakoç et al. 2016) vor.

Das Ziel der von Kimmelmann durchgeführten Studie bestand darin, „bei der Frage nach notwendigen Kompetenzprofilen für Lehrkräfte und Ausbildende anzusetzen und Standards für deren Professionalisierung zu definieren" (Kimmelmann 2010b: 6). Dazu entwickelte Kimmelmann (2010b: 8) Standards zu den sieben Dimensionen. Sie hebt hervor: „Der Umgang mit Sprache zeigt sich aus verschiedenen Gründen als zentraler Bestandteil einer Aus- und Weiterbildung von Lehrkräften und Ausbildenden für kulturell diverse Lerngruppen in der beruflichen Bildung" (Kimmelmann 2010b: 8).

Kimmelmanns Ausführungen entsprechen mit dem breiten Spektrum der sieben Dimensionen den sprachpädagogischen und interkulturellen Herausforderungen, die an Lehrkräfte in der beruflichen Bildung gerichtet sind und stellen eine Ergänzung der Ausführungen zum Wissenskatalog dar. Bereits an dieser Stelle ist hervorzuheben, dass im Wissenskatalog (Punkt 4.5) zwar ein anderer Aufbau der Thematik vorgenommen wird als der, den Kimmelmann vorsieht. Ein Vergleich zwischen den von Kimmelmann aufgestellten Ausbildungsthemen und denen, die im Wissenskatalog aufgeführt sind, lässt jedoch in breitem Maße thematische Gemeinsamkeiten erkennen, sodass die von Kimmelmann dargelegten Dimensionen und die von der Verfasserin ausgewählten Themen des Wissenskatalogs sich gegenseitig bestätigen.

In dem Projekt „DazKom" (Köker et al. 2015; Gültekin-Karakoç et al. 2016) ging es darum, die zweitsprachdidaktischen Kompetenzen von Lehramtsstudierenden, die im Rahmen ihres Studiums DaZ-Module absolvierten, zu erfassen. Das zu erwartende sprachdidaktische Wissen der künftigen Lehrkräfte wurde von der Projektgruppe in dem DaZ-Kompetenzmodell, das auf einer breiten Dokumentenanalyse und Expertengesprächen basierte, abgebildet (Köker et al. 2015: 184).

In der Auswertung zeigte sich, dass 13,4 Prozent der Probanden den Regelstand in Bezug auf die zu erwartenden DaZ-Kompetenzen aufwiesen; 59,4 Prozent der Probanden verfügten in Bezug auf DaZ-Fertigkeiten über den Mindeststandard; 27,2 Prozent der Probanden lagen unter dem Mindeststandard (Gültekin-Karakoç 2016: 140). Die Projektgruppe stellt fest, dass „nur eine Minderheit der angehenden Lehrpersonen den Regelstandard der DaZ-Kompetenz erreicht" (Gültekin-Karakoç et al. 2016: 130). Im Hinblick darauf, dass sprachsensible Unterrichtsgestaltung von besonderer Relevanz für fachliche Lernprozesse ist, liegt es nahe, in noch stärkerem Maße sprachbezogenen Professionalisierungskonzepten – im Kontext der Entwicklung von Kompetenzerfassung und der Festlegung von Standards – Beachtung zu schenken.

3. Der Wissenskatalog

Das Konzept des Wissenskatalogs wird von der Frage bestimmt, was Berufspädagogen über Sprache und Sprachdidaktik wissen sollten, um im Fachunterricht sprachliche Aspekte bewusst und sensibel zu berücksichtigen. Aus Gründen der thematischen Eingrenzung fokussiert der hier vorgestellte Wissenskatalog die sprachdidaktische Kenntnisebene und bezieht dabei Aspekte unterrichtlicher Planung (dazu Tajmel 2009; Tajmel 2013) mit ein. Des Weiteren wird in dem Wissenskatalog auf einen Kompetenzbegriff zur Professionalisierung von Lehrkräften Bezug genommen, der auf das Zusammenspiel der Teilkompetenzen *Einstellungen*, *Wissen* und *Fähigkeiten* ausgerichtet ist (Roth et al. 2012: 100 ff). In diesem Sinne ist die Vermittlung sprachdidaktischen Wissens eingebunden in eine Auseinandersetzung über Einstellungen und Haltungen der Studierenden (dazu auch Hammer et al. 2016) zum Thema Mehrsprachigkeit und mit Blick auf eine Sensibilisierung für sprachliche und kulturelle Vielfalt.

3.1 Methodik

Die Inhalte des Wissenskatalogs orientieren sich an den Ergebnissen der Zweitspracherwerbsforschung, der Zweit- und Fremdsprachendidaktik, der Bildungssoziologie, der Berufspädagogik, der Benachteiligtenförderung, an den Ergebnissen der von der Einrichtung „Meslek Evi – Berufsförderung" durchgeführten Projekte im Bereich der Lehrerfortbildung (Meslek Evi 2005, 2008), an eigenen Unterrichtserfahrungen, an authentischen Lernertexten, an Hospitationen, an Gesprächen mit Berufslernenden, an Lehrkräften, an Schülerbefragungen etc. Die Vermittlung des Sachwissens wurde in der konkreten Umsetzung verbunden mit Übungen zur Sensibilisierung für Sprache sowie Übungen zur Umsetzung sprachfördernder Arbeitstechniken.

3.2 Das Konzept „Sprachintegrierte Förderung im Fach" als Ausgangpunkt des Wissenskatalogs

Fragen zur Verbindung sprachlichen und fachlichen Lernens im Fachunterricht sind seit nahezu zwanzig Jahren Thema zweitsprachendidaktischer Überlegungen und stellen den zentralen sprachdidaktischen Ausgangspunkt des Wissenskatalogs dar. Die erarbeiteten Konzeptionen finden Ausdruck unter unterschiedlichen Bezeichnungen wie beispielsweise *Sprachförderung als Aufgabe aller Fächer* (Ministerium für Schule und Weiterbildung des Landes Nordrhein-Westfalen 1999), *Language awareness* (Luchtenberg 2008), *durchgängige Sprachförderung* (Gogoglin 2008), *durchgängige Sprachbildung* (Gogolin/Lange 2010), *sprachsensibler Fachunterricht* (Leisen 2010), *inklusive Förderung der Bildungssprache* (Roth et al. 2012), *Sprachbildung in allen Fächern* (Beese et al. 2014) oder *sprachaufmerksamer Fachunterricht* (Schmölzer-Eibinger et al. 2013).

Ein Konzept sprachintegrierter Gestaltung des Fachunterrichts in beruflichen Schulen basiert auf den Ergebnissen der genannten Arbeiten und wird darüber hinaus bestimmt von den in beruflichen Schulen anzutreffenden sprachbezogenen Merkmalen wie Heterogenität der Lerngruppe, fortgeschrittene Bildungsbiografie der Berufslernenden sowie hohe Spezialisierung und breite Themenausrichtung berufstheoretischer Fächer (siehe dazu Teil 2).

3.3 Sensibilisierung für Sprache – Sprache unter dem Gesichtspunkt der Fremdheit betrachten

Mit dem Wissenskatalog wird neben der Vermittlung sprachdidaktischen Sachwissens eine Sensibilisierung künftiger Berufspädagogen für Fragen sprachlichen Lernens angestrebt. Dies kann erreicht werden, indem die Studierenden der deutschen Sprache unter dem Gesichtspunkt der Fremdheit begegnen (Barkowski et al. 2014). Ausgangspunkt sind zunächst im Berufsschulunterricht eingesetzte Fachtexte und die damit verbundene Wortschatzarbeit. Wichtig ist, dass sich die künftigen Berufspädagogen dabei mit Blick auf Lernende nichtdeutscher Herkunftssprache vor Augen führen, dass Wortschatz nicht nur kulturell bestimmt ist, sondern dass auch viele Begriffe unserer Alltagssprache nicht immer zum Sprachbesitz von Schülerinnen und Schülern nichtdeutscher Herkunftssprache gehören. An Fachlehrkräfte stellt sich also die Anforderung, auch alltägliche Begriffe nicht per se im Wortschatz ihrer Schülerinnen und Schüler als bekannt vorauszusetzen. Das führt dazu, dass eine Verstehensabsicherung der im Unterricht verwendeten Begriffe zum kontinuierlichen Repertoire der Lehrkräfte gehört und impliziert, dass Berufspädagogen auf sprachlicher Ebene *Selbstverständliches in Frage stellen*. (Die Verständnisabsicherung von Begriffen wird eher durch *selbstverständliches* – im Gegensatz zum *kontrollierenden* – Nachfragen erreicht.) Die sprachliche Bewertung eines Fachtextes aus einer *distanzierten* Sicht im Sinne einer sprachlichen Bedarfsanalyse (Müller 2005: 12 ff.) sieht vor, dass die Lehramtsstudierenden jedes Wort und jede sprachliche Struktur nochmals kleinschrittig aus der *Lernerperspektive* des Zweitsprachlers betrachten und dadurch mögliche Schwierigkeiten des Berufslernenden besser nachvollziehen können.

Die Kenntnis über die sechsundneunzig Formen umfassende Adjektivdeklination (siehe dazu Häussermann 1991) verdeutlicht, vor welchen Anforderungen Lernende der deutschen Sprache im Vergleich zu anderen Sprachen stehen, die nur eine Form der Adjektivdeklination kennen.

Sprache aus dem Gesichtspunkt der Fremdheit zu betrachten ist verbunden mit der Haltung, Fehler nicht als Lernhindernis, sondern als Lernanlass zu betrachten. Lernende kommen nur weiter, wenn sie fragen und zeigen, was sie noch nicht wissen, kennen oder können und dies offenlegen, ohne sich abgewertet zu fühlen (Müller 2003: 176 ff.).

3.4 Lernziele

Ausgehend von den obigen Ausführungen ergeben sich drei zentrale Lernziele:

Lernziel 1: Die Studierenden sind sensibilisiert für Besonderheiten der deutschen Sprache, indem sie ihre Herkunftssprache aus der Außenperspektive, das heißt unter dem Gesichtspunkt der Fremdheit betrachten (veränderte Sicht auf die Herkunftssprache einnehmen).

Lernziel 2: Die Studierenden nehmen die sprachbezogenen Lernschwierigkeiten und die damit verbundenen Lernklippen mehrsprachiger Berufslernender aufmerksam wahr (Sicht auf den Lernenden richten).

Lernziel 3: Die Studierenden verfügen über grundlegendes sprachdidaktisches Wissen und kennen Arbeitstechniken, die fachliche und sprachliche Lernprozesse fördernd unterstützen (Kenntnis grundlegender Prinzipien der Sprachförderung).

3.5. Themen des Wissenskatalogs

Der Wissenskatalog setzt sich in der Grobstruktur aus folgenden Themen zusammen, die in der aufgeführten Progression bearbeitet wurden:

Tabelle 2: *Themenbereiche des Wissenskatalogs* DaZ *als Querschnittsaufgabe in beruflichen Schulen*

Themenbereiche des Wissenskatalogs *DaZ als Querschnittsaufgabe in beruflichen Schulen*	
1. Sprach- und bildungssoziologisches Hintergrundwissen	**Wissenskatalog** angesiedelt auf der Mikroebene
2. Sprachdidaktisches Wissen	
2.1 Vier Sprachfertigkeiten:	
a) Sprechen	
b) Hören	
c) Lesen	
d) Schreiben	
2.2 Wortschatz/lexikalisches Wissen	
2.3 Grammatik	
2.4 Sprachlogik	
2.5 Kenntnis über zentrale sprachbildende und -fördernde Faktoren	
2.6 Strategische Kompetenz: Lernstrategien/Lernverhalten	
3. Besonderheiten der deutschen Sprache	
4. Fachsprachliche Besonderheiten/sprachliche Bedarfsanalyse	
5. Sprachdiagnostik – Lernstandserfassung	
6. Fehlerarbeit, Korrektur und Feedback	
7. Verständlichkeitsdidaktik	
8. Arbeitstechniken, Übungsformen	
9. Visualisierung, beispielsweise Beziehung Bild – Text	
10. Aufgabendidaktik	
11. Möglichkeiten der Einbeziehung von Herkunftssprachen	
12. Individualisierte Förderung: wo und wie? (additive oder integrierte Förderung)	
13. Gesprächsverhalten in der Unterrichtskommunikation	
Schulprogrammentwicklung *Sprache als Querschnittsaufgabe* Entwicklung von Standards	**Kernlehrplan** angesiedelt auf der Mesoebene
Noch offene Bereiche, beispielsweise Materialentwicklung, Zusammenarbeit mit Verlagen	

3.6 Rückmeldungen aus der Praxis

Um herauszufinden, inwieweit das erworbene sprachdidaktische Wissen zum Thema *DaZ* in der sich anschließenden Unterrichtspraxis genutzt und eingesetzt werden konnte, befragte die Verfasserin Studierende, die die Lehrveranstaltung besucht hatten und nun als Referendare oder ausgebildete Lehrpersonen tätig sind. Eine Referendarin des Bereichs Wirtschaftspädagogik führt aus, sie sei „feinfühliger für Sprache" geworden und ergänzt: „Geholfen hat mir DaZ beim Aufbau von Arbeitsblättern, sodass ich sensibilisiert bin, Inhalte leichter zu verfassen, Worterklärungen beizufügen oder auf spezielle Wörter noch einmal einzugehen, auch auf die sprachliche Entlastung der Arbeitsblätter achte und Glossare einsetze." Auf die Frage, was für sie die größte sprachbezogene Herausforderung sei, führt sie aus, dies sei „die Erklärung mancher (deutscher) Begriffe" und hebt hervor, dass „hier die Schülerinnen und Schüler deutscher Herkunftssprache zum Teil ähnliche Probleme haben, weil Fachbegriffe und Fremdwörter (die für uns eigentlich zum Alltag gehören) nicht beherrscht werden". Die Referendarin betont, es sei wichtig, „nicht zu schnell [zu] sprechen und alles [zu] verschriftlichen, da sonst speziell die Lernenden mit Migrationshintergrund nicht hinterherkommen."

Ein anderer Referendar wünscht sich mehr Wissen über Aufgabendidaktik und stellt hier Lücken in Schulbüchern fest. Ein weiterer Referendar berichtet von einem Vorhaben, in dem er Auszubildende eines kaufmännischen Berufsbereichs schriftlich über die sprachlichen Anforderungen eines im Unterricht bearbeiteten Fachtextes befragte. In seiner Antwort bemängelt ein Auszubildender „die zu kleine Schrift des Textes" und dass „zu viel Text auf zu wenig Raum" sei. Der Text wirke dadurch „unübersichtlich". Außerdem – so der Auszubildende – sei „der Text zu trocken formuliert" und er habe „nach dem ersten Satz keine Lust mehr [gehabt], den Text zu lesen". Ein anderer Auszubildender ergänzt, der Text enthalte „zu viele Fachwörter". Ein dritter Auszubildender kritisiert die Beziehung zwischen der Grafik und dem Text und stellt fest: „Das Schaubild und die Formel lenken mich vom Inhalt ab."

4. Ausblick

Es ist Benholz/Siems (2016: 48) zuzustimmen, wenn sie in Bezug auf sprachintegrierten Fachunterricht ausführen: „Umso dringlicher scheint es, nunmehr ein stimmiges Konzept der Ausbildung in allen Phasen der Lehrerbildung zu entwickeln […]. Zentral ist hierbei, dass eine wechselseitige Bezugnahme zwischen Studium, Referendariat und Fort- und Weiterbildung erfolgt, dass die vermittelten

Inhalte in allen drei Phasen aufeinander aufbauen und die Professionskompetenz der Lehrkräfte systematisch erweitert wird." Wünschenswert wäre es, den Wissenskatalog *DaZ* mit praxisorientierten, an der Aktionsforschung ausgerichteten Projekten zu verbinden und im Verlauf der weiteren Lehrerbildung den Wissenstransfer zum Thema *DaZ* mit der Festlegung von Standards zu einem Kerncurriculum auszubauen.

Die curriculare Fortschreibung des Wissenskatalogs *DaZ* als situationsorientiertes und offenes, prozessorientiertes Konstrukt gewinnt zudem an Qualität durch die Einbeziehung und Beteiligung unterschiedlicher Akteure der beruflichen Bildung. In diesem Zusammenhang wäre zu diskutieren, ob ein Sprachcurriculum *DaZ* auch als Bestandteil der Ausbildereignungsprüfung (AEVO) sinnvoll einzusetzen ist.

Literatur

Akker, Jan van den/Fasoglio, Daniela/Mulder, Hetty (2010): A Curriculum perspective on plurilingual education. Verfügbar unter http://www.coe.int/t/dg4/linguistic/source/source2010_forumgeneva/slo_persp2010_en.pdf (Zugriff am 30.05.2016).

Altrichter, Herbert/Posch, Peter (2007): Lehrerinnen und Lehrer erforschen ihren Unterricht. Unterrichtsentwicklung und Unterrichtsevaluation durch Aktionsforschung. 4., überarb. und erw. Aufl. Bad Heilbrunn.

Barkowski, Hans et al. (2014): Deutsch als fremde Sprache. München.

Baumert, Jürgen/Kunter, Mareike (2006): Professionelle Kompetenz von Lehrkräften. In: Zeitschrift für Erziehungswissenschaften 9/4, 469–520.

Beese, Melanie/Benholz, Claudia/Chlosta, Christoph/Gürsoy, Erkan/Hinrichs, Beatrix/Niederhaus, Constanze/Oleschko, Sven (2014): Sprachbildung in allen Fächern. München.

Benholz, Claudia/Siems, Maren (2016): Sprachbildender Unterricht in allen Fächern: Konzepte zur Professionalisierung von Lehrerinnen und Lehrern in den drei Phasen der Lehrerbildung. In: Die Deutsche Schule. Zeitschrift für Erziehungswissenschaft, Bildungspolitik und pädagogische Praxis. Beiheft 13, 35–51.

Buhlmann, Rosemarie/Fearns, Anneliese (2000): Handbuch des Fachsprachenunterrichts. 6. Aufl. Tübingen.

Bundesministerium für Bildung und Forschung (BMBF) (2015): Berufsbildungsbericht 2015. Bonn. Verfügbar unter https://www.bmbf.de/pub/Berufsbildungsbericht_2015.pdf (Zugriff am 30.05.2016).

Clement, Ute (2006): Curricula für die berufliche Bildung – Fächersystematik oder Situationsorientierung? In: Arnold, Rolf/Lipsmeier, Antonius (Hrsg.): Handbuch der Berufsbildung. 2., überarb. und aktual. Aufl. Wiesbaden, 260–268.

Deutsche Gesellschaft für Erziehungswissenschaft, Sektion Berufs- und Wirtschaftspädagogik (Hrsg.) (2009): Memorandum zur Professionalisierung des pädagogischen Personals in der Integrationsförderung aus berufswissenschaftlicher Sicht. Bonn.

Deutscher Bildungsrat (1974): Zur Förderung praxisnaher Curriculum-Entwicklung. Empfehlungen der Bildungskommission. Stuttgart.

DIHK – Deutscher Industrie- und Handelskammertag e. V. (2015): Ausbildung 2015. Ergebnisse einer DIHK-Online-Unternehmensbefragung. Berlin/Brüssel. Verfügbar unter www.dihk.de/ressourcen/downloads/dihk-ausbildungsumfrage-2015.pdf (Zugriff am 30.05.2016).

Efing, Christian (2013): (Wie) Bereitet der bisherige Deutschunterricht auf die Ausbildung vor? Eine Schulbuchanalyse. In: Efing, Christian (Hrsg.): Ausbildungsvorbereitung im Deutschunterricht der Sekundarstufe I. Die sprachlich-kommunikativen Facetten von „Ausbildungsfähigkeit". Frankfurt am Main, 239–256.

Ende, Karin et al. (2013): Curriculare Vorgaben und Unterrichtsplanung. München.

Europarat, Rat für kulturelle Zusammenarbeit (2001): Gemeinsamer europäischer Referenzrahmen für Sprachen: lernen, lehren, beurteilen. München.

EUCIM–TE (2009) (European core curriculum for teacher education and further training; raise teachers competenies to teach immigrant multilingual pupils): Adaption des europäischen Kerncurriculums für inklusive Förderung der Bildungssprache Nordrhein-Westfalen (NRW). Projektkoordination Roth, Hans-Joachim/Duarte, Joana. Verfügbar unter: http://www.eucimte.eu/data/eso27/File/Material/NRW.%20Adaptation.pdf (Zugriff am 30.05.2016).

Feilke, Helmut (2012): Bildungssprachliche Kompetenzen – fördern und entwickeln In: Praxis Deutsch 233, 4–13.

Fiebig, Edda et al. (2014): Individuelle Förderung. Leitfaden für berufliche Schulen. Berlin.

Frackmann, Margit/Tärre, Michael (2009): Lernen und Problemlösen in der beruflichen Bildung. Methodenhandbuch. Bonn.

Geißler, Rainer (2012): Verschenkte Bildungsressourcen durch Unterschichtung und institutionelle Defizite. Der Beitrag des vertikalen Paradigmas zur Erklärung und zum Verständnis der Bildungsungleichheit im Kontext von Migration. In: Pielage, Patricia/Pries, Ludger/Schultze, Günther (Hrsg.): Soziale Ungleichheit in der Einwanderungsgesellschaft. Kategorien, Konzepte,

Einflussfaktoren. Bonn, 12–28. Verfügbar unter http://library.fes.de/pdf-files/wiso/09198.pdf (Zugriff am 30.05.2016).

Gogolin, Ingrid (2008): Durchgängige Sprachförderung. In: Bainski, Christiane/Krüger-Potratz, Marianne: Handbuch Sprachförderung. Essen, 13–21.

Gogolin, Ingrid/Lange, Imke (2010): Durchgängige Sprachbildung. Eine Handreichung. Münster.

Granato, Mona (2013): Jugendliche mit Migrationshintergrund: Die Reproduktion ethnischer Ungleichheit in der beruflichen Ausbildung. In: Sozialer Fortschritt. Zeitschrift für Sozialpolitik 62/1, 14–23.

Grassi, Andreas/Fleischmann, Daniel (2012): Unser Unterricht muss anders werden: Interview mit Andreas Grassi. In: Folio. Die Zeitschrift des BCH-FPS für Lehrpersonen in der Berufsbildung 137/1, 23–25. Verfügbar unter http://www.bch-fps.ch/wp-content/uploads/2012/02/Folio-12-01.pdf (Zugriff am 10.08.2016).

Grießhaber, Wilhelm (2010): (Fach-)Sprache im zweitsprachlichen Fachunterricht. In: Ahrenholz, Bernt (Hrsg.): Fachunterricht und Deutsch als Zweitsprache. Tübingen, 37–53.

Grundmann, Hilmar (2007): Sprachfähigkeit und Ausbildungsfähigkeit. Die Berufsschule vor neuen Herausforderungen. Baltmannsweiler.

Gültekin-Karakoç, Nazan et al. (2016): Bestimmung von Standards und Stufen der Kompetenz angehender Lehrerinnen und Lehrer aller Fächer im Bereich Deutsch als Zweitsprache (DaZ): In: Die Deutsche Schule. Zeitschrift für Erziehungswissenschaft, Bildungspolitik und pädagogische Praxis. Beiheft 13, 130–146.

Hachfeld, Axinja (2012): Lehrerkompetenzen im Kontext sprachlicher und kultureller Heterogenität im Klassenzimmer. Welche Rolle spielen diagnostische Fähigkeiten und Überzeugungen? In: Winters-Ohle, Elmar/Seipp, Bettina/Ralle, Bernd (Hrsg.): Lehrer für Schüler mit Migrationsgeschichte. Sprachliche Kompetenz im Kontext internationaler Konzepte der Lehrerbildung. Münster, 47–65.

Hammer, Svenja/Fischer, Nele/Koch-Priewe, Barbara (2016): Überzeugungen von Lehramtsstudierenden zu Mehrsprachigkeit in der Schule. In: Die Deutsche Schule. Zeitschrift für Erziehungswissenschaft, Bildungspolitik und pädagogische Praxis. Beiheft 13, 147–174.

Häussermann, Ulrich (1991): Die Adjektivdeklination – Diskussion eines höchst empfindlichen Lernproblems. In: Zielsprache Deutsch 22/4, 198–205.

Hufeisen, Britta/Neuner, Nikolas (2006): DaZ im Rahmen eines Gesamtcurriculums aus der Perspektive der Mehrsprachigkeitsforschung. In: Efing, Christian/

Janich, Nina (Hrsg.): Förderung der berufsbezogenen Sprachkompetenz. Befunde und Perspektiven. Paderborn, 155–170.

Kimmelmann, Nicole (Hrsg.) (2009): Berufliche Bildung in der Einwanderungsgesellschaft. Diversity als Herausforderung für Organisation, Lehrkräfte und Auszubildende. Aachen.

Kimmelmann, Nicole (2010a): Cultural Diversity als Herausforderung der beruflichen Bildung. Standards für die Aus- und Weiterbildung von pädagogischen Professionals als Bestandteil von Diversity Managment. Aachen.

Kimmelmann, Nicole (2010b): Sprachförderung in der beruflichen Bildung durch Fachlehrkräfte und Ausbildende – Möglichkeiten und Grenzen. In: Deutsch als Zweitsprache 3/2010, 6–16.

Klein, Helmut E./Schöpper-Grabe, Sigrid (2013): Was ist Grundbildung? Schulische Anforderungen an die Ausbildungsreife. In: bwp@ Spezial 6 – Hochschultage Berufliche Bildung 2013, Fachtagung 18. Verfügbar unter http://www.bwpat.de/ht2013/ft18/klein_schoepper-grabe_ft18-ht2013.pdf (Zugriff am 30.05.2016).

Knapp, Werner/Pfaff, Harald/ Werner, Sybille (2008): Kompetenzen im Lesen und Schreiben von Hauptschülerinnen und Hauptschülern für die Ausbildung – eine Befragung von Handwerksmeistern: In: Schlemmer, Elisabeth/ Gerstberger, Herbert (Hrsg.): Ausbildungsfähigkeit im Spannungsfeld zwischen Wissenschaft, Politik und Praxis. Wiesbaden, 191–206.

Kniffka, Gabriele/Roelcke, Thorsten (2016): Fachsprachenvermittlung im Unterricht. Paderborn.

Koch-Priewe, Barbara/Krüger-Potratz, Marianne (2016): Qualifizierung für sprachliche Bildung. Programme und Projekte zur Professionalisierung von Lehrkräften und pädagogischen Fachkräften. In: Die Deutsche Schule. Zeitschrift für Erziehungswissenschaft, Bildungspolitik und pädagogische Praxis. Beiheft 13, 9–22.

Köker, Anne et al. (2015): Bestimmung von Standards und Stufen der Kompetenz angehender Lehrerinnen und Lehrer aller Fächer im Bereich Deutsch als Zweitsprache (DaZ). In: Koch-Priewe, Barbara et al. (Hrsg.): Kompetenzerwerb an Hochschulen: Modellierung und Messung. Zur Professionalisierung angehender Lehrerinnen und Lehrer sowie frühpädagogischer Fachkräfte. Bad Heilbrunn, 177–205.

Kugler, Gabriela (2013): Grundstrukturen professionellen Lehrerwissens. Wissen zur Lesekompetenzförderung von Berufsschullehrkräften. In: Faßhauer, Uwe/Fürstenau, Bärbel/Wuttke, Eveline (Hrsg.): Jahrbuch der berufs- und wirtschaftspädagogischen Forschung 2013, 153–163. Verfügbar unter http://www.pedocs.de/volltexte/2013/8071/pdf/Fasshauer_JB_berufs_wirtschaftsp_Forschung_2013_Kugler_Grundstrukturen.pdf (Zugriff am 30.05.2016).

Leisen, Josef (2010): Handbuch Sprachförderung im Fach. Sprachsensibler Fachunterricht in der Praxis. Bonn.

Luchtenberg, Sigrid (2008): Language Awareness. In: Ahrenholz, Bernt/Oomen-Welke, Ingelore (Hrsg.): Deutsch als Zweitsprache. Baltmannsweiler, 107–117.

Lütke, Beate (2010): Deutsch-als-Zweitsprache in der universitären Lehrerausbildung. Der fachintegrative Ansatz im Master of Education an der Humboldt-Universität zu Berlin. In: Ahrenholz, Bernt (Hrsg.): Fachunterricht und Deutsch als Zweitsprache. Tübingen, 153–166.

Lütke, Beate et al. (2016): DaZ und Sprachbildung in der Berliner Lehrkräftebildung. In: Die Deutsche Schule. Zeitschrift für Erziehungswissenschaft, Bildungspolitik und pädagogische Praxis. Beiheft 13, 23–34.

Maas, Utz (2008): Sprache und Sprachen in der Migrationsgesellschaft. Die schriftkulturelle Dimension. Osnabrück.

Meslek Evi (Hrsg.) (2005): Deutsch als Zweitsprache in der beruflichen Bildung. Fünf Studienbriefe zur Fortbildung von Lehrkräften. Berlin. Verfügbar unter http://www.meslek-evi.de/veroeff.html (Zugriff am 30.05.2016).

Meslek Evi (Hrsg.) (2008): Sprachliches Lernen und Sprachförderung in der beruflichen Bildung – eine theoretische und konzeptionelle Standortbestimmung. (Die Förderung des Deutschen als Zweitsprache in der beruflichen Bildung; Heft 1). Berlin. Verfügbar unter http://www.meslek-evi.de/bilder/heft1. pdf (Zugriff am 30.05.2016).

Ministerium für Schule und Weiterbildung, Wissenschaft und Forschung des Landes Nordrhein-Westfalen (Hrsg.) (1999): Förderung der deutschen Sprache als Aufgabe aller Fächer. Frechen.

Müller, Annette (2003): Deutsch als Zweitsprache in der Berufsausbildung. Sprachsoziologische Überlegungen, pädagogische Positionen und drei Bausteine zur Sprachförderung. Berlin.

Müller, Annette (2005): Lesen in der Zweitsprache und die Förderung des Verstehens fachlicher Texte. (Deutsch als Zweitsprache in der beruflichen Bildung; Studienbrief 2). Berlin. Verfügbar unter http://www.meslek-evi.de/bilder/ Stud2.pdf (Zugriff am 30.05.2016).

Niederhaus; Constance (2011): Fachsprachlichkeit in Lehrbüchern. Korpuslinguistische Analysen von Fachtexten der beruflichen Bildung. Münster.

Ohm, Udo (2010): Schule und Ausbildung als semiotische Lehrzeit. Zur konstitutiven Funktion von Sprache für das fachliche Lernen. In: Benholz, Claudia/ Kniffka, Gabriele/Winters-Ohle, Elmar (Hrsg.): Fachliche und sprachliche Förderung von Schülern mit Migrationsgeschichte. Münster, 167–186.

Ohm, Udo (2014): Ohne sprachliche Qualifizierung keine berufliche Qualifizierung. Zum konstitutiven Verhältnis zwischen der Aneignung von Fachwissen bzw. beruflicher Handlungskompetenz und Sprachentwicklung. In: Deutsch als Zweitsprache 1, 7–19.

Ohm, Udo/Kuhn, Christina/Funk, Hermann (2007): Sprachtraining für Fachunterricht und Beruf. Fachtexte knacken – mit Fachsprache arbeiten. Münster.

Pätzold, Günter (2010): Sprache – das kulturelle Kapital für eine Bildungs- und Berufskarriere. In: Zeitschrift für Berufs- und Wirtschaftspädagogik 106/2, 161–172.

Riedel, Alfred (2011): Didaktik der beruflichen Bildung. 2., überarb. und erheblich erw. Aufl. Stuttgart.

Robinsohn, Saul B. (1967): Bildungsreform als Revision des Curriculums. Neuwied.

Roth, Hans-Joachim et al. (2012): Inclusive Academic Language Training. Das europäische Kerncurriculum zur durchgängigen bildungssprachlichen Förderung (EUCIM-TE). In: Winters-Ohle, Elmar/Seipp, Bettina/Ralle, Bernd (Hrsg.): Lehrer für Schüler mit Migrationsgeschichte. Sprachliche Kompetenz im Kontext internationaler Konzepte der Lehrerbildung. Münster, 93–116.

Schmölzer-Eibinger et al. (2013): Sprachförderung im Fachunterricht in sprachlich heterogenen Klassen. Stuttgart.

Siemon, Jens (2016): Sprachliche Konstruktion gesellschaftlich relevanten Wissens für die berufliche Bildung an ausgewählten Beispielen. In: Kilian, Jörg/Brouer, Birgit/Lüttenberg, Dina (Hrsg.): Handbuch Sprache in der Bildung. Berlin, 421–443.

Tajmel, Tanja (2009): Ein Beispiel: Physikunterricht. In: Fürstenau, Sara/Gomolla, Mechthild (Hrsg.): Migration und schulischer Wandel: Unterricht. Wiesbaden, 139–155.

Tajmel, Tanja (2013): Möglichkeiten der sprachlichen Sensibilisierung von Lehrkräften naturwissenschaftlicher Fächer. In: Röhner, Charlotte/Hövelbrinks, Britta (Hrsg.): Fachbezogene Sprachförderung in Deutsch als Zweitsprache. Weinheim, 198–211.

Wolf, Stefan (2013): Diskriminierung von Jugendlichen mit Migrationshintergrund in der Berufsausbildung. Erkenntnisstand und Forschungsnotwendigkeiten. In: Die berufsbildende Schule 65/7 und 8, 215–221. Verfügbar unter http://www.blbs.de/presse/zeitung/archiv_2013/blbs_13_0708.pdf (Zugriff am 30.05.2016).

Peter Weber (Köln)

Anforderungen an einen Lehrplan Deutsch als Zweitsprache in Internationalen Förderklassen

Abstract: This article sheds light on the peculiar situation which is currently caused by a lack of curricula for German teachers at vocational colleges who are faced with the necessity to cater to their monolingual students, as well as to the growing number of learners with German as a second language. German teachers in pull-out classes at vocational colleges would benefit greatly from a curriculum that provides guidance on the planning and implementation of the lessons with clear information on objectives to be pursued and the content to be worked on. Such a curriculum, however, is currently missing in North Rhine-Westphalia. The mandatory language course, on the other hand, which is offered to new immigrants as part of the Federal Office for Migration's integration programme offers a well-established concept for developing basal German skills and should therefore be taken into account in the considerations concerning the requirements of a curriculum for German as a second language in pull-out classes at vocational colleges. Accordingly, this concept's aims, objectives and teaching strategies for German lessons will be discussed, as well as the German test for immigrants. Conclusions and recommendations will be put forward for the development of a German as a second language curriculum for pull-out classes at vocational colleges.

Einleitung

In Internationalen Förderklassen an Berufskollegs in Nordrhein-Westfalen werden Jugendliche ab dem 16. Lebensjahr mit Zuwanderungsgeschichte aufgenommen, die erstmals eine deutschsprachige Schule besuchen und nicht über die erforderlichen Sprachkenntnisse für die erfolgreiche Teilnahme am Unterricht in einer Regelklasse verfügen. Internationale Förderklassen werden als einjähriger Bildungsgang in Vollzeitform geführt.

Leider fehlen in Nordrhein-Westfalen – wie in den meisten anderen Bundesländern auch – sowohl ein Lehrplan, der mit klaren Angaben über anzustrebende Ziele und zu bearbeitende Inhalte eine Orientierungshilfe bei der Planung und Durchführung des Unterrichts bietet, als auch ein Testinstrument, mit dem am Ende des Schuljahrs festgestellt wird, ob die Schülerinnen und Schüler die sprachlichen Voraussetzungen zum Besuch einer Regelklasse erworben haben. Ein ausgereiftes Konzept zur Vermittlung von basalen Kompetenzen in

der deutschen Sprache und der Überprüfung ihres Erwerbs stellen im außer-
schulischen Bereich der Sprachkurs im Rahmen des Integrationskurses des
Bundesamtes für Migration (BAMF) und der anschließende Deutschtest für
Zuwanderer dar. Beide bieten eine Fülle von Anregungen für Überlegungen,
welche Anforderungen an einen Lehrplan Deutsch als Zweitsprache in Internationalen Förderklassen und an eine Abschlussprüfung in diesem Bildungsgang
zu stellen sind.

Im Folgenden wird ausgehend von Überlegungen zu den Funktionen von
Lehrplänen (1) zunächst die Lehrplansituation in der Ausbildungsförderung am
Berufskolleg dargestellt (2). Danach werden Ziele, Inhalte und Methoden des
Deutschunterrichts im Integrationskurs (3) und der Deutsch-Test für Zuwanderer (4) vorgestellt. Vor diesem Hintergrund werden abschließend Überlegungen für die Entwicklung eines DaZ-Lehrplans in Internationalen Förderklassen
formuliert (5).

1. Funktionen von Lehrplänen

Lehrpläne werden in Deutschland in der Regel von Landesinstituten für Lehrplanentwicklung im Auftrag der Kultusministerien erarbeitet. Als Ergebnisse einer
wissenschaftlich begleiteten Zusammenarbeit von Schulbehörden und Schulpra-
xis werden sie in Anhörungsverfahren (manchmal politisch kontrovers) diskutiert
und abschließend behördlich genehmigt. Der Gesamtprozess der Lehrplanarbeit
gliedert sich in die Phasen vorbereitende Reflexion, Curriculum-Konstruktion,
Erprobungsphase, Implementierung, Evaluation der schulpraktischen Umsetzung
und Revision als kontinuierliche Curriculumentwicklung.

Als verbindliche behördliche Vorgabe regelt ein Lehrplan auf der Grundlage
von Schulgesetzen zunächst die Rahmenbedingungen und die Organisation des
Unterrichts eines Schulfaches (Umfang und Ablauf, Stundentafel und Abschlüsse). Darüber hinaus kann man ihn mit Blankertz als eine „geordnete Zusammenfassung von Lehrinhalten, die während eines vom Plan angegebenen Zeitraumes
über Unterricht, Schulung oder Ausbildung vom Lernenden angeeignet und ver-
arbeitet werden sollen", bezeichnen (Blankertz 1975: 118). Ein Lehrplan enthält
demnach als Stoffplan – neben anderen Elementen wie etwa Unterrichtszielen
und -methoden – vor allem eine Auswahl an Lehrinhalten, denen ein besonderer
Bildungsgehalt und/oder Erziehungswert zugeschrieben wird. In dieser klassischen Form dient er Lehrkräften zur Orientierung und hilft bei der Organisation
der Unterrichtätigkeit und der Steuerung von Lernprozessen (Unterricht planen,
durchführen, evaluieren).

Ein Lehrplan gewährleistet Transparenz hinsichtlich der Vergleichbarkeit von Lerngegenständen und Leistungsanforderungen, in Verbindung mit Prüfungsstandards sichert er die Bewertung von Prüfungsleistungen nach einheitlichen Maßstäben und schafft damit eine Voraussetzung für die gerechte Vergabe und die Vergleichbarkeit von Abschlüssen. Er schafft Rechtssicherheit und legitimiert Entscheidungen von mitunter großer Tragweite. Weiterhin dient er der Qualitätssicherung und -entwicklung an Schulen, er regt an Effektivität zu kontrollieren und garantiert Kontinuität. Kritiker geben allerdings zu bedenken, dass klassische Lehrpläne auch Routinebildung fördern und die Übernahme von innovativen Forschungsergebnissen behindern können.

Seit den 80er-Jahren des 20. Jahrhunderts wurde das Konzept der traditionellen inputorientierten Lehrpläne, die keine erwarteten Lernergebnisse formulieren, zunehmend als ein lehrzentrierter Ansatz empfunden und abgelehnt. Da sich die Ansicht durchgesetzt hat, dass umfangreiche behördliche Vorgaben die Förderung autonomen Lernens erschweren und Freiräume sowohl der Lehrenden als auch der Lernenden zu sehr einschränken, werden Lehrpläne heute meist output- bzw. kompetenzorientiert konzipiert. Geschlossene, zentral vorgegebene Curricula behindern vor allem aus konstruktivistischer Sicht auf Lernen und Unterricht eigendynamische, offene pädagogische Prozesse. Kompetenzorientierte Lehrpläne verzichten deshalb auf Angaben über Lerninhalte und Verlaufspläne, stattdessen fixieren sie Abschlussprofile mit gestuften Teilkompetenzen. Die notwendigen Konkretisierungen (Auswahl von Inhalten und geeigneten Methoden der Vermittlung) erfolgen schulintern in didaktischen Jahresplanungen der Lehrerkollegien. Diese Offenheit fördert Adressatenorientierung, Lehrende und Lernende können innerhalb des vorgegebenen Rahmens ihre eigenen Interessen und Methodenvorlieben einbringen, sie birgt aber auch die Gefahr der Überforderung von Schulen und Lehrern, da die Orientierungskraft traditioneller Lehrpläne über die Erfüllungsbedingungen für den Kompetenzerwerb nicht mehr vorhanden ist: „Die Ersetzung der Lehrpläne durch Bildungsstandards und Kerncurricula ruft bei vielen Lehrkräften ein Gefühl der Orientierungslosigkeit hervor" (Hallett & Königs 2010: 58). Deshalb ist eine Weiterführung der Reform der Lehrpläne – auch für die sprachlichen Unterrichtsfächer – dringend notwendig.

Liegen für ein Unterrichtsfach – wie z. B. das Fach Deutsch als Zweitsprache – wenig gesicherte fachdidaktische Erkenntnisse, wenig genuine methodischdidaktische Kompendien oder Literaturangebote vor, ist die Entwicklung detaillierter Lehrpläne umso dringlicher. Sie sollten einerseits möglichst präzise sein und Lehrkräften und Entwicklern von Lehrmaterialien und Lehrerfortbildungen reichlich Orientierungshilfe bieten. Ihre Vorgaben zur Formulierung von Prüfungsaufgaben und ihre Grundsätze der Beurteilung und Bewertung von Prüfungsleistungen sollten eng verzahnt sein mit an den Unterricht anschließenden Verfahren zur Überprüfung von Lernergebnissen. Andererseits sollten sie aber kleinschrittige Gängelung vermeiden und nicht nur Lernprodukte vorgeben, sondern Raum für die Reflexion von Lernprozessen bieten.

2. Deutsch/Kommunikation in der Ausbildungsvorbereitung

Die rechtlichen Grundlagen für den Bildungsgang der Internationalen Förderklasse in Nordrhein-Westfalen finden sich in der APO-BK 2015 (Anlage A – Ausbildungsvorbereitung), VV § 22, 23 (NRW 2014). Der Bildungsgang gehört zum Bereich der Ausbildungsvorbereitung am Berufskolleg.

> „Der Unterricht in den Bildungsgängen der Ausbildungsvorbereitung ist nach Lernfeldern und Fächern organisiert, die einem berufsbezogenen Lernbereich, einem berufsübergreifenden Lernbereich und einem Differenzierungsbereich zugeordnet sind" (NRW 2015: 9).

In der Internationalen Förderklasse hat der berufsbezogene Lernbereich 480–560 Unterrichtsstunden (Fächer des Fachbereichs, Mathematik, Englisch), der berufsübergreifende Lernbereich 600–720 (darin Deutsch/Kommunikation mit 480 Unterrichtsstunden, außerdem Religionslehre, Sport/Gesundheitsförderung, Politik/Gesellschaftslehre) und der Differenzierungsbereich 40–240 Unterrichtsstunden. Die Stundentafel macht deutlich, dass das Ziel der Internationalen Förderklassen darin besteht, den Erwerb von beruflichen Kenntnissen in einem Berufsfeld zu ermöglichen, daneben aber auch die Allgemeinbildung und vor allem die Deutschkenntnisse der Schülerinnen und Schüler zu fördern. Die beiden erstgenannten Ziele sind umso schwieriger zu erreichen, je geringer die Sprachkenntnisse der Schülerinnen und Schüler zu Beginn des Schuljahres sind. Sprachanfänger können die Internationale Förderklasse einmal wiederholen, bei guten Leistungen und Erreichen des Sprachniveaus A2/B1 nach GER (Gemeinsamer Europäischer Referenzrahmen für Sprachen) wird der Hauptschulabschluss 9 erworben (VV zu § 23. 23.1 zu Absatz 1, 23.12) und bei besonders guten Leistungen ist die Feststellung der Berechtigung zum Besuch eines weiterführenden Bildungsganges im Berufskolleg möglich. Auf diese Weise können die Absolventen der Internationalen Förderklasse die Berufsfachschule oder die Höhere Berufsfachschule besuchen oder auch ein Ausbildungsverhältnis eingehen. Wie der Leistungsstand am Ende des Schuljahrs festgestellt werden soll, ist nicht geregelt.

Für das Fach Deutsch/Kommunikation in der Ausbildungsvorbereitung und damit auch in den Internationalen Förderklassen gilt der „Bildungsplan zur Erprobung für die Bildungsgänge der Ausbildungsvorbereitung, die zu beruflichen Kenntnissen, Fähigkeiten und Fertigkeiten sowie beruflicher Orientierung und zu einem dem Hauptschulabschluss gleichwertigen Abschluss führen" (NRW 2015). Damit die Vergleichbarkeit von Bildungsgängen sowie studien- und berufsqualifizierenden Abschlüssen gewährleistet ist, hat dieser Deutschlehrplan mit seiner kompetenzbasierten Orientierung an Handlungsfeldern und zugehörigen Arbeits- und Geschäftsprozessen dieselbe Struktur wie alle Bildungspläne im Berufskolleg.

Die Bildungsgänge der Ausbildungsvorbereitung werden in der Regel von Jugendlichen besucht, die ihre Schulzeit in der Sekundarstufe I beendet haben, aber noch nicht über die erforderlichen Kompetenzen zur Aufnahme und Durchführung einer beruflichen Ausbildung verfügen. Dabei wird davon ausgegangen, dass sie – zumindest im Mündlichen – Deutsch als Muttersprache altersgemäß oder als Zweitsprache auf vergleichbarem Niveau beherrschen. Die Anforderungssituationen im Fach Deutsch/Kommunikation lauten: *Sprechen und Zuhören, Lesen – mit Texten umgehen, Schreiben, Medien verstehen und nutzen, Sprache und Sprachgebrauch untersuchen*. Ziel des Deutschunterrichts ist die systematische Förderung von berufs- und alltagsbezogenen Sprachkompetenzen.

> „Im Fach Deutsch/Kommunikation entwickeln Schülerinnen und Schüler die notwendigen Kompetenzen, um konkrete berufliche, gesellschaftliche und persönliche Kommunikationssituationen angemessen und adressatengerecht zu bewältigen. Dazu setzen sie sich mit ausgewählten Verfahren für das Verstehen von Texten und Medien auseinander. Sie entwickeln die Fähigkeit einfache Texte zu produzieren und vorzutragen. Sie nutzen Sprache situationsangemessen und entwickeln ihre individuelle Sprachkompetenz in mündlichem und schriftlichem Gebrauch bewusst weiter. Sie beachten und berücksichtigen wesentliche Sprachnormen in Wort und Schrift" (ebd.: 21).

Das Beispiel in Abbildung 1 zeigt die Zielformulierungen für die Anforderungssituation *Sprechen und Hören* und die Zuordnung der Ziele zu den Kompetenzkategorien.

> „Anforderungssituationen beschreiben berufliche, fachliche, gesellschaftliche und persönliche Problemstellungen, in denen sich Absolventinnen und Absolventen bewähren müssen. Die Zielformulierungen beschreiben die im Unterricht zu fördernden Kompetenzen, die zur Bewältigung der Anforderungssituationen erforderlich sind" (ebd.).

Die wenigen in der Anforderungssituation aufgeführten Ziele sind zwar kompetenzorientiert formuliert (wenn auch nicht als Kann-Beschreibungen), es sind aber nicht operationalisierte Grobziele.

Abbildung 1: Anforderungssituationen, Zielformulierungen (ebd.: 22)

Anforderungssituation 1	Zeitrichtwert: 10 (30) UStd.

Sprechen und Zuhören

Die Absolventinnen und Absolventen bewältigen berufliche, gesellschaftliche und persönliche Kommunikationssituationen angemessen und adressatengerecht.

Zielformulierungen

Die Schülerinnen und Schüler nutzen grundlegende Formen und Funktionen *monologischer und dialogischer Kommunikation* in unterschiedlichen Handlungszusammenhängen. (ZF 1) Sie wenden *Basiselemente kommunikationstheoretischer Modelle* in Gesprächssituationen an (ZF 2). (z. B. Teilnahme an Kundengesprächen)

Sie *bereiten Kommunikationssituationen* inhaltlich *vor* (ZF 3) und berücksichtigen die Erwartungshaltungen und Einstellungen ihrer Zuhörer oder Gesprächspartner (ZF 4) und sie sind in der Lage situations- und adressatengerecht zu kommunizieren (ZF 5) (z. B. Bewerbungsgespräche).

Zuordnung der Zielformulierung zu den Kompetenzkategorien

Wissen	Fertigkeiten	Sozialkompetenz	Selbstständigkeit
ZF 2, ZF 4	ZF 1 bis ZF 5	ZF 4	ZF 1 bis ZF 3

Um die in den Bildungsplänen der einzelnen Schulfächer beschriebenen Anforderungssituationen den relevanten Handlungsfeldern eines Fachbereichs (z. B. Wirtschaft und Verwaltung) mit ihren Arbeits- und Geschäftsprozessen zuordnen zu können, bedarf es einer engen Kooperation der in den Fächern unterrichtenden Lehrkräfte (ebd.: 19). Die stärkere Verzahnung der Fächer soll den Schülerinnen und Schülern die Zusammenhänge der vermittelten Inhalte und deren Relevanz für die Bewältigung von Praxisproblemen deutlicher werden lassen. Die Entwicklung von Handlungskompetenz wird gemäß einem konstruktivistischen Verständnis von Lernprozessen (ebd.: 9) in handlungsorientiertem Unterricht gefördert:

> „Dazu werden Lernsituationen/Lehr-Lernarrangements aus den Anforderungssituationen und Zielformulierungen der Lernfelder bzw. Fächer abgeleitet [...], die sich auf die Arbeits- und Geschäftsprozesse des Fachbereiches Wirtschaft und Verwaltung [...] beziehen." (ebd.: 14).

Entwicklung und Anordnung der Lernsituationen ist Aufgabe der Bildungsgangkonferenz.

> „Die Umsetzung von kompetenzorientierten Bildungsplänen erfordert eine inhaltliche, methodische, organisatorische und zeitliche Planung und Dokumentation von Lehr- und Lernarrangements. Zur Unterstützung dieser Planungs- und Dokumentationsprozesse dient die Didaktische Jahresplanung, die sich nach Schuljahren geordnet über die gesamte Zeitdauer des Bildungsganges erstreckt" (ebd.: 9).

Der Wert des *Bildungsplans Deutsch/Kommunikation für die Ausbildungsvorbereitung* besteht darin, dass er die Kooperation des Deutschunterrichts mit den Fächern des berufsbezogenen Bereichs und damit dessen Berufsorientierung sicherstellt. Da er aber nicht die besondere Situation der Sprachanfänger in den Internationalen Förderklassen berücksichtigt, bleiben die Lernziele in Hinblick auf diese Zielgruppe zu vage. Die Hinweise zur didaktisch-methodischen Umsetzung und zur Lernerfolgsüberprüfung sind äußerst knapp, Angaben zu Lerninhalten fehlen.

3. Deutschunterricht im Integrationskurs

Einen Lehrplan Deutsch als Zweitsprache gibt es in Nordrhein-Westfalen auch für andere Schulformen als das Berufskolleg nicht. Zwar sind seit 1982 von Seiten des Schulministeriums eine Reihe von amtlichen Verlautbarungen erschienen, die organisatorische Maßnahmen im Rahmen der Beschulung von neu zugewanderten Kindern und Jugendlichen zum Gegenstand haben. Aber obwohl seit den 70er-Jahren des 20. Jahrhunderts in wachsendem Maße zunächst sogenannte Gastarbeiterkinder, danach Kinder von Spätaussiedlern und schließlich von Geflüchteten in das Schulsystem zu integrieren waren und sind, wurden grundlegende didaktische Fragen des DaZ-Unterrichts von der Schulverwaltung bisher nicht in der Form eines verbindlichen Lehrplans bearbeitet. Bisher gibt es lediglich Empfehlungen und Handreichungen zu diesem Thema. In der Bundesrepublik haben nur wenige Bundesländer DaZ-Lehrpläne entwickelt: Sachsen für Vorbereitungsgruppen, Vorbereitungsklassen und Vorbereitungsklassen mit berufspraktischen Aspekten (Sachsen 2000), Bayern für die Grundschule und für weiterührende Schulen (von mehreren Bundesländern übernommen) (Bayern 2001) und für die Berufsschule und Berufsfachschule (Bayern 2016), Schleswig-Holstein für die Primarstufe und die Sekundarstufe I (Schleswig-Holstein 2009) und Hamburg für die Grundschule, die Stadtteilschule und das Gymnasium (Hamburg 2011).

Die wichtigste Aufgabe des Deutschunterrichts in Vorbereitungsklassen besteht zunächst darin, die basalen Sprachkenntnisse zu vermitteln, die neu zugewanderte Jugendliche in Deutschland brauchen, um sich im Schul- und Ausbildungssystem und in der Arbeitswelt zurecht zu finden. Anregungen zur Beantwortung der Frage, wie der Deutschunterricht in der Anfangsphase als DaZ-Sprachkurs anzulegen ist, werden im Folgenden in der Auseinandersetzung mit dem Konzept des Integrationskurses gesucht. Da Alphabetisierung und Zweitschriftvermittlung nicht im Rahmen des normalen DaZ-Unterrichts zu leisten sind, wird dieses Thema hier ausgeklammert (vgl. *Konzept für einen bundesweiten Alphabetisierungskurs* (BAMF 2015a)).

Der Integrationskurs wurde vom BAMF in Kooperation mit dem Goethe-Institut und den Volkshochschulen für in Deutschland lebende Erwachsene mit Migrationshintergrund entwickelt (BAMF 2015b). Er bereitet auf den *Deutsch-Test für Zuwanderer A2-B1* vor und besteht zum einen aus einem Sprachkurs, zum anderen aus einem Orientierungskurs zur Vermittlung von Grundkenntnissen über deutsche Geschichte, Gesellschaft und Kultur, auf den hier nicht eingegangen wird. Das Konzept des Integrationskurses ist deshalb interessant, weil hier nach der Maßgabe eines Gesamtplans (ebd.) und auf der Grundlage einer Bedarfsanalyse (*Recherche und Dokumentation hinsichtlich der Sprachbedarfe von Teilnehmenden an Integrationskursen DaZ = InDaZ-Recherche* (Ehlich/Montanari/Hila 2007)) ein *Rahmencurriculum für Integrationskurse* entstanden ist (Buhlmann et al. 2009), das die Anforderungen an die Gestaltung von Deutschkursen für eine bestimmte Zielgruppe definiert und die Grundlage für die Entwicklung des abschließenden Sprachtests (*Deutschtest für Zuwanderer A2-B1 = DTZ*) liefert. Dieses Rahmencurriculum ist sowohl ein Werkzeug der Standardisierung im Rahmen der bundesweiten Sprachkursangebote als auch Ausgangspunkt für die Entwicklung und die Qualitätskontrolle von Lehrwerken, die in den Kursen Verwendung finden. Das Curriculum definiert einen Rahmen für die Ziele des Sprachunterrichts. „Es zeigt, in welchen gesellschaftlichen Kontexten Migrantinnen und Migranten sprachlich in der Zielsprache handeln wollen bzw. müssen" (BAMF 2015b: 7). Es legt fest, „welche Kompetenzen Lernende in welchen Kontexten bzw. Handlungsfeldern auf welchem Niveau beherrschen sollten" (Buhlmann et al. 2009: 116) und „wie sie schnellstmöglich zu einer sprachlichen Handlungsfähigkeit gelangen können" (ebd.: 9).

Der Integrationskurs ist vor allem für schon länger in Deutschland lebende, lernungewohnte Erwachsene mit niedrigem Bildungsniveau konzipiert, der thematische Schwerpunkt liegt „auf der Alltagsorientierung beziehungsweise auf der Vermittlung von Alltagswissen" (BAMF 2015b: 14). Speziell für jüngere Teilnehmende mit günstigen Lernvoraussetzungen gibt es die Variante des Jugendintegrationskurses, in dem junge Zugewanderte ohne ausreichende deutsche Sprachkenntnisse, die zu Kursbeginn das 27. Lebensjahr noch nicht vollendet haben, nicht mehr schulpflichtig sind und die Aufnahme einer schulischen oder beruflichen Ausbildung anstreben, „in besonderer Weise auf zukünftige schulische Anforderungen vorbereitet" werden (BAMF 2015b: 18).

Zur Weiterentwicklung und Qualitätssicherung der Integrationskurse wurde „eine Bewertungskommission eingerichtet, der ausgewiesene Expertinnen und Experten aus Wissenschaft, Verwaltung und Praxis angehören" (BAMF 2015b: 40).

3.1 Ziele

Das Ziel des Integrationskurses ist der Aufbau kommunikativer Kompetenz in Alltagssituationen; damit sind rezeptive und produktive Fertigkeiten (Skills) gemeint, die die Lernenden bei sprachlichen Aktivitäten im Rahmen kommunikativer Aufgaben zur Verwirklichung ihrer Redeabsichten aktivieren müssen. Die *InDaZ-Recherche* hat eine Reihe von Handlungsfeldern als besonders relevant für Menschen mit Migrationshintergrund in Deutschland bestimmt: Ämter und Behörden, Arbeit, Arbeitssuche, Aus- und Weiterbildung, Banken und Versicherungen, Betreuung und Ausbildung der Kinder, Einkaufen, Gesundheit, Mediennutzung, Mobilität, Unterricht, Wohnen. Hinzu kommen Aufgaben im Bereich der die Handlungsfelder übergreifenden Kommunikation: Umgang mit der Migrationssituation, Realisierung von Gefühlen, Haltungen und Meinungen, Umgang mit Dissens und Konflikten, Gestaltung sozialer Kontakte und Umgang mit dem eigenen Sprachenlernen. Bis auf *Betreuung und Ausbildung der Kinder* werden sämtliche oben genannten Handlungsfelder auch im Jugendintegrationskurs berücksichtigt. Die Spezifikationen für die Zielgruppe der Jugendlichen lauten wie folgt:

> „1. Arbeit und Arbeitssuche (Schwerpunkt: Grundzüge des deutschen Schul- und Ausbildungssystems; Schwerpunkt: Berufe, Berufsgruppen, ausgewählte Berufsprofile, Zugangsvoraussetzungen)
> 2. Ämter und Behörden/Beratungsstellen/soziale Netzwerke (Schwerpunkt: Berufliche Beratung vor Ort, insbesondere für Berufsorientierung und Berufsfindung, Suchtberatung vor Ort, Familienberatung vor Ort oder als Expertenbesuch im Klassenraum) [...]
> 4. Einkaufen/Konsum/Verbraucherschutz (Fachterminologie: Mathematik (Grundrechenarten))
> 5. Freizeit und Mediennutzung (Schwerpunkt: Aktive Freizeitgestaltung vor Ort)
> 6. Gesundheit/menschlicher Körper/medizinische Vorsorge (Schwerpunkt: Orientierung im Gesundheitssystem vor Ort, Vorsorge und Schutz der eigenen Gesundheit, u. a. vor AIDS)
> 7. Mobilität/Orte (Fachterminologie: Geografie (Karten lesen)) [...]
> 9. Unterricht/Aus- und Weiterbildung/Lernen (Schwerpunkt: Heranführen an hier übliche Unterrichtsabläufe (z. B. verschiedene Sozialformen, Lehrerrolle); Fachterminologie: Gesellschaftskunde (Grafiken und Statistiken interpretieren)) [...]
> 11. Fachterminologie aus den Fächern Mathematik (Grundrechenarten), Gesellschaftskunde (Grafiken und Statistiken interpretieren), Geografie (Kartenlesen)" (BAMF 2015c: 39).

Mit der Formulierung von Lernzielen in diesen Handlungsfeldern und den übergreifenden kommunikativen Bereichen liefert das Rahmencurriculum eine bedarfsgerechte, weil migrantenspezifische Umsetzung des GER, die auf die Bedürfnisse von Jugendlichen zugeschnitten werden kann. Sämtliche Lernziele des Rahmencurriculums sind detailliert ausgewiesen und als Kann-Beschreibungen operationalisiert. In Abbildung 1 ist beispielhaft dargestellt, wie in einem Teilbereich eines Handlungsfeldes (*Ämter und Behörden*) einer sprachlichen Handlung (*sich informieren*) Lernziele zugewiesen sind. Die Lernziele betreffen unterschiedliche Aktivitätsbereiche (lesen, am Gespräch teilnehmen), sie sind den Niveaustufen des GER zugeordnet und hinsichtlich der Relevanz für bestimmte Zielgruppen markiert (A: jüngere Kursteilnehmerinnen und Kursteilnehmer mit guten Lernvoraussetzungen, B: lernungewohnte Familienorientierte, C: ältere, gering qualifizierte Arbeitnehmer). Schließlich ist noch vermerkt, wenn landeskundliches Wissen erforderlich ist, um ein bestimmtes Lernziel erreichen zu können.

Abbildung 2: *Struktur der Handlungsfelder (Buhlmann et al. 2009: 16)*

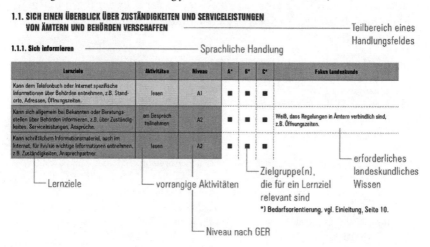

Die Zusammenstellung der Lernziele im Rahmencurriculum auf den Niveaustufen A1 bis B1 ist sehr umfangreich, die Feinlernziele sind präzise formuliert und durch die Zuordnungen zu den Niveaustufen des GER kalibriert.

3.2 Inhalte

Bei der Erarbeitung des Rahmencurriculums wurden die in den Handlungsfeldern und übergreifenden Kommunikationsbereichen zentralen sprachlichen Handlungen identifiziert und als Lernziele fixiert. Damit die Lernenden diese

Ziele erreichen können, müssen sie im Sprachunterricht die für die Realisierung der sprachlichen Handlungen notwendigen Wörter und sprachlichen Strukturen erwerben.

> „Aus den sprachlichen Handlungen in diesen jeweils unterschiedlichen Kontexten sind Themen und damit verknüpft die Lexik abzuleiten, genauso wie die Registerwahl, da die Rollen, in denen die Migrantinnen und Migranten handeln, differieren. Aus dem Zusammenspiel von sprachlicher Handlung, Handlungsfeld, Rolle und Textsorte schließlich können die sprachlichen Strukturen bestimmt werden" (ebd.: 12).

Die Auswahl der Lerninhalte im Integrationskurs orientiert sich am Ziel der sprachlichen Handlungsfähigkeit der Kursteilnehmerinnen und -teilnehmer in Alltagssituationen.

> „Die hierzu notwendigen sprachlichen Ressourcen, also Wortschatz, Grammatik, Themen/Situationen/Sprachhandlungsmuster sind für das Niveau des Basissprachkurses (A1 und A2) durch den GER, durch das vom Goethe-Institut entwickelte ‚Rahmencurriculum für Integrationskurse – Deutsch als Zweitsprache' sowie durch die im Handbuch zum skalierten Sprachtest ‚Deutsch-Test für Zuwanderer' (A2-B1) definierten Prüfungsziele und Inventare beschrieben" (BAMF 2015b: 21 f.).

Das Rahmencurriculum für Integrationskurse garantiert zwar, dass sich die Lernenden mit den Themen beschäftigen, die Gegenstand des Abschlusstests sind, es ist aber kein Lehrplan im engeren Sinne, sondern „Grundlage zur Erstellung von Kursmodellen und Stoffverteilungsplänen" (Buhlmann et al. 2009: 2). Es richtet sich nicht an DaZ-Lehrkräfte, sondern an Kursplaner, Prüfungsentwickler und Lehrbuchautoren, die aus ihm Ziele im Hinblick auf die Bedürfnisse der Teilnehmer auswählen. Sollen mithilfe des Rahmencurriculums Deutschkurse oder Lehrwerke konzipiert werden, sind folgende didaktische Schritte zu vollziehen: 1. Auswahl der Lernziele, 2. Zuweisung der Lernziele zu einer Stufe, 3. progrediente Anordnung der Lernziele, 4. Ermittlung der lexikalischen und morphosyntaktischen Lerninhalte (ebd.: 116).

Der Jugendintegrationskurs behandelt jugendspezifische Themen und Inhalte (BAMF 2015c: 22) und enthält berufsorientierende Elemente (ebd.: 13). Die Kursteilnehmenden sollen

> „die Fachsprache kennen lernen, mit der sie im theoretischen Teil einer Ausbildung konfrontiert werden. Nur so sind sie in der Lage, dem Unterricht in den verschiedensten Fächern wie Geschichte, Sozialkunde, Wirtschaftskunde oder in den Naturwissenschaften zu folgen" (ebd.: 12).

Hinzu kommen „Lerntechniken und -strategien […], die ihnen ein angemessenes Verhalten sowie eigenverantwortliches Weiterlernen in Schule, Ausbildung

und Beruf ermöglichen" (ebd.: 21). Im Bereich der Allgemeinbildung wird auf
Fragen eingegangen, die für ihre selbstständige Lebensführung in Deutschland
relevant sind:

> „Zu nennen sind hier insbesondere die Themen Gesundheitsvorsorge, Familienplanung,
> Alkohol- und Drogenprävention, Gewaltprävention, aktive Freizeitgestaltung, gesell-
> schaftliches Zusammenleben der Generationen in Deutschland, migrationsspezifische
> Problemstellungen (aus Sicht der Teilnehmenden) und ehrenamtliches Engagement"
> (ebd.: 23).

Dabei wird auch die besondere Bedeutung rezeptiver und produktiver schriftsprachlicher Fähigkeiten in beruflichen Lern- und Ausbildungsprozessen im Jugendintegrationskurs berücksichtigt:

> „Am Ende des Basissprachkurses […] beherrschen die Teilnehmenden wesentliche Re-
> geln der deutschen Rechtschreibung. Sie können den für das Sprachniveau A2 üblichen
> Wortschatz weitestgehend fehlerfrei schreiben. Sie sind in der Lage, sich die Schreibung
> ihnen unbekannter Wörter über grundlegende Zusammenhänge zwischen phonetischem
> und schriftsprachlichem System des Deutschen herzuleiten und in der Folge das gehörte
> Wort in verständlicher Form zu verschriftlichen" (ebd.: 22).
>
> Als Hilfestellung zur beruflichen Orientierung und zur Berufsfindung werden Themen
> vertieft, die der „Information über den Arbeits- und Stellenmarkt, über Berufsprofile und
> Bewerbungstraining sowie der Information über die allgemeinen Arbeitsbedingungen
> in Deutschland dienen" (ebd.).

Ein von Lehrkräften begleitetes Praktikum erlaubt es den Teilnehmerinnen und
Teilnehmern des Jugendintegrationskurses erste Praxiserfahrungen in der Arbeitswelt zu machen und dabei neu erworbene sprachliche Kompetenzen zu er-
proben. Wenn sie die Aufgaben und Tätigkeiten in bestimmten Berufsfeldern
kennenlernen, eröffnet sich ihnen die Möglichkeit, die dort gestellten Anforderungen einzuschätzen, mit den eigenen Interessen und Qualifikationen abzugleichen und Motivation für Ausbildung und weiteren Schulbesuch zu entwickeln
(ebd.: 62 f.). Im Unterricht wird das Praktikum vor- und nachbereitet und das
Führen eines Praktikumstagebuches angeregt, um die Kursteilnehmerinnen und
-teilnehmer für die Bedeutung der Schriftsprache zu sensibilisieren, der in beruflichen Kontexten und in der Ausbildung große Bedeutung zukommt (ebd.: 65).
Themen des Unterrichts in diesem Zusammenhang sind unter anderem:

> „Schriftsprache im Unterschied zu mündlicher Sprache, Bildungssprache im Unterschied
> zur Alltagssprache, adressatenspezifischer Sprachgebrauch, Umgang mit verschiedenen
> Textsorten, eigene Textproduktion, Umgang mit Fehlern und Grenzen der Fehlertoleranz,
> usw." (ebd.: 66).

Die Themen des Jugendintegrationskurses sind unter dem Aspekt des Schul- und Berufsweltbezugs ausgewählt, die Lerninhalte im sprachlichen Bereich sind darauf abgestimmt.

3.3 Methoden

Im Deutschunterricht des Integrationskurses werden Methoden der Erwachsenenbildung angewendet. Hinweise dazu geben das Konzept für den Integrationskurs und die *Konzeption für die Zusatzqualifizierung von Lehrkräften im Bereich Deutsch als Zweitsprache* (BAMF 2007). Im Rahmen der Lehrkräftequalifizierung wird die Methodenkompetenz der Leiterinnen und Leiter von DaZ-Kursen gefördert, unter anderem zu folgenden Themen: Merkmale des DaZ-Unterrichts, Vermittlung von Wortschatz, Grammatik und Aussprache, Förderung der sprachlichen Fertigkeiten (Hören, Sprechen, Lesen, Schreiben), Unterrichtsmaterialanalyse und -beurteilung, Heterogenität und Binnendifferenzierung, Interkulturelles Lernen, Testen und Prüfen. Folgende pädagogische Prinzipien sollen im Deutschunterricht des Integrationskurses berücksichtigt werden: Teilnehmerorientierung (Bedürfnisse und Lebenssituation der Teilnehmer beachten), Praxisbezug (Anwendbarkeit gewährleisten), Autonomie der Teilnehmenden (Eigenaktivität ermöglichen), erwachsenengerechte Didaktik (individuelles Lernen fördern, autonome Erwerbsstrategien vermitteln) (BAMF 2015b: 15).

„Die Methoden sollen den Lernbedingungen Erwachsener Rechnung tragen und die Grundgrößen des Zweitspracherwerbs berücksichtigen. Die Methodenauswahl richtet sich dabei nach den Lernzielen und den Lerninhalten und wird darüber hinaus durch die jeweiligen Voraussetzungen der Zielgruppe (soziokulturelle Faktoren, Geschlecht, Alter, Lernhaltung, Vorwissen, Kenntnisse der Muttersprache etc.) maßgeblich mitbestimmt. [...] Grundsätzlich soll der Unterricht handlungsorientiert sein (Simulation, Rollenspiel), die kommunikativen Bedürfnisse der Zielgruppe berücksichtigen (gleichrangige Behandlung aller kommunikativen Fähigkeiten, Einsatz von didaktisierten, aber auch authentischen Lehr- und Lernmaterialien) und interkulturell ausgerichtet sein" (ebd.: 22 f.).

Das Konzept für den Jugendintegrationskurs empfiehlt darüber hinaus:

„Durchführen kurzer, praxisnaher Projektarbeiten, Einüben von Kurzreferaten, Lernstrategien und -techniken, Erlernen und Einüben selbstgesteuerten Lernens (Organisation und Planung des eigenen Lernprozesses, Organisation des Lernbereichs und Umgang mit Lernmaterial, Anleitung zur eigenständigen Informationsrecherche), Medien, Einsatz und Nutzung (durch die Teilnehmenden!) von modernen Medien für das Lerngeschehen im Unterricht (PC: Office-Programme, gezielte Lernsoftware für Anfänger, Internet),

Leistungskontrollen, regelmäßige Durchführung von Leistungskontrollen, Exkursionen und Expertenbesuche, Arbeit außerhalb des Kursraumes durch maximal drei betreute Vor-Ort-Termine innerhalb des Basissprachkurses, optional: maximal zwei Expertenbesuche im Kurs unter Gewährleistung eines für die Teilnehmenden angemessenen Sprachniveaus" (BAMF 2015b: 42).

Die Methodik des DaZ-Unterrichts in Integrationskursen berücksichtigt sowohl die Ausgangslage, dass junge Migrantinnen und Migranten mit unterschiedlichen Lerntraditionen und Schulerfahrungen in das deutsche Unterrichtssystem zu integrieren sind, als auch den Umstand, dass sie befähigt werden müssen, ihre Sprachkompetenz selbständig weiter zu entwickeln.

4. Deutsch-Test für Zuwanderer

Im Deutsch-Test für Zuwanderer (Perlmann-Balme/Plassmann/Zeidler 2009) wird überprüft, ob Deutsch-Lernende mit Migrationshintergrund am Ende des Integrationskurses das Sprachniveau A2-B1 des GER erreicht haben (Kniffka 2010). Die Prüfungsaufgaben zur Feststellung der kommunikativen Kompetenz werden auf der Grundlage des Rahmencurriculums für Integrationskurse entwickelt, die dort beschriebenen Handlungsfelder und Kommunikationsbereiche sind als repräsentative Lernziele gleichzeitig Prüfungsziele (Buhlmann et al. 2009: 17). Den besonderen Bedürfnissen der Zielgruppe der Jugendlichen und jungen Erwachsenen wird dadurch Rechnung getragen, dass es für die Absolventen des Jugendintegrationskurses einen speziellen Prüfungssatz gibt (BAMF 2015c: 81).

„Diese Kommunikationsfähigkeit soll für alle Teilzielgruppen im öffentlichen und privaten und in eingeschränkterem Maße auch im beruflichen Leben bzw. im Rahmen von Aus- und Weiterbildung vorhanden sein. [...] Folgende Teilkompetenzen müssen von Teilnehmenden in der Prüfung aktiviert werden: grammatisches Wissen, lexikalisches Wissen, Textwissen, funktionales Wissen, soziolinguistisches Wissen. [...] Neben dem sprachlichen Wissen benötigen Teilnehmende organisatorisches und pragmatisches Wissen" (Perlmann-Balme/Plassmann/Zeidler 2009: 45).

Der Test ist handlungsorientiert, das heißt die Prüfungsteilnehmenden bewältigen als sprachlich Handelnde authentische und alltagsrelevante kommunikative Aufgaben (BAMF 2015b: 35 f.), das Sprechen als Schlüsselkompetenz für das tägliche Leben in Deutschland wird dabei besonders betont (ebd.: 83).

„Handlungsziele werden umgesetzt in Prüfungsaufgaben, deren Lösbarkeit nicht allein durch Sprachwissen bestimmt wird, sondern durch die Fähigkeit, Wissenselemente und Kompetenzen situationsangemessen zu aktivieren und zu kombinieren." (ebd.: 47).

Der Test ist skaliert, das heißt, dass in den vier Fertigkeiten Hören, Sprechen, Lesen und Schreiben jeweils separat festgestellt wird, ob die Prüfungsleistungen der Niveaustufe A2 oder B1 entsprechen. Das Prüfungshandbuch ist nicht als Lehr- oder Lerngrundlage für Lehrkräfte und Lernende bei der Prüfungsvorbereitung gedacht, sondern vielmehr als Arbeitsinstrument in Ergänzung zum Rahmencurriculum für Testautoren sowie Lehrwerkentwickler, die es für die Erstellung von Prüfungsaufgaben und -materialien brauchen (ebd.: 7). Es listet sprachliche Mittel, die Gegenstand der Prüfung sind, in Inventaren auf (Themen, Sprachhandlungen, Sprachhandlungsstrategien, sprachliche Strukturen):

> „Die sprachlichen Inventare ergänzen also die Handlungsfelder bzw. kommunikativen Aktivitäten durch konkrete sprachliche Mittel, die man zu ihrer Bewältigung benötigt. Dabei kommen Wortschatz und grammatische Strukturen ins Spiel, die im Rahmencurriculum noch nicht konkretisiert wurden" (ebd.: 47).

Die Themen sind in Übereinstimmung mit dem Rahmencurriculum auf die Lebenssituation der Migranten in Deutschland zugeschnitten. Die Sprachhandlungen können in unterschiedlichen Kontexten auftreten und deshalb mit unterschiedlichen Themen verknüpft werden.

> „Sprachhandlungsstrategien […] sind verbale Mittel, die dabei helfen, komplexe kommunikative Aufgaben zu bewältigen, z. B. in einem Gespräch das Wort zu ergreifen. […] Aus dem Zusammenspiel von sprachlicher Handlung, Handlungsfeld, Register und Textsorte schließlich können die sprachlichen Strukturen bestimmt werden" (ebd.: 85).

Das Prüfungshandbuch stellt eine umfangreiche Wortliste zur Verfügung. „Aus der Kombination aus sprachlicher Handlung, Kontext und Thema lässt sich die in der Situation notwendige Lexik ableiten" (ebd.: 85). Die Wortliste ermöglicht es, das sprachliche Niveau der Prüfungsaufgaben abzugleichen (ebd.: 101).

Das Beispiel in Abbildung 3 zeigt die Konzeption einer Prüfungsaufgabe im Bereich *Sprechen*: Diese wird aus einer kommunikativen Situation im Handlungsfeld *Arbeitssuche* abgeleitet (*in einer Vorstellungsrunde etwas zur eigenen Person sagen*). Die Inventare des Prüfungshandbuchs erlauben die Bestimmung der Sprachhandlungen, Strategien, grammatischen Strukturen und Wortschatzelemente, die zur Bewältigung der Alltagssituation und damit auch der Prüfungsaufgabe notwendig sind.

Abbildung 3: Konzeption der Prüfungsaufgaben (ebd.: 49)

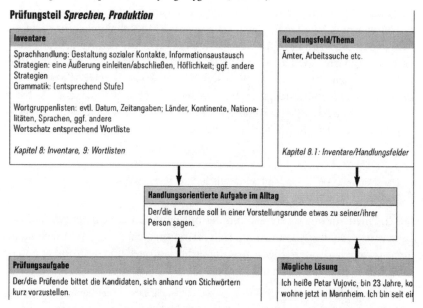

Die Prüfungsunterlagen erläutern die Kriterien, die bei der Beurteilung von Prüfungsleistungen anzuwenden sind. Für den Bereich *Sprechen* werden folgende Kriterien jeweils für die Niveaustufen A1 bis B1 ausformuliert: inhaltliche Angemessenheit (der Erfüllung der kommunikativen Aufgabe) und sprachliche Angemessenheit (Aussprache/Intonation, Flüssigkeit, Korrektheit, Wortschatz). Die Konkretisierung für *Korrektheit* auf der Stufe B1 lautet beispielsweise:

> „Er/Sie kann sich in vertrauten Situationen ausreichend korrekt verständigen; **im Allgemeinen gute Beherrschung der grammatischen Strukturen** trotz deutlicher Einflüsse der Muttersprache. Zwar kommen Fehler vor, aber es bleibt klar, was ausgedrückt werden soll" (ebd.: 65; Hervorhebung im Original).

Der Deutsch-Test für Zuwanderer ist ein professionelles Instrument zur Überprüfung des Sprachstandes der Lernenden und eng mit dem Rahmencurriculum verzahnt.

5. Lehrplan Deutsch als Zweitsprache

Da die Entwicklung eines DaZ-Lehrplans für Internationale Förderklassen zur Orientierung von Lehrkräften wichtig und dringlich ist, sollten möglichst bald die diesbezüglich zu klärenden organisatorischen und inhaltlichen Fragen (einschließlich Alphabetisierung und Zweitschrifterwerb) auf der Grundlage eines Gesamtkonzeptes, am besten im Anschluss an eine umfassende Bedarfsanalyse, zielgruppenspezifisch bearbeitet werden. Als allgemeine Anforderung lässt sich formulieren, dass der DaZ-Lehrplan präzise Lernziele, aber auch konkrete Lerninhalte und Methodenhinweise enthalten und somit nicht nur output-, sondern auch inputorientiert sein sollte. Dabei sind sowohl Umfang und Struktur des Lerngegenstandes offen und trotzdem detailliert zu beschreiben als auch die Vergleichbarkeit von Prüfungsleistungen und die Transparenz der Beurteilungskriterien zu garantieren. Als Richtlinie im Rahmen der Berufsvorbereitung hat der DaZ-Lehrplan vor allem den Berufsbezug des Sprachunterrichts zu gewährleisten (Integration von ausbildungs- und berufsrelevanten Themen, Vor- und Nachbereitung des Praktikums), er muss dabei aber die Situation des Anfangsunterrichts berücksichtigen.

Ähnlich wie für den Deutschunterricht des Integrationskurses, dessen Konzept aufgrund der Stimmigkeit des Gesamtplans und der professionellen Umsetzung seiner Teilkomponenten überzeugt, ist eine umfangreiche Zusammenstellung von präzise formulierten Feinlernzielen auf den Niveaustufen A1 bis B1 (GER) zu entwickeln, die die wichtigsten kommunikativen Aufgaben und Themen der Zielgruppe in Schule, Ausbildung und Beruf abdecken. Die Lerninhalte im Bereich der vier Fertigkeiten (Hören, Sprechen, Lesen, Schreiben) und in den Bereichen Wortschatz, Grammatik und Aussprache sind detailliert zu verzeichnen und dahingehend auszuwählen, dass nicht nur die Vermittlung basaler Sprachkenntnisse gewährleistet, sondern auch die Anbahnung von Bildungs- und Fachsprache unter besonderer Berücksichtigung von Schriftlichkeit ermöglicht wird. Hinweise auf wichtige Methoden des Deutsch-als-Fremdsprache-Unterrichts, zum Beispiel beim Thema Binnendifferenzierung, helfen bei der didaktischen Umsetzung. In Übereinstimmung mit dem Lehrplan ermöglicht ein auf die schulischen Bedingungen und Möglichkeiten zugeschnittener Abschlusstest die Überprüfung des Erwerbs der sprachlichen Kompetenzen durch die Lernenden in den Bereichen der vier Fertigkeiten auf den Niveaus A2 oder B1. Qualität, Effektivität und Angemessenheit von Lehrplan und Sprachtest sind durch ein Evaluationsverfahren zu kontrollieren.

Ist ein, möglichst bundesweit einheitlicher, DaZ-Lehrplan vorhanden, wird das zum einen die Schulbuchverlage motivieren, spezielle Lehrwerke und Fördermaterialien für den sprachlichen Anfangsunterricht zu entwickeln, die eine Sequenzierung zielgruppengerechter Lerninhalte bieten. Zum andern lassen sich dann auch Lehrerfortbildungen konzipieren, in denen diese Lerninhalte den Teilnehmenden unter fachlichen und methodischen Gesichtspunkten näher gebracht werden (BAMF 2007). Passend dazu sollten, ähnlich wie im Bereich der

Integrationskurse, fachdidaktische Grundlagenwerke publiziert werden, die die Fortbildungsinhalte dokumentieren.

Literatur

BAMF (2007): Bundesamt für Migration und Flüchtlinge. Konzeption für die Zusatzqualifizierung von Lehrkräften im Bereich Deutsch als Zweitsprache.

BAMF (2015a): Bundesamt für Migration und Flüchtlinge. Konzept für einen bundesweiten Alphabetisierungskurs.

BAMF (2015b): Bundesamt für Migration und Flüchtlinge. Konzept für einen bundesweiten Integrationskurs.

BAMF (2015c): Bundesamt für Migration und Flüchtlinge. Konzept für einen bundesweiten Jugendintegrationskurs.

Bayern (2001): Bayerisches Staatsministerium für Unterricht und Kultus. Lehrplan Deutsch als Zweitsprache.

Bayern (2016): Bayerisches Staatsministerium für Bildung und Kultus, Wissenschaft und Kunst. Lehrplan für die Berufsschule und Berufsfachschule – Unterrichtsfach Deutsch. Jahrgangsstufen 10 bis 12/13.

Blankertz, Herwig (1975): Theorien und Modelle der Didaktik. 9. Aufl. München.

Buhlmann, Rosemarie et al. (2009): Rahmencurriculum für Integrationskurse Deutsch als Zweitsprache. Berlin.

Christ, Ingeborg (2003): Staatliche Regelungen für den Fremdsprachenunterricht: Curricula, Richtlinien, Lehrpläne. In: Bausch, Karl-Richard/Christ, Herbert/Krumm, Hans-Jürgen (Hrsg.): Handbuch Fremdsprachenunterricht. 4. Aufl. Tübingen, 71–77.

Ehlich, Konrad/Montanari, Elke/Hila, Anna (2007): Recherche und Dokumentation hinsichtlich der Sprachbedarfe von Teilnehmenden an Integrationskursen DaZ – InDaZ – im Rahmen des Projektes des Goethe-Instituts zur Erstellung eines Rahmencurriculums für Integrationskurse. München.

Hallett, Wolfgang/Königs, Frank G. (2010): Lehrpläne und Curricula. In: Hallett, Wolfgang/Königs, Frank G. (Hrsg.): Handbuch Fremdsprachendidaktik. Seelze-Velber, 54–58.

Hamburg (2011): Freie und Hansestadt Hamburg. Behörde für Bildung und Sport. Bildungsplan Stadtteilschule Jahrgangsstufen 5–11. Deutsch als Zweitsprache in Vorbereitungsklassen.

Kniffka, Gabriele (2010): Sprachprüfungen für Deutsch als Zweitsprache. In: Krumm, Hans-Jürgen et al. (Hrsg.): Deutsch als Fremd- und Zweitsprache. Ein Internationales Handbuch. Berlin, 1299–1305.

NRW (2014): Verordnung über die Ausbildung und Prüfung in den Bildungsgängen des Berufskollegs (Ausbildungs- und Prüfungsordnung Berufskolleg – APO-BK) vom 26. Mai 1999, zuletzt geändert durch Verordnung vom
9. Dezember 2014.

NRW (2015): Bildungsplan zur Erprobung für die Bildungsgänge der Ausbildungsvorbereitung, die zu beruflichen Kenntnissen, Fähigkeiten und Fertigkeiten sowie beruflicher Orientierung und zu einem dem Hauptschulabschluss
gleichwertigen Abschluss führen.

Perlmann-Balme, Michaela/Plassmann, Sibylle/Zeidler, Beate (2009): Deutschtest
für Zuwanderer A2-B1. Prüfungsziele, Testbeschreibung. Berlin.

Sachsen (2000): Sächsisches Staatsministerium für Kultus. Lehrplan für Vorbereitungsgruppen, Vorbereitungsklassen, Vorbereitungsklassen mit berufspraktischen Aspekten Deutsch als Zweitsprache.

Schleswig-Holstein (2009): Ministerium für Bildung und Frauen des Landes
Schleswig-Holstein. Curriculare Grundlagen Deutsch als Zweitsprache.

Schmidt, Reiner (2010): Curriculumentwicklung und Lehrziele Deutsch als
Fremdsprache. In: Krumm, Hans-Jürgen et al. (Hrsg.): Deutsch als Fremd-
und Zweitsprache. Ein internationales Handbuch. Berlin, 921–932.

Magdalena Wiażewicz (Berlin)

Wie können Kompetenzen neuzugewanderter Schüler für den Beruf aufgebaut werden? Verzahnung der Referenzsysteme GER und DQR im Berliner Willkommenscurriculum zur Orientierung für Lehrkräfte

Abstract: The article outlines the *Welcome-Curriculum* as an instrument for the orientation of (language) competence in school education. It aims to support vocational training for the target group of newly-arrived immigrants (refugees) in the transition from school to work and professional life. This article depicts the *Welcome-Curriculum* as an instrument to boost language competence orientation in school education. Commissioned by the Berlin Senate Department for Education, Science and Research, it constitutes a supportive system for those persons who are making a transition from school to work.

The curriculum has been created as a didactic guideline for teachers, for the development of language competence, subject-related expertise knowledge as well as further competencies of the learners in the *welcome-classes* as the first step of a two-year preparation course of vocational training at business and vocational colleges.

The curriculum is based on standards for:

1. the development of communicative competencies – on the language acquisition levels A1-A2 of the Common European Framework of Reference for Languages (CEFR)
2. the description of professionals skills of the European Qualifications Framework (EQF) – levels 2–3 of the EQF apply to the *welcome-classes*.

The focus of the *Welcome-curriculum* lies on the mechanism of language acquisition and on the linguistic differentiation of job-related contents which is a result of the continuously analysed needs by teachers of Vocational Training".

Einführung[1]

Die Anforderungen der Makroökonomie (Globalisierung) sowie Mikroökonomie (Kundenorientierung, Technologie im Unternehmen) einerseits und der Seiten-

---

1 Aus textökonomischen Gründen wird in der vorliegenden Arbeit auf die Nennung der weiblichen Form verzichtet und soweit möglich eine geschlechtsneutrale Formulierung gewählt. Nur wenn keine geschlechtsneutrale Formulierung zutrifft, wird auf die männliche Form zurückgegriffen, wobei stets beide Geschlechter gemeint sind.

einstieg von Neuzugewanderten (u. a. Geflüchteten) mit Anerkennung ihrer Kompetenzen andererseits sind eine Herausforderung für die Akteure der beruflichen Bildung. Das 21. Jahrhundert ist durch eine rasante technologische Entwicklung infolge der Digitalisierung gekennzeichnet. Interne und externe Kommunikation in der Arbeitswelt beeinflussen das Profil der Mitarbeitenden. Unabhängig von der Stellung im Betriebsablauf gehört die Aufnahme, Verarbeitung und Weiterleitung von Informationen zu den Schlüsselqualifikationen (Zemełko 2015: 317). Die Kompetenz zum Informationstransfer findet sich in den Beschreibungen der jeweiligen Niveaustufen des berufsbezogenen Kompetenzerwerbs im *Deutschen Qualifikationsrahmen für lebenslanges Lernen* (DQR 2017) wieder. Auf diese Kompetenzbeschreibungen als eine Art Referenz in der Aus- und Weiterbildung von Neuzugewanderten wird im Folgenden näher eingegangen. Sie korrelieren auch mit den in der US-amerikanischen Forschung formulierten Anforderungen an eine moderne Informationsgesellschaft, deren Mitbürger in der Lage sind, Texte zu verfassen, zu verstehen und wiederzugeben (Hart-Davidson/Grabill 2011: 161). Die Kommunikationsfähigkeit gehört zu den zentralen Personalkompetenzen der Mitarbeiter im Betrieb (Kategorisierung nach DQR 2017) und entscheidet über deren nachhaltige Beschäftigung sowie über die wirtschaftliche Effizienz eines Unternehmens und seine Marktposition (Hamilton 2011: 24–25).

Wie sind diese Ergebnisse der US-amerikanischen Forschung auf die Situation der Neuzugewanderten im Übergang Schule-Beruf zu interpretieren? Warum sollte bei Seiteneinsteigern der Schwerpunkt beim Erwerb der deutschen Sprache auf die kommunikative Kompetenz im Kontext der Interkulturalität gelegt werden? Warum bildet der *Deutsche Qualifikationsrahmen für lebenslanges Lernen* (DQR 2017) eine Basis zur Kompetenzbeschreibung in diesem Curriculum?

Der vorliegende Artikel skizziert den schulischen Rahmen zur Integration von Neuzugewanderten in Berlin und geht der Frage nach, wie eine didaktische Unterstützung für Lehrkräfte in der Berufsbildung angeboten werden kann, wenn sowohl sprachlich-kommunikative als auch fachliche und personale Kompetenzen der Lernenden einbezogen werden sollen. Die Autorin stellt das *Willkommenscurriculum* (Wiażewicz/Kahleyss/Vöge 2016) als Instrument der Integrationsmaßnahmen für Neuzugewanderte in seinem Kontext vor und reflektiert die notwendigen Kriterien und Standards, die einem didaktischen Leitfaden zugrunde liegen sollen, um einen nachhaltigen Erwerb der deutschen Sprache als Fremdsprache sowie von Fach- und weiteren Kompetenzen in Berufsschulen sicherzustellen.

1. Neuzuwanderung in der Berliner Berufsbildung

1.1 Charakteristik der Neuzuwanderung

Die Zahl der nach Berlin Neuzugewanderten steigt kontinuierlich an und verändert die Anforderungen an die schulische Bildung. Der Bildungsmarkt für Migranten wurde seit 2008 durch die verstärkte Zuwanderung u. a. aus Polen, Italien, Portugal, Griechenland und Spanien geprägt. Dazu kamen seit 2010 Geflüchtete aus dem Nahen Osten, Afrika und Asien, deren Zuwanderung im Jahr 2015 ihren Höhenpunkt erreichte (1.091.894 Zugänge von Asylsuchenden von Januar bis Dezember 2015). 50 % der Gesamtquote der Zugänge fällt auf Kinder und Jugendliche, davon sind 28 % jünger als 15 Jahre, mit steigender Tendenz (bpb 2017).

In den Jahren 2015 und 2016 fielen ca. 5 % aller in Deutschland gestellten Asylanträge auf das Land Berlin (BAMF 2016), das mit seinem vielfältigen Angebot an Maßnahmen zur Sprachförderung und schulischen Bildungslehrgängen die zugewanderten Kinder und Jugendliche unterstützt.

Die Jugendlichen, die bereits in Willkommensklassen in z.Zt. 37 Schulen der Berufsbildung (Oberstufenzentren – OSZ) lernen, bringen sehr unterschiedliche Lernvoraussetzungen mit, sowohl im Bereich schon vorhandener rudimentärer Sprachkenntnisse im Deutschen oder einer anderen Fremdsprache als auch hinsichtlich ihrer kognitiven, personalen und berufspraktischen Fähigkeiten. Auch der Grad der Alphabetisierung ist sehr unterschiedlich ausgeprägt. Da immer mehr neuzugewanderte Lernende alphabetisiert werden mussten, wurden im Rahmen des Berliner Integrationskonzeptes die sog. *Alpha-Klassen* als Vorschaltklassen mit einer kleineren Schülerzahl eingerichtet. Sie werden von Lehrenden geleitet, die in einer Alpha-Qualifizierungsreihe fortgebildet wurden. Der Sprachaufbau hat das Ziel, das Eingangsniveau des *Willkommenscurriculums* (A1 GER) zu weiterer Kompetenzförderung zu erreichen. Aufgrund der Heterogenität der Lernenden, ihrer Lernvoraussetzungen und mangelnder Einschätzungsinstrumente war es jedoch zu dem Erstellungsmoment des *Curriculums* schwierig, eine klare Lernprognose zum Abschluss des Alphabetisierungsprozesses eindeutig zu formulieren.

Aufgrund der statistischen Meldungen aus den Berliner Schulen der beruflichen Bildung liegt das Eingangssprachniveau der Neuzugewanderten meistens unter dem erforderlichen Standard zum Übergang in die Ausbildung. Damit sie sich in den Strukturen des deutschen Bildungssystems orientieren und zurechtfinden können, ist daher didaktische, kulturelle und sozialpädagogische Unterstützung dringend erforderlich.

Zu den Hauptursachen der Zuwanderung gehören die europäische Arbeits-
migration, Flucht vor Krieg und Vertreibung und politisches Asyl (Schallen-
berg/Wiażewicz 2015: 8). Die Heterogenität und Diversität der Zuwanderer
und Geflüchteten ist allein schon durch ihre unterschiedliche Herkunft und
ihre Lebensbiographie bedingt. Diese Erkenntnisse liegen dem Integrationskon-
zept des Berufsschulwesens und der Konzeption des *Willkommenscurriculums*
zugrunde.

1.2 Konzept der Integration in der Berliner Berufsbildung

1.2.1 Einrichtung der Willkommensklassen im Berliner Berufsschulwesen

Mit der schrittweisen Öffnung der Berufsschulen für Geflüchtete seit 2013 erfolgte die Einrichtung der bis dahin nur an allgemeinbildenden Schulen er-
probten Willkommensklassen. Bis jetzt wurden laut Angaben der zuständigen
Senatsverwaltung für Bildung, Jugend und Wissenschaft bis Ende des Jahres
2016 (Wiechert-Beyerhaus 2016a) knapp 3000 Schülerinnen und Schüler in 37
Schulen aufgenommen, weitere 500 Jugendliche warten auf ihre Zuweisung. Viele gehören zur Gruppe der unbegleiteten minderjährigen Flüchtlinge, die vom
Jugendamt vormundschaftlich betreut werden. Die Alltagsbewältigung und die
Lebenssituation der Zielgruppe waren die Gründe für die Autorinnen, in dem
Willkommenscurriculum Bausteine zum Bildungssystem in Berlin/Deutschland
sowie zu Orientierungstechniken in einer fremden Umgebung zu verankern. Das
Willkommenscurriculum bietet daher im Berliner Übergangsmodell zur Integra-
tion von Neuzugewanderten einen didaktischen Leitfaden für den Einstieg in die
Ausbildungsvorbereitung (Wiechert-Beyerhaus 2016a).

1.2.2 Struktur der Berufsvorbereitung

Die zweijährige Berufsvorbereitung besteht aus der Willkommensklasse (mit Jugendlichen über 16 Jahre) und nachfolgend aus einem möglichen Regelbildungs-
gang: dem Berufsqualifizierenden Lehrgang (BQL) und/oder der Integrierten
Berufsausbildungsvorbereitung (IBA). IBA setzt durch ihre Anschlussorientie-
rung einen intensiven (Sprach-)Kompetenzerwerb und einen schnelleren Übergang in die Ausbildung und/oder Betriebe voraus und kann daher für bestimmte
Lerner der Zielgruppe angeboten werden. Im Rahmen der BQL können Neuzugewanderte einen Hauptschulabschluss (in Berlin die Berufsbildungsreife)
parallel zu dem kleinschrittigen Sprachaufbau erwerben. Dies spielt bei dieser
Zielgruppe, die selten Schulzeugnisse aus ihren Heimatländern nachweisen kann,

eine enorme Rolle für die weitere Berufsplanung. Ähnlich wie in anderen Bundesländern (z. B. Bayern) geht das Berliner Modell vom Spracherwerb und seiner Progression, d. h. vom Abschluss des A-Niveaus (GER) in der 1. Stufe (Willkommensklasse) und dem Erreichen des B1plus-Niveaus in der 2. Stufe (BQL bzw. IBA) aus (Wiechert-Beyerhaus 2016a).

1.2.3 Standards

Um die Maßnahmen der Integration strukturell zu verankern, bezog sich die Berliner Senatsverwaltung auf vorhandene Referenzsysteme, die in der Beschulung von mehrsprachigen Jugendlichen in der Berufsbildung und im Übergang Schule-Beruf adäquate Standards für die Kompetenzentwicklung abbilden. Für die Zielgruppe der Zugewanderten und Geflüchteten, die über 16 sind, schien eine Verknüpfung von sprach-kommunikativen sowie weiteren Handlungskompetenzen in Bezug auf die in Europa geltenden Referenzen sinnvoll zu sein. Die bisher eingeführten Instrumente – der *Lernstandsbericht* als Kompetenznachweis und Abschlussdokument für Lernende in Willkommensklassen sowie das *Willkommenscurriculum* als Leitfaden für Lehrende – bauen auf den Rahmenleitlinien zur Kompetenzeinschätzung im Spracherwerb nach dem *Gemeinsamen Europäischen Referenzrahmen für Sprachen* (GER 2001) sowie zur Qualifikationsanforderung nach dem *Deutschen Qualifikationsrahmen für lebenslanges Lernen* (DQR 2017) auf.

Unter Qualifikationen werden hierbei übergeordnete Handlungen und Einstellungen (vgl. Ott 1997: 189) wie Selbständigkeit, Verantwortungsübernahme, Kooperations- und Kommunikationsfähigkeit verstanden, die von Unternehmen erwartet werden. Der Erwerb solcher Qualifikationen ist die Voraussetzung für die Entwicklung von Kompetenzen (Linthout 2004: 23). Auf dieser Grundlage von Qualifikationen und Kompetenzen wird die berufliche Handlungskompetenz im Bereich der Berufsvorbereitung aufgebaut.

Der auch in Berlin wichtige Ansatz des DQR wurde auf Basis des *Europäischen Qualifikationsrahmens* erstellt, der zur besseren Vergleichbarkeit der nationalen Bildungsabschlüsse in Europa dient (DQR 2017). Die acht Referenzniveaus des DQR spiegeln die gesamte Bandbreite von Qualifikationen der allgemeinen, beruflichen und akademischen Aus- und Weiterbildung wider. Sie fokussieren auf Lernergebnisse und beschreiben Kenntnisse, Fertigkeiten und Kompetenzen, die von einer Qualifikation abzudecken sind. Dadurch können individuelle Lernwege besser geplant werden. Ausgehend davon wurde der DQR in Deutschland im Jahr 2013 eingeführt.

1.2.4 Verortung der kommunikativen Kompetenz als Handlungskompetenz in den Referenzsystemen GER und DQR

Als Referenzsystem zur Kompetenzbeschreibung im *Willkommenscurriculum* wurde der *Gemeinsame Europäische Referenzrahmen für Sprachen* ausgewählt, weil in ihm das Konzept der kommunikativen Kompetenz als Handlungskompetenz maßgebend ist (Efing 2015: 21). Dieses Konzept begreift Kommunikation nicht nur als Interaktion, sondern als gemeinschaftsbildende, auch differenzierende soziale Aktivität, eine Art Performance, die nach gemeinsamen Regeln gestaltet wird (Hymes 1972: 54 nach Bergmann/Meyer 2010: 152). Die vom amerikanischen Soziolinguisten Dell Hymes eingeführten Kommunikationssituationen werden als wesentliche soziale Handlungen definiert, mit denen eine soziale Realität erzeugt wird (Bergmann/Meyer 2010: 152). Diese soziologische Sichtweise erweitert den Blick auf sprachliche, performative und situative Aspekte der Kommunikation. Gerade der Ansatz der kommunikativen Kompetenz als eine soziale Aktivität gewinnt in der Integration von Neuzugewanderten eine besondere Bedeutung.

Im modernen sprachwissenschaftlichen Diskurs wird der Begriff der kommunikativen Kompetenz im Hymes'schen Sinne aufgegriffen und es wird auf die bereits darauf aufbauenden didaktischen Instrumente zur Kompetenzeinschätzung und -entwicklung wie den GER verwiesen (Efing 2015: 20). Efing bezieht das Begriffsverständnis auf die Definition im GER und erweitert es um die berufsweltbezogenen Aspekte (vgl. ausführlich Efing 2014).

Die kommunikative Kompetenz wird anhand von zwei Kriterien definiert:

a) (seitens des Rezipienten) der (Kontext-, Situations-, Themen-, Adressaten-, Domänen-, Ziel-, Norm-, Erwartungs-)Angemessenheit (Akzeptabilität, Adäquatheit)

b) (seitens des Produzenten) der Effektivität hinsichtlich der Erreichung des kommunikativen Handlungsziels (Efing 2015: 20).

So lässt sie sich als ein mehrmodulares Konstrukt in folgende Teilkompetenzen untergliedern (Efing 2014: 101):

– Sprachsystemkompetenz (Grammatik)
– soziolinguistische Kompetenz (u. a. Register, Varietäten)
– pragmatische Kompetenz (Strategie zur Zielerreichung)
– Text/Diskurskompetenz (Strukturierung von Texten)

- strategische Kompetenz
- soziale/soziokulturelle Kompetenz

Unter den Aspekten der Berufsbezogenheit werden die Teilkompetenzen definiert und erweitert (Efing 2015: 29; Kiefer 2011; Kiefer 2013: 37) und in den Kontext der Handlung im Betrieb gesetzt. Der Kontext der Anwendung von fachlichem, berufspraktischem und sozialem Wissen sowie die Beherrschung von sprachlichen Mitteln und Fertigkeiten, mit deren Hilfe ein Sprachanwender den Anforderungen des Arbeitsplatzes gerecht werden kann (Kiefer 2013: 37), korreliert mit der Kompetenzbeschreibung des DQR und den Anforderungen in konkreten Tätigkeitsschwerpunkten.

In dieser Hinsicht kann die *berufsbezogene kommunikative Kompetenz* als eine Querschnittkompetenz sowohl in der Kategorie der Personal- als auch der Fachkompetenzen nach dem DQR verstanden und somit als eine zentrale Fähigkeit am Arbeitsplatz gesehen werden.

Im Folgenden werden beispielhaft die zwei Kompetenzkategorien „Fachkompetenz", unterteilt in „Wissen" und „Fertigkeiten", sowie „Personale Kompetenz", unterteilt in „Sozialkompetenz" und „Selbständigkeit" (DQR 2017), auf den Niveaustufen 1 bis 3 dargestellt. Diese Niveaustufen werden der Berufsorientierung und -vorbereitung zugeordnet. Kursiv werden dabei die sprachlichen Handlungsmuster in den Kategorien markiert, die die Verortung der *berufsbezogenen kommunikativen Kompetenz* als Querschnittskompetenz deuten können und die im *Willkommenscurriculum* aufgegriffen werden.

Tabellen 1–3: Kompetenzbeschreibungen nach DQR, Stufe 1–3 (BMBF 2013: 17)

Niveau 1
Über Kompetenzen zur Erfüllung einfacher Anforderungen in einem überschaubar und stabil strukturierten Lern- oder Arbeitsbereich verfügen. Die Erfüllung der Aufgaben erfolgt unter Anleitung.

Fachkompetenz		Personale Kompetenz	
Wissen	Fertigkeiten	Sozialkompetenz	Selbstständigkeit
Über elementares *allgemeines Wissen* verfügen.	Einfache Aufgaben nach vorgegebenen *Regeln ausführen und deren Ergebnisse beurteilen.*	Mit anderen *zusammen lernen* oder arbeiten, *sich mündlich und schriftlich informieren und austauschen.*	Unter *Anleitung lernen oder arbeiten. Lernberatung annehmen.*

Niveau 2
Über Kompetenzen zur fachgerechten Erfüllung grundlegender Anforderungen in einem überschaubar und stabil strukturierten Lern- oder Arbeitsbereich verfügen. Die Erfüllung der Aufgaben erfolgt weitgehend unter Anleitung.

Fachkompetenz		Personale Kompetenz	
Wissen	Fertigkeiten	Sozialkompetenz	Selbstständigkeit
Über *grundlegendes allgemeines Wissen und grundlegendes Fachwissen* in einem Bereich verfügen.	*Ergebnisse* aus der Ausführung von Aufgaben *beurteilen* sowie Zusammenhänge herstellen.	*Anregungen und Kritik aufnehmen und äußern. In mündlicher und schriftlicher Kommunikation situationsgerecht agieren.*	In bekannten und stabilen Kontexten weitgehend *unter Anleitung* lernen oder arbeiten. Lernhilfen nutzen und *Lernberatung nachfragen.*

Niveau 3
Über Kompetenzen zur selbständigen Erfüllung fachlicher Anforderungen in einem noch überschaubaren und zum Teil offen strukturierten Lernbereich oder beruflichen Tätigkeitsfeld verfügen.

Fachkompetenz		Personale Kompetenz	
Wissen	Fertigkeiten	Sozialkompetenz	Selbstständigkeit
Über erweitertes *allgemeines Wissen* oder über *erweitertes Fachwissen* verfügen.	*Ergebnisse der Arbeit nach Maßstäben beurteilen, einfache Transferleistungen erbringen.*	*Die Lern- oder Arbeitsumgebung mitgestalten*, Abläufe gestalten und *Ergebnisse adressatenbezogen darstellen.*	*Das eigene und das Handeln anderer einschätzen. Lernberatung nachfragen* und verschiedene Lernhilfen auswählen.

1.2.5 Didaktische Unterstützung in den Berufsschulen und Entwicklung eines kompetenzorientierten Leitfadens

Mit der Öffnung der schulischen beruflichen Bildung für Neuzugewanderte stehen die beruflichen Schulen vor der Herausforderung, ausbildungsrelevante Inhalte zu vermitteln, obgleich der Sprachstand häufig weit unter dem erforderlichen Niveau liegt und die neuen Schüler erst an die Standards der beruflichen und der schulischen Bildung herangeführt werden müssen. Eine neue Lebenssituation, Selbstmanagement und Bewältigung von Anmelde-, Aufenthalts- und sonstigen Fragen verlangten von den Schülern einen rasanten Aufbau von Selbst-, Personal- und sogar Fachkompetenzen sowie der kommunikativen

Kompetenz. Zur Dokumentation der Kompetenzen gilt der *Lernstandsbericht,* der als Zeugnis in den Willkommensklassen pro Halbjahr ausgestellt wird.

Der Lernstandsbericht

Als Kompetenznachweis ist der *Lernstandsbericht* in engem Abstimmungsprozess des Referats für Grundsatzangelegenheiten der Berliner Senatsverwaltung für Bildung, Jugend und Wissenschaft und der Autorin mit Lehrkräften in der Arbeitsgruppe Neuzuwanderung entstanden und greift die Kompetenzbereiche des GER und gleichzeitig des DQR auf.

Mit diesem Instrument können neben der Lernprogression, den erworbenen Kenntnissen und Fähigkeiten sowohl das Empowerment der Neuzugewanderten als auch die persönliche und soziale Entwicklung (Wiażewicz 2016a) strukturiert beobachtet und von beteiligten Lehrenden dokumentiert werden.

2. Das Berliner Willkommenscurriculum

An den *Lernstandsbericht* im Übergang Schule-Beruf anknüpfend entstand das *Willkommenscurriculum* als didaktischer Leitfaden zur Entwicklung der Sprach-, Fach- und weiteren Kompetenzen in der Fachtheorie und -praxis für Neuzugewanderte (Wiażewicz/Kahleyss/Vöge 2016: 10). Es richtet sich an die Lehrkräfte, Ausbilder sowie an Sozialpädagogen und weitere Unterstützende und wurde von dem o. g. Referat der Senatsverwaltung fachlich begleitet.

2.1 Bedarfserhebungen und die erste Curriculumsskizze für Lehrkräfte

Das *Willkommenscurriculum* wurde zum *Wunschkind* der AG-Neuzuwanderung, in der kontinuierlich Bedarfe erhoben wurden. Dazu wählte man die Interview-Technik in den Austauschrunden, die die Erhebung möglichst vieler Informationen und spontaner Ideen ermöglicht (Krajka 2015: 222) und die Ansätze neu diskutieren lässt. Der Austauschaspekt ist in der Organisationsentwicklung und in der Konfrontation mit neuen Anforderungen von Bedeutung (Zschiesche/Dietrich 2014).

So gaben die Lehrkräfte in den moderierten Interviews an, dass sich mittels eines methodischen Leitfadens ihre Arbeit besser strukturieren ließe, wenn sie noch nicht alle Erfahrung mit der Zielgruppe hätten. Die erfahrenen DaZ-Lehrkräfte, die bereits nach dem *Integrationscurriculum* des BAMF (Buhlmann et al. 2007) in Deutschkursen unterrichteten, sprachen sich für eine Erweiterung um berufsübergreifende Komponenten (Wiażewicz 2016a) und eine motivationsfördernde Methodik (vgl. Krajka 2015: 223) aus. Die Bedarfe wurden bereits in die erste Curriculumskizze als Handreichung für Berliner Lehrkräfte aufgenommen (Schallenberg/Wiażewicz 2015).

Zwei Grundbereiche kristallisierten sich dabei heraus:

– die Befähigung zur sprachlichen Handlungsfähigkeit im Deutschen und bei der Bewältigung des Alltags,
– die Vorbereitung und Begleitung des Unterrichts an der beruflichen Schule.

Sie beinhalteten sowohl die Beschreibungen zum Erwerb der Sprach- und weiteren Handlungskompetenzen (Methoden-, Personal-, Sozial- und Fachkompetenz nach Erpenbeck/Heyse 1999 in Enggrubber/Bleck 2005: 10; vgl. KMK 2011: 19) als auch methodische Impulse zur Umsetzung.

2.2. Prinzipien des Curriculumaufbaus

Dem Curriculum liegen Forderungen für curriculare, unterrichtsorganisatorische und methodische Prinzipien der Fremdsprachendidaktik für Sekundarschüler zugrunde (Bausch/Helbig 2003: 461). Sie stellen ein Konzept einer integrativen Didaktik und Methodik in den Vordergrund, beziehen sich auf die Texterschließungskompetenz und Strategiewissen, schließen somit auch die sprachlich-interkulturellen Kenntnisse und Fähigkeiten mit ein. Demnach werden die Grob- und Teilkompetenzen im Anfängerunterricht – dem *Initialunterricht* – als Vorbereitung auf das Lernen von Inhalten (ebd.: 462) strukturiert und bilden somit eine Brücke für den weiteren Kompetenzerwerb im Übergang zur Berufsqualifizierung.

2.3 Aufbau

2.3.1 Didaktische Aspekte

Das *Willkommenscurriculum* fokussiert auf die Entwicklung und den Erwerb von Qualifikationen und Kompetenzen im Unterricht, um den Neuzugewanderten eine schulische, berufliche und gesellschaftliche Integration zu ermöglichen. Der Deutschunterricht als Fremdsprachenunterricht bekommt im Kontext der beruflichen Bildung eine besondere Legitimation (Linthout 2004: 23): Parallel zum Aufbau der Sprachkompetenz sollen eigenverantwortliches, problemgesteuertes Lernen gefördert und Haltungen ausgeprägt werden, die für einen Einstieg in ein späteres Berufsleben eine Voraussetzung sind.

Bei der Umsetzung dieser Konzepte wird berücksichtigt, dass die Schüler erst an einen ganzheitlichen und schüleraktiven Unterricht herangeführt werden sollten, da nicht alle das autonome, selbstgesteuerte handlungsorientierte Lernen in ihren Heimatländern kennen gelernt haben. Daher ist die Leitung des Unterrichtsprozesses durch eine Lehrkraft in den ersten Bausteinen des *Willkommenscurriculums* stärker ausgeprägt und das praktische eigenständige Handeln gewinnt erst in den folgenden Bausteinen mehr Bedeutung. Dazu kommen noch kulturelle Aspekte und Lerngewohnheiten, die für die Entwicklung der Zielgruppe eine zentrale Rolle spielen.

Da der Deutschunterricht auch dem Erwerb von sprachlich-kommunikativen Kompetenzen dient und für die Neuzugewanderten einer binnendifferenzierenden Didaktik bedarf (Schappert 2015: 229), ist ein offener Aufbau des Curriculums in Form einer Loseblattsammlung notwendig.

Das interkulturelle Lernen, die Sozialisation in Deutschland, Lebens- und Lernbedingungen der Zielgruppe und ihre Bedarfe bilden eine weitere Grundlage für die inhaltliche Konzeption. In jedem Baustein wird für die Lehrkräfte der Zusammenhang zwischen der Lebenssituation von Migranten (Geflüchteten) und den jeweiligen Themen hergestellt. Beim Erwerb von Deutsch als Zweitsprache werden die bisherigen Bildungs- und Spracherfahrungen der Lernenden berücksichtigt und auf ihre gegenwärtigen Lebens- und Lernperspektiven in Deutschland bezogen.

Der Einschätzung des autonomen Lernens und der Selbstkompetenz dienen die Evaluationsbögen im Teil C. Sie sind ein Mittel, um Lernfortschritte sowohl durch die Schüler als auch durch die Lehrkräfte zu reflektieren und abzubilden. Die Selbstreflexion der Neuzugewanderten und der Austausch darüber spielen für den Unterricht und die späteren Betriebserfahrungen eine wesentliche Rolle. Sie tragen zur Entwicklung der kommunikativen Kompetenz bei, die eine der Anforderungen am zukünftigen Arbeitsplatz ist.

2.3.2 Aufbau und Struktur

Die Bausteine des *Willkommenscurriculums* bauen hinsichtlich der sprachlichen Progression auf den Niveaustufen A1 und A2 des GER und der zu erschließenden Themenbereiche aufeinander auf.

Zu jedem Baustein gehören Blatt A, Blatt B, Blatt C und Blatt D als strukturierende Einheiten:

- Blatt A gibt einen Überblick zum angestrebten Kompetenzerwerb in Bezug auf Sprache und Handlungsfähigkeit, orientiert an GER und DQR, und zu Materialien und Links.
- Blatt B als Kernstück für die Lehrkräfte verzahnt Sprachhandlungen und deren methodisch-didaktische Umsetzung mit Angaben zu den jeweiligen sprachlichen Kompetenzen sowie den rahmengebenden Handlungskompetenzen im Sinne von „Kann-Beschreibungen".

– Blatt C ermöglicht den Lernenden einen Kompetenzcheck der zu erfüllenden „Kann-Beschreibungen" des jeweiligen Bausteins und regt eine Selbstreflexion an.

– Blatt D, als Impuls für die weitere Materialentwicklung, zeigt mit einer handlungsorientierten Aufgabenstellung beispielhaft eine Lernsituation, wie sie im Unterricht eingesetzt und didaktisch erweitert werden kann.

Der inhaltliche Orientierungsrahmen wird durch 13 thematische Bausteine gebildet, die ihrerseits aufeinander aufbauend für Neuzugewanderte relevante Themen wie *Orientierung in der Stadt, Ämter- und Arztbesuche* aufgreifen.

Die Bausteine 1–7 sind mit steigender Progression auf der Niveaustufe A1 des GER angesiedelt. Sie führen von der eigenen Person ausgehend über die Erschließung des näheren Lebensumfelds hin zu einem reflexiv angelegten Modul des interkulturellen Lernens. Aufbauend auf dem Sprachkompetenzerwerb thematisieren sie Mediennutzung sowie EDV und schließen mit einem Modul zu mathematischen Grundkenntnissen ab, das als eine Grundlage für einen Lehrplan in den Willkommensklassen gilt. Im Fach Mathematik sollen nach der Eingangskompetenzeinschätzung die mathematisch-logischen Inhalte sprachsensibel aufgebaut, wiederholt und vertieft werden. Diese Inhalte knüpfen an Standards des ersten Schulabschlusses – der Berufsbildungsreife an. Der Kompetenzerwerb im Bereich Medien und Mathematik basiert auf mitgebrachten Voraussetzungen der Lernenden und sollte binnendifferenzierend unterstützt werden.

Die weiteren Bausteine 8–13 entsprechen den Anforderungen des GER auf der Niveaustufe A2. Diese Bausteine beginnen mit einem Sockeltraining für die Lernenden, wobei Arbeitstechniken, deren individuelle Aneignung sowie die weitere Entwicklung der bereits im ersten Teil geübten Sprachkompetenzen im produktiven Bereich (Präsentieren) im Mittelpunkt stehen.

Zum Übergang in die sich anschließenden berufsorientierten Bildungsgänge führen die Bausteine 9–13 hin. Sie thematisieren, ausgehend von persönlichen berufsbezogenen Zielen der Lernenden, Berufsorientierung und schulische sowie betriebliche Ausbildungsmöglichkeiten. Besondere Schwerpunkte werden hierbei zum einen auf betriebliche Spezifika wie Hierarchien und berufsbezogene Kommunikation gelegt, zum anderen auf Kompetenzanalysen zur Einschätzung beruflicher Fähigkeiten und Neigungen. Zudem erhöhen die Informationen über die Verdienstmöglichkeiten in der Ausbildung die Eigenmotivation der Zielgruppe.

Die Bausteine als in sich geschlossene Einheiten sind in der vorgegebenen Reihenfolge durchzuführen, da ihr Aufbau einer systematischen, grammatischen und kommunikativen Progression folgt. Dies wird anhand einiger Beispiele illustriert:

- Baustein 1: Ankommen in der Klasse
  Vorstellung der eigenen Person, Orientierung, Erarbeitung der Regeln
- Baustein 2: Ankommen in Berlin
  Wegbeschreibungen, Orientierung in der Stadt, Termine und Verabredungen
- Baustein 3: Praktische Lebensbewältigung
  Gesprächsführung in Ämtern, Benennung von Problemen
- Baustein 4: Orientierung in Deutschland
  Informationsbeschaffung über Deutschland zur Landeskunde (Basiswortschatz), Vergleiche mit dem Heimatland
- Baustein 5: Interkulturelles Lernen
  Meinungsäußerung, Kommunikation im Team, Lösung von Konflikten
- Baustein 6: Mediennutzung und EDV
  Anwendung von Medien, PC-Programmen, Verständnis von Programmangeboten (Radio, TV), Zeitungen
- Baustein 7: Mathematische Grundkenntnisse
  Erklärung von Lösungswegen, Vergleich von Größen und Mengen
- Baustein 8: Lernen lernen
  Reflexion über eigene Lernschritte, Verständnis von Aufgabenstellungen
- Baustein 9: Schulwesen in Deutschland
  Verständnis von Graphiken, Beschreibung der eigenen Lernbiographie
- Baustein 10: Wünsche, Pläne, Kompetenzen
  Benennung eigener Kenntnisse und Interessen, Stärken und Schwächen
- Baustein 11: Schulwesen und Ausbildungsmöglichkeiten
  Schulpräsentationen in einfacher Sprache, Informationsrecherche
- Baustein 12: Duale Berufsausbildung
  Verständnis von Fachtexten (Verträgen), Durchführung von betrieblichen Interviews
- Baustein 13: Arbeit im Betrieb
  Beschreibung von Berufen und Funktionen im Betrieb, Kommunikation in Beruf

2.4 Einblick in die Bausteindidaktik

Im Folgenden werden das Kompetenzblatt des Bausteins 12, *Berufsausbildung*, sowie die Methodik, die auf den Kompetenzbeschreibungen aus dem GER und dem DQR basiert, dargestellt. Baustein 12 wurde in drei Einheiten, in *Berufsausbildung in der Schule*, *Berufsausbildung im Betrieb* und *Ausbildung aus der Sicht eines/einer Auszubildenden*, unterteilt. Jeder Unterbaustein beinhaltet methodische Hinweise zur Umsetzung und eine Kurzbeschreibung der dazu notwendigen sprachlich(-formal-)en Strukturen (u. a. Grammatik, Redemittel) sowie eine Beschreibung der zu erwerbenden Sprach- und Handlungskompetenzen.

Analog zum Kap. 1.2.3 werden *berufsbezogene kommunikative Kompetenzen* in der Beschreibung nach DQR in beiden Tabellen kursiv markiert.

Blatt A: Kompetenzwegweiser

Bezug zur Realität der Zugewanderten und ihre didaktische Unterstützung: Die Orientierung in der dualen Berufsausbildung bedarf einer vertieften Erklärung. Zum einen ist das Berufsbildungssystem in Deutschland sehr speziell und für die Neuzugewanderten nicht bekannt und dadurch nicht leicht zu erschließen. Zum anderen sollen die Schülerinnen und Schüler verstehen, dass eine erfolgreich abgeschlossene duale Ausbildung gute Aufstiegschancen bietet und für sie aus Gründen der Sprachkompetenz oft realistischer als die Aufnahme eines Studiums ist. (Wiażewicz/Kahleyss/Vöge 2016: 91)

Tabelle 4: Überblick zum Kompetenzerwerb – Ausschnitt aus Blatt A (ebd.: 91)

Sprachkompetenz (A2 nach dem GER)	Berufsübergreifende Handlungskompetenzen (DQR, Stufe 2–3)
• globales Textverständnis von Verträgen, Gebrauchsanweisungen, Informationen aus dem Internet • globales Verstehen von Schemata • Durchführung von Interviews in der fremden Umgebung (Betrieb) • Beschaffung von Informationen im direkten Austausch mit Auszubildenden auf Jobmessen	• <u>Fachkompetenz:</u> *Vorbereitung und Durchführung von (Bewerbungs-)Interviews mit Basiswortschatz; Fähigkeit, Ausbildungsbedingungen zu erfragen.* • <u>Personale Kompetenz:</u> *Aufbau und Nutzung von kommunikativem Lernumfeld;* Fähigkeit zur Mitgestaltung der Lernumgebung; eigenständiges und verantwortungsbewusstes Lernen

Tabelle 5: Ausschnitt aus Blatt B zur methodisch-didaktischen Umsetzung. Beispiel der Untereinheit Ausbildung aus der Sicht eines Auszubildenden, Baustein 12 Berufsausbildung (ebd.: 92).

Sprachhandlung zum Baustein 12	Methodisch-didaktische Umsetzung	Sprachliche Kompetenzen Der Schüler/die Schülerin kann…	Handlungskompetenzen Der Schüler/ die Schülerin kann…
• 12.3 Ausbildung aus der Sicht eines/ einer Auszubildenden	• sprachliche Mittel: Fragestellung zu Interviews, Redemitteln • Interview mit eingeladenen Azubis über ihre Ausbildung, mit Vor- und Nachbereitung	• Fragen zu einem Interview erarbeiten und das Gespräch durchführen. • Texte zur Reflexion über die Berufswahl im Internet global lesen und verstehen.	• Informationen *erfragen und sammeln.* • eine fachliche Aufgabe planen und bearbeiten.

Sprachhandlung zum Baustein 12	Methodisch-didaktische Umsetzung	Sprachliche Kompetenzen Der Schüler/die Schülerin kann...	Handlungskompetenzen Der Schüler/ die Schülerin kann...
	• Grammatik: *Zeitformen: Perfekt, Zeit- und Ortsangaben, Nebensätze: kausal, konditional*	• Informationen ausschreiben und vortragen.	• ein *kommunikatives Lernszenario aufbauen und durchführen.*

Die berufsbezogenen und sprachlichen Kompetenzen im Baustein *Berufsausbildung* sind erkennbar und nahe an der Betriebspraxis orientiert. Sie wurden auch mit den Sprachanforderungen aus Ausbildungsrahmenplänen zur Arbeitsplatzkommunikation für einige Berufe verglichen. Den bereits erwähnten, relevanten kommunikativen Teilkompetenzen (Efing 2014: 101) könnten folgende Inhalte und Handlungen zur Untereinheit 12.3 *Ausbildung aus der Sicht eines Auszubildenden* zugeordnet werden.

- Sprachsystemkompetenz: *Förderung von Tempora, Syntax – Nebensätzen, Adverbien*
- soziolinguistische Kompetenz: u.a. *Fragestellung in der „Sie"-Form –Höflichkeitsformen verwenden*
- pragmatische Kompetenz: *Informationen erfragen und sammeln*
- Text-/Diskurskompetenz: *Informationen strukturiert aufschreiben*
- strategische Kompetenz: *eine fachliche Aufgabe planen und bearbeiten*
- soziale/soziokulturelle Kompetenz: *ein kommunikatives Lernszenario aufbauen und durchführen*

Diese Zusammenstellung der kommunikativen Teilkompetenzen und der Handlungen deutet darauf hin, dass sich die Beschreibungen der Teilkompetenzen im Sinne des DQR auf die Sprachanforderungen in konkreten berufsbezogenen Handlungen beziehen lassen. Die Kompetenzbereiche im DQR und GER können sich daher überschneiden. Demnach wurde der verzahnte Aufbau der beiden Referenzsysteme im Curriculum vorgeschlagen und beschrieben.

3. Zusammenfassung

Der Artikel beschreibt die didaktische Rolle und Anwendung der Kompetenzorientierung im Berliner *Willkommenscurriculum* für Neuzugewanderte in der schulischen Berufsbildung. Das Curriculum bezieht sich auf zwei grundlegende Standardsysteme: auf den *Gemeinsamen Europäischen Referenzrahmen für Sprachen* und den *Deutschen Qualifikationsrahmen*, die auf Kompetenzbeschreibungen basieren und auf die Handlungskompetenz fokussieren. Dieser handlungsorientierte Fokus scheint in der Debatte über den Fachkräftemangel und die Integrationsmöglichkeiten von Neuzugewanderten adäquat zu sein. Die bisher noch nicht wissenschaftlich zusammengefassten Evaluierungen der Autorin über die Heranführung von Neuzugewanderten an die betriebliche Praxis scheinen die Tendenz zu bestätigen, dass viele Betriebe die berufsweltrelevanten Kompetenzen der Zielgruppe wie Durchhaltevermögen, Frustrationstoleranz und Leistungs- und Lernbereitschaft sowie eine hohe Sozialkompetenz als bedeutsam einschätzen (Wiażewicz 2016b). Dabei ist die sprachliche Kompetenz die Basis und Voraussetzung für die Sicherung der berufsbezogenen Kommunikation.

Der Aufbau der *berufsbezogenen kommunikativen Kompetenz* für mehrsprachige Neuzugewanderte muss daher strukturiert erfolgen. Als eine aus beiden Referenzsystemen (GER und DQR) resultierende zentrale Querschnittskompetenz bekam die kommunikative Kompetenz einen immer stärkeren Berufsbezug beim Aufbau des *Willkommenscurriculums*. Im fachlichen Diskurs wurde der Begriff der kommunikativen Kompetenz aufgrund seiner Relevanz und der Veränderungen in der Berufswelt zur *berufsweltbezogenen kommunikativen Kompetenz* erweitert. Dabei wurde die Kompetenz als Fähigkeit zur eigenständigen, flexiblen Bewältigung von komplexen Handlungssituationen, um den fachübergreifenden Anforderungen in der Berufswelt gerecht werden zu können, definiert (Efing 2015: 23).

Neueste wissenschaftliche Untersuchungen in Deutschland belegen, dass die Entwicklung einer *ausbildungs- und berufsfeldbezogenen kommunikativen Kompetenz* als zentrale Bildungsaufgabe zu begreifen ist (Werner/Efing/Clauss 2015: 86) und integraler Bestandteil der Konzepte für schulische Berufsvorbereitung werden soll. Dies bedarf nicht nur in Deutschland einer kritischen Reflexion über die bereits zur Verfügung stehenden Ressourcen und didaktischen Methoden (vgl. Szerszeń 2015: 61) sowie bisher vorhandenen Lehrpläne, die eher für monolinguale Schüler mit ähnlichen Eingangsvoraussetzungen entstanden. Denn für die mehrsprachigen Lerner mit geringen bzw. nicht vorhandenen Deutschkenntnissen müssten neue Spracherwerbskonzepte mit Fokus auf die berufliche Handlung und Sozialisation angeboten werden, die als Ziel die gesellschaftliche, kulturelle und berufliche Integration nachfolgend definieren. Das *Willkommenscurriculum* als ein Instrument für die Unterrichtspraxis möchte zum Diskurs über die didaktischen Konzepte beitragen.

Literatur

Bundesamt für Migration und Flüchtlinge (Hrsg.) (2016): Asylgeschäftsstatistik für den Monat August. Verfügbar unter: http://www.bamf.de/SharedDocs/Anlagen/DE/Downloads/Infothek/Statistik/Asyl/201601-statistik-anlage-asyl-geschaeftsbericht.pdf?__blob=publicationFile (Zugriff am 01.02.2017)

Baumann, Barbara (2016): Sprachförderung und Deutsch als Zweitsprache in der Lehrerbildung. Ein deutschlandweiter Überblick. In: Becker-Mrotzek, et al. (Hrsg.): Deutsch als Zweitsprache Sprachliche Bildung, Sprachförderung und Deutsch in der Lehrerbildung. Münster, 9–27.

Bausch, Karl-Richard/Helbig, Beate (2003): Erwerb von Fremdsprachen im Erwachsenenalter. In Bausch, Karl-Richard/Christ, Herbert/Krumm, Hans-Jürgen (Hrsg.): Handbuch Fremdsprachenunterricht. Tübingen, 459–463.

Bergmann, Jörg/Meyer, Christian (2010): Nachruf Dell H. Hymes (1927–2009). In: Zeitschrift für Soziologie 39/2, 151–153.

BMBF – Bundesministerium für Bildung und Forschung, Kultusministerkonferenz (KMK) (Hrsg.) (2013): Handbuch zum Deutschen Qualifikationsrahmen. Verfügbar unter http://www.kmk.org/fileadmin/Dateien/veroeffentlichungen_beschluesse/2013/130823_Handbuch_mit_nicht-barrierefreier_Anlage_MAM.pdf (Zugriff 18.3.2016).

Buhlmann, Rosemarie et al. (2007): Rahmencurriculum für Integrationskurse – Deutsch als Zweitsprache. Verfügbar unter http://www.bamf.de/SharedDocs/Anlagen/DE/Downloads/Infothek/Integrationskurse/Kurstraeger/KonzepteLeitfaeden/rahmencurriculum-integrationskurs.pdf (Zugriff am 15.5.2015).

DQR – Bundesministerium für Bildung und Forschung, Kultusministerkonferenz (Hrsg.) (2017): Der Deutsche Qualifikationsrahmen für lebenslanges Lernen. Verfügbar unter http://www.dqr.de (Zugriff am 9.2.2017).

Bundeszentrale für politische Bildung (bpb 2017): Zahlen zu Asyl in Deutschland. Infografiken nach Daten des Bundesamtes für Migration und Flüchtlinge vom 13.1.2017. Verfügbar unter https://www.bpb.de/politik/innenpolitik/flucht/218788/zahlen-zu-asyl-in-deutschland#Antraege (Zugriff am 12.03.2017).

Efing, Christian (2010): Kommunikative Anforderungen an Auszubildende in der Industrie. In: Fachsprache 1–2, 2–17.

Efing, Christian (2014): Kommunikative Kompetenz. In: Grabowski, Joachim (Hrsg.): Sinn und Unsinn von Kompetenzen. Fähigkeitskonzepte im Bereich von Sprache, Medien und Kultur. Leverkusen/Opladen, 93–113.

Efing, Christian (2015): Berufsweltbezogene kommunikative Kompetenz in Erst- und Fremdsprache – Vorschlag einer Modellierung. In: Efing, Christian

(Hrsg.): Sprache und Kommunikation in der beruflichen Bildung. Modellierung – Anforderungen – Förderung. Frankfurt am Main, 17–46.

Enggrubber, Ruth/Belck, Christian (2005): Modelle der Kompetenzfeststellung im beschäftigungs- und bildungstheoretischen Diskurs – unter besonderer Berücksichtigung von Gender Mainstreaming. Dresden.

Erpenbeck, John/Heyse, Volker (1999): Die Kompetenzbiographie (Studien zur beruflichen Weiterbildung im Transformationsprozess, Band 10). Münster.

GER Europarat/Rat für kulturelle Zusammenarbeit (Hrsg.) (2011): Gemeinsamer Europäischer Referenzrahmen für Sprachen: Lernen, lehren und beurteilen. Verfügbar unter http://www.europaeischer-referenzrahmen.de (Zugriff am 23.5.2016).

Hamilton, Cheryl (2011): Skuteczna komunikacja w biznesie. Warszawa.

Hart-Davidson, William/Grabill, Jeffrey T. (2011): Understanding and supporting knowledge work in schools, workplaces, and public life. In: Starke-Meyerring, Doreen (Hrsg.): Writing in Knowledge Societies. Anderson, 161–176.

Hymes, Dell (1972): Models of the Interaction of Language and Social Life. In: Gumperz, John Joseph/Hymes, Dell (Hrsg.): Directions in Sociolinguistics: The Ethnography of Communication. New York, 35–71.

Kiefer, Karl-Hubert (2011): Kommunikative Kompetenzen im Berufsfeld der Internationalen Steuerberatung. Möglichkeiten ihrer Vermittlung im fach- und berufsbezogenen Fremdsprachenunterricht unter Einsatz von Fallsimulationen. Verfügbar unter https://depositonce.tu-berlin.de/handle/11303/3171 (Zugriff am 23.5.2016).

Kiefer, Karl-Hubert (2013): Kommunikative Kompetenzen im Berufsfeld der Internationalen Steuerberatung. Fremdsprachen bezogene Bedarfsanalyse am Beispiel der Auslandsniederlassung einer deutschen Beratungsgesellschaft. Frankfurt am Main u. a.

KMK – Sekretariat der Kultusministerkonferenz Referat Berufliche Bildung, Weiterbildung und Sport (Hrsg.) (2011): Handreichung für die Erarbeitung von Rahmenlehrplänen der Kultusministerkonferenz für den berufsbezogenen Unterricht in der Berufsschule und ihre Abstimmung mit Ausbildungsordnungen des Bundes für anerkannte Ausbildungsberufe. Verfügbar unter http://www.kmk.org/fileadmin/Dateien/veroeffentlichungen_beschluesse/2011/2011_09_23_GEP-Handreichung.pdf (Zugriff am 9.2.2017).

Krajka, Jarosław (2015): Analiza potrzeb w planowaniu kursów językowych do celów zawodowych – o roli technologii społeczeństwa informacyjnego. In: Sowa, Magdalena/Mocarz-Kleindienst, Maria/Czyżewska, Urszula (Hrsg.) Nauczanie języków obcych na potrzeby rynku pracy. Lublin, 220–230.

Linthout, Gisela (2004): Handlungsorientierter Fremdsprachenunterricht: Ein Trainingsprogramm zur Kompetenzentwicklung für den Beruf. Amsterdam.

Ott, Berndt (1997): Grundlagen des beruflichen Lernens. Ganzheitliches Lernen in der beruflichen Bildung. Berlin.

Schallenberg, Julia/Wiażewicz, Magdalena (2015): Angekommen! Handreichung für den Unterricht mit Flüchtlingen an Schulen der beruflichen Bildung in Berlin. Gemeinnützige Gesellschaft für berufsbildende Maßnahmen mbH (Hrsg.), Berlin.

Schappert, Petra (2015): Zweitspracherwerb im VABO. In: Efing, Christian (Hrsg.): Sprache und Kommunikation in der beruflichen Bildung. Modellierung – Anforderungen – Förderung. Frankfurt am Main, 227–235.

Szerszeń, Paweł (2015): Das Erlernen einer (Fach-)Fremdsprache. In: Efing, Christian (Hrsg.): Sprache und Kommunikation in der beruflichen Bildung. Modellierung – Anforderungen – Förderung. Frankfurt am Main, 47–68.

Werner, Birgit/Efing, Christian/Clauss, Marleen (2015): Analyse kommunikativer Anforderungen bei Schülern ohne Abschluss. In: Efing, Christian (Hrsg.): Sprache und Kommunikation in der beruflichen Bildung. Modellierung – Anforderungen – Förderung. Frankfurt am Main, 71–89.

Wiażewicz, Magdalena (2016a): Berufsbezogene Sprachförderung in Willkommensklassen für Neuzugewanderte. Vortrag am 22.3.16. Interdisziplinäre Tagung im März 2016.

Wiażewicz, Magdalena (2016b): Interviews von M. auf Berliner Jobmessen für Geflüchtete 2016, nicht publiziert.

Wiażewicz, Magdalena/Kahleyss, Margot/Vöge, Monika (2016): Willkommenscurriculum für die beruflichen und zentral verwalteten Schulen Berlins. Curriculum zur sprach- und berufsübergreifenden Didaktik in den Willkommensklassen für Neuzugewanderte über 16 Jahre. Berlin. Erhältlich bei der GFBM.

Wiechert-Beyerhaus, Ralf (2016a): Vortrag am 15.1.16 zum Expertentreffen Neuzuwanderung an der Ludwig-Maximilians-Universität München.

Wiechert-Beyerhaus, Ralf (2016b): Vortrag am 10.05.2016 in der Arbeitsgruppe Neuzuwanderung, Senatsverwaltung für Bildung, Jugend und Wissenschaft. Berlin.

Zemełko, Urszula (2015): Ekspert ds. Komunikacji pisemnej firmy – nowe wzywanie dla dydaktyki języków obcych. In: Sowa, Magdalena/Mocarz-Kleindienst, Maria/Czyżewska, Urszula (Hrsg.) Nauczanie języków obcych na potrzeby rynku pracy. Red. Lublin, 317–327.

Zschiesche, Tilman/Dietrich, Ingo (2014): Ergebnisse der Evaluation zur Wahrnehmung der Bedeutung der Sprachbildung und zur Position der Sprachbeauftragten an den berufsbildenden Schulen in Berlin. Vortrag zur SPAS-Auftaktveranstaltung 11.09.2014 Berlin. Erhältlich bei ibbw-cosult.

Jörg Roche / Elisabetta Terrasi-Haufe (München)

Handlungsorientierter Unterricht an beruflichen Schulen in Bayern[1]

Abstract: In times of globalization and the increasing importance of media, instruction in vocational schools is changing dramatically. This is also true for dual-stream vocational schools in Germany comprising both general education as well as job-specific, vocational education and on-the-job-training. Young adults attending such schools – regardless of whether or not they have any (recent) migration background – all are in need of focused attention on language competencies in general and focused attention on professional language skills and languages for special purposes in particular. The paper presents the foundations and leading principles of a new concept which entails pedagogical, curricular and administrative aspects: Berufssprache Deutsch (German for Professional Purposes). The concept is based on a pragma-linguistic notion of communication (doing things with words) and a constructivist and constructionist notion of learning and language acquisition. The paper also presents the parameters of a new curriculum grounded on pragmatic principles as well as appropriate teaching materials for integrative approaches to language acquisition/teaching on and for the job.

Einleitung

Was im Unterricht an Berufsschulen passiert, wird traditionell nicht nur von den curricularen Vorgaben, den Lehrkräften, ihrem Ausbildungshintergrund und den Schülern[2] beeinflusst, sondern auch von der Nachfrage auf dem Arbeits-

---

1 Die Darstellung basiert auf Daten, die im Rahmen des Projekts „Bildungssprache Deutsch für berufliche Schulen" (http://www.mercator-institut-sprachfoerderung.de/ foerderung/forschungsprojekte/bildungssprache-deutsch-fuer-berufliche-schulen/) zum Zweck der Bestandsaufnahme erhoben wurden. Das Projekt wird im Zeitraum vom April 2014 bis zum März 2017 vom Mercator Institut für Sprachförderung und Deutsch als Zweitsprache gefördert und durch das Bayerische Staatsministerium für Bildung und Kultus, Wissenschaft und Kunst unterstützt. Es setzt sich das Ziel, auf der Grundlage der Analyse des IST-Zustands durch unterschiedliche Akteure der beruflichen Bildung in Bayern einen SOLL-Zustand zu bestimmen und diesen durch die Entwicklung und Erprobung von Unterrichtskonzepten zu implementieren. Daneben sollen die daraus gewonnenen Erkenntnisse durch die Ausgestaltung eines neuen Teilstudienganges „Sprache und Kommunikation Deutsch" an der School of Education der Technischen Universität München in die Lehrerbildung fließen.

2 Aufgrund der besseren Lesbarkeit wird mit *Schüler* auch immer *Schülerin* gemeint, ebenso verhält es sich mit anderen Maskulina.

markt, den Anforderungen, die die Unternehmen an Auszubildende stellen, und den Zertifizierungsvorgaben von Handelskammern, Innungen und Berufsverbänden (vgl. Abbildung 1 in Terrasi-Haufe/Roche/Riehl 2017: 158). Dies ist unter anderem auf die starken Synergien zwischen Arbeitsmarkt, Wirtschaft und technischer Entwicklung zurückzuführen. Seit einiger Zeit wird zumindest in einer Reihe von Fächern eine Abnahme der Bewerberzahlen für Ausbildungsstellen beobachtet, die auch durch die höhere Attraktivität jüngerer Fächer verursacht wird. Als Gründe für die Schwierigkeiten, Lehrstellen zu besetzen, werden sehr häufig die mangelnden sprachlichen Kompetenzen der Bewerber genannt. Daneben sind aber auch die sprachlichen Anforderungen in der Ausbildung und Zertifizierung gestiegen. Verlangt wird dort ein höherer Anteil an selbstreguliertem Lernen sowie an fach- und berufssprachlichen Kompetenzen (ebd.). Parallel dazu werden bei Berufsschülern zunehmend Schwierigkeiten in der Entwicklung primärer Strategien sowie von Lern- und Arbeitstechniken beobachtet (ebd.: 165).

Eine erste Konsequenz dieser Sachlage, die bundesweit weder einmalig noch ganz neu ist (vgl. Grundmann 2007), ist die Forderung nach einer verstärkten Sprachförderung in berufsschulvorbereitenden Maßnahmen sowie einer durchgängigen Sprachbildung in allen Fächern im Unterricht der Fachklassen.

Eine weitere bedeutende Veränderung für die berufliche Bildung in Bayern wurde durch den Anstieg an berufsschulpflichtigen Asylbewerbern und Flüchtlingen hervorgerufen. Laut Meldung des Bayerischen Bildungsministeriums (StMBW) hielten sich zum 31.11.2014 in Bayern 12.691 berufsschulpflichtige Flüchtlinge auf. Zum 31.01.2016 ist diese Zahl auf 41.162 gestiegen. Aufgrund dieser Entwicklung und dem aktuellen Mangel an Nachwuchskräften wurde die bereits im Schuljahr 2010/2011 begonnene Einrichtung von Klassen für berufsschulpflichtige Flüchtlinge an bayerischen Berufsschulen stark ausgebaut. Die Anzahl solcher Maßnahmen hat sich von damals bayernweit ca. 20 auf rund 1200 Klassen im September 2016 erhöht. Diese Beschulungsmaßnahmen werden in Form von Sprachintensivklassen (SIK) und Berufsintegrationsklassen (BIK) organisiert. Während in den Sprachintensivklassen der Schwerpunkt auf Alphabetisierung und der Vermittlung basaler Sprachfertigkeiten liegt, werden im ersten Jahr BIK Teilnehmer auf GER-Niveau A1 beschult. Im Mittelpunkt steht hier die integrierte Vermittlung von Sprachkenntnissen und Fertigkeiten sowie allgemeinbildender Inhalte. Im zweiten Jahr BIK wird A2 vorausgesetzt und der Schwerpunkt liegt auf der Berufsorientierung und -vorbereitung (vgl. ISB 2015). Ziel ist die Anbahnung beruflicher Handlungskompetenzen, die für eine Ausbildung erforderlich sind. Neben Deutschunterricht finden dort berufsvorbereitender Fachunterricht und Praktika statt (vgl. Terrasi-Haufe/Baumann 2016: 47). Berufsschulpflichtige Flüchtlinge werden von Fach- und DaZ-Lehrkräften unterrichtet sowie von Sozialpädagogen begleitet. Zu beachten ist dabei, dass an bayerischen Berufsschulen der DaZ-Unterricht keine lange Tradition vorweisen konnte, denn Sprachfördermaßnahmen wurden bislang hauptsächlich im Rahmen von ausbildungsbegleitenden Maßnahmen ausgegliedert bzw. nur an einzelnen Standorten angeboten (vgl. ebd.: 46). Dem wurde zunächst mit der Anstellung von DaF-Lehrkräften entgegengewirkt. In naher Zukunft werden aber die Absolventen von berufsschulvorbereitenden Maßnahmen zunehmend als Auszubildende (ab September 2016 bayernweit ca. 2000) in den Regelklassen beruflicher Schulen vertreten sein und durch entsprechend ausgebildete Lehrkräfte sprachlich weiter gefördert werden müssen. Erste Erfahrungen zeigen, dass ihre Integration in Regelklassen neue Herausforderungen im Bereich der fachsprachlichen Entwicklung, der individuellen Wissensaneignung durch das Lesen von Fachtexten und des selbstständigen Arbeitens mit sich bringt.

Eine durchgängige Sprachbildung und die Beschulung von berufsschulpflichtigen Flüchtlingen erst in vorbereitenden Maßnahmen und dann in den Regelklassen erfordert die Bereitstellung angemessener Unterrichtskonzepte und -materialien sowie deren Multiplikation in den verschiedenen Phasen der Lehrkräftebildung für alle Lehrkräfte.

1. Anforderungen an ein integratives Konzept zum Deutschunterricht an beruflichen Schulen

Gefragt ist folglich ein integratives Konzept, das den oben geschilderten Veränderungen gerecht wird und zeitnah multipliziert und implementiert werden kann. Mit *integrativ* wird einmal auf die Integration von Sprach- und Fachunterricht hingewiesen, denn Sprache kann nicht inhaltslos gelernt werden und komplexe Fachinhalte können nicht sprachfrei vermittelt werden. Da der Bedarf genauso für so genannte Muttersprachler sowie für Schüler mit Migrationshintergrund gegeben ist, gilt es an dieser Stelle, die Dichotomie zwischen DaM- und DaZ-Didaktik aufzulösen. Zu beachten gilt es außerdem, dass Berufsschüler nach Efing (2013: 76) nur dann für Sprachfördermaßnahmen motiviert werden können, wenn eine enge sprachlich-fachliche Verzahnung und lebensweltliche Anbindung an den Ausbildungskontext gewährleistet werde.

Integrativ bedeutet aber auch, dass der Unterricht so gestaltet wird, dass alle Schüler daran teilnehmen können (er also binnendifferenziert gestaltet wird) und er zu einem bestimmten Maß auch von den Schülern mitbestimmt wird. Aus Selbstbestimmung folgt die Übernahme von Verantwortung für das eigene Lernen, aus der wiederum Motivation resultiert (Roche/Reher/Simic 2012: 62).

Nicht zuletzt bezieht sich die Bezeichnung *integrativ* auf die soziale Integration aller Schüler in die Schulgemeinschaft. Diese kann durch das Unterrichtsgeschehen unterstützt werden, wenn dort das Potenzial von Differenz entsprechend ausgeschöpft wird. Mit *Differenz* werden nach Terrasi-Haufe/Roche/Riehl (2017: 181) individuelle Wahrnehmungen und Wissenskonstruktionen sowie subjektiv unterscheidbare Einstellungen, Werte und Erwartungen von Individuen bezeichnet.

Dieses Potenzial kann aber nur genutzt werden, wenn den Schülern im Unterricht die Gelegenheit geboten wird, es im gemeinsamen sprachlichen Handeln einzusetzen und sich an dessen erfolgreichem Einsatz weiterzuentwickeln. Dies wiederum setzt eine pragmatische Konzeptualisierung von Sprache voraus, die von den meisten Sprachförderverfahren ignoriert wird.

2. Pragmalinguistische und spracherwerbstheoretische Fundierung

Der Grundgedanke in der hier vorgestellten Konzeptionalisierung von Deutschunterricht an Berufsschulen durch das Institut für DaF der LMU München beinhaltet die Auseinandersetzung mit authentischer Sprache in berufsrelevanten Situationen mit dem Ziel ihrer angemessenen Bewältigung. Dies setzt eine Betrachtung von Sprache nach Bühlers (1934) Organon-Modell voraus, in dem das sprachliche Zeichen die Funktion von Symbol, Symptom und Signal erfüllt. Demnach kommt Sprache immer in der Dreieckskonstellation zwischen Sender, Gegenständen und Sachverhalten sowie Empfänger vor. Das Symbol bei der Darstellung oder Repräsentation von Gegenständen und Sachverhalten ist aber nicht objektiv oder neutral gegeben, sondern geschieht als subjektiver Ausdruck (Symptom) der Perspektive eines Sprechers oder Schreibers, kurz eines Senders, der damit (Signal) an einen Empfänger appelliert. Im Mündlichen ist ein Sender aufgrund der Unmittelbarkeit auch immer gleichzeitig Empfänger. Kommunikation ist dann authentisch, wenn alle drei Bezüge nach Bühlers Modell realisiert sind (vgl. Roche 2013: 197 f.).

Aktuelle Erkenntnisse aus der Sprachenerwerbsforschung gehen davon aus, dass Sprache genau in solchen Konstellationen gelernt wird (und zwar von Kindes- oder besser Säuglingsbeinen an). Nach Piaget (dargestellt in Roche 2013: 124 f.) ermöglicht nur das konkrete Handeln und Erfahren die Fähigkeit, abstrakte, formale Gedankengänge durchzuführen und Wissen zu rekonstruieren. Dieser Aspekt findet sich auch im Konstruktionismus nach Papert (1987) wieder, der annimmt, dass Lernen als individuelle erfahrungsbasierte Rekonstruktion von Wissen effizienter ist, wenn sich Schüler an der konkreten Herstellung von Produkten aktiv beteiligen. Für den Spracherwerb bedeutet das, dass dieser nur durch konkretes sprachliches Handeln und konkretes Erfahren der Wirklichkeit effektiv sein kann. Die Tätigkeitstheorie hebt parallel dazu hervor (Eckardt 2013: 82), wie sich die menschliche Psyche durch (dynamische) Tätigkeiten im Kontext von bedeutungsvollen, zielorientierten und soziologisch relevanten Interaktionen zwischen Menschen und ihrer Umgebung entwickelt, die auf der Grundlage von kulturellen Werkzeugen und Zeichen entstehen. Für den Zweitsprachenerwerb kann folglich einiges vorausgesetzt werden, was das Lernen durch Interaktion erleichtert, wenn kulturspezifische Unterschiede angemessen (und nicht stereotypisierend) berücksichtigt werden.

Die Erkenntnis, dass Sprache nur in bedeutungsreichen und relevanten Kontexten, in denen Schüler selbst sprachlich handeln müssen, erlernt wird, wurde in der Sprachdidaktik bislang kaum berücksichtigt. So werden z. B. die unterschiedlichen Funktionen von Sprache nach Bühler bislang voneinander getrennt betrachtet bzw. ihr Zusammenspiel wird ignoriert. Dies ist zum Teil einerseits auf die Gegebenheiten der Unterrichtsinteraktion zurückzuführen (vgl. Terrasi-Haufe in Druck).

Während sich die DaF-Didaktik nach der kommunikativen Wende auf die (allerdings immer noch stark behavioristisch geprägte) Vermittlung von Standardroutinen zur Erfüllung von Ausdrucks- und Appellfunktion in Alltagssituationen (wie z. B. Begrüßung, Terminvereinbarung, Einladung usw.) konzentriert hat, hat die DaZ-Didaktik in den letzten Jahren einen Schwerpunkt auf die Betrachtung des sprachlichen Zeichens selbst, losgelöst von dessen Kontext und Funktion, und auf eine stark auf die Benennungsfunktion reduzierte Betrachtung von Sprache als Symbol gelegt. Die Wirksamkeit solcher Verfahren konnte in wissenschaftlichen Studien allerdings nicht nachgewiesen werden (vgl. Roche/Reher/Simic 2012: 10–12). Bei den Ansätzen mit stark grammatisch orientiertem Förderschwerpunkt wird die Formorientierung, die Zufälligkeit und die ungenügende Begründung der Auswahl sowie die mangelnde Authentizität des Sprachmaterials kritisiert (etwa Polotzek et al. 2008). Die Behandlung pragmatischer, handlungsorientierter Kompetenzen, die auch im Lebensalltag, in der Ausbildung oder im Beruf tauglich wären, kommt in diesen Verfahren zu kurz (Apeltauer 2007).

Die dem hier dargestellten bayerischen Konzept zugrundeliegende Konzeptualisierung von Sprache weist eine Zerlegung der Sprachfunktionen, wie sie in der Sprachdidaktik bislang praktiziert wurde, dezidiert zurück. Für die berufliche Kommunikation spielen das Wissen über Fachinhalte und die Versprachlichung von Sachverhalten sowie die Bewältigung von betrieblichen Abläufen zusammen mit der Einschätzung der hierarchischen Position und den Aufgabengebieten von Sender und Empfänger eine ganz zentrale Rolle für den

Kommunikationserfolg. Aus den jeweiligen Kommunikationszwecken und Konstellationen von Sendern und Empfängern resultieren unterschiedliche fach- und berufssprachliche Textsorten (vgl. Göpferich 1995: 124), die sich bezüglich Fachlichkeit, Formalität, Komplexität, Anschaulichkeit und Verbindlichkeit unterscheiden. Schüler treffen im Unterricht und im Rahmen der betrieblichen Ausbildung darauf und müssen lernen, damit umzugehen. Das verlangt die Förderung sowohl sprachlicher und fachlicher als auch methodischer und sozialer Kompetenzen. Die Möglichkeit, Fach- und Berufssprache in authentischen Kontexten zu erfahren, fördert wiederum das Wissen über Fachinhalte, Sachverhalte und betriebliche Abläufe und sensibilisiert für angemessenes sprachliches Handeln. Das Potenzial von Differenz kann hier in vollem Maße ausgeschöpft werden, weil durch die unterschiedlichen Konstellationen von Sprechern und Adressaten in unterschiedlichen Situationen und mit unterschiedlichen Kommunikationszwecken eine variantenreiche Auseinandersetzung entsteht. Wenn eine bestimmte Aufgabe gegenüber dem Ausbilder, einem anderen Azubi, einer Kundin artikuliert oder im Berichtsheft erledigt werden muss, dann erfordert dies jedes Mal eine andere Realisierung, die ihrerseits unterschiedliche Rückmeldungen generiert und zu einer größeren Variationspalette und im Endeffekt zu größerer Sprachbewusstheit beiträgt.

Für die sprachdidaktische Methodik führt dies mit sich, dass Unterricht handlungsorientiert gestaltet werden muss. D.h. er soll authentische kommunikative Anlässe beinhalten, deren Bewältigung die Umsetzung betrieblicher Verfahren verlangt.

3. Didaktisch-methodische Verortung

Das im Rahmen von „Berufssprache Deutsch" entwickelte Konzept für den Deutschunterricht an Berufs- und Berufsfachschulen speist sich von der Rezeption sowohl berufspädagogischer als auch sprachdidaktischer Entwicklungen.

3.1 Handlungsorientierte Unterrichtsansätze

Handlungsorientierte Unterrichtsansätze finden ihren Ursprung in Rousseaus ganzheitlichem Bildungsideal: Bei der „Erziehung" von Menschen sollen relevante aufgabenhaltige Situationen geschaffen werden, in denen Schüler dazu ermuntert werden „vermeintliche Lösungsangebote oder vorschnelle Urteile zu unterlassen und statt derer zunächst auf der Ebene sinnlicher Wahrnehmung unterschiedliche Versuche durchzuführen, um dem Phänomen auf den Grund zu kommen, dann die Wahrnehmungsresultate so lange aufeinander zu beziehen" (Hansmann 2006: 37), bis sie zu einer angemessenen Lösung gelangen können. Nach Rousseau bilden solche Lernarrangements die Grundlage, um „die Bildung des logischen, des moralischen und des religiösen Urteils unabhängig von den Meinungen, Launen oder Vorurteilen anderer zu initiieren und umsichtig zu leiten" (Hansmann 2006: 46). Der Gedanke, dass die kombinierte Entwicklung sprachlicher, fachlicher, sozialer und demokratischer Kompetenzen eine zentrale Bildungsaufgabe darstellt, wurde zu einem späteren Zeitpunkt u. a. von Pestalozzi, Diesterweg und der deutschen Arbeitspädagogik des beginnenden 20. Jahrhunderts aufgenommen. Da Erkenntnis durch Wahrnehmung und Erfahrung entstehe, müsse im Unterricht induktiv vorgegangen werden. Durch Selbsttätigkeit werden Schüler zu eigenen Überlegungen und der Erprobung unterschiedlicher Lösungsversuche gezwungen. Dies fördert Problembewusstsein und Selbstständigkeit im Denken, Handeln und Urteilen (Geißler 2006: 142). Nach dem Prinzip des unter Einfluss des Pragmatismus von Dewey und Kilpatrick entwickelten Konzepts des „Learning by doing" soll im Unterricht den Schülern die Möglichkeit gegeben werden, „durch eigene Erfahrungen und Handlungen sowie durch Partizipation und Teilhabe an gemeinsam mit anderen durchgeführten Aktivitäten und Projekten zu einer umfassend selbsttätigen und selbst bestimmten Entwicklung ihres Lernens zu gelangen" (Neubert 2006: 212).

Weitere zentrale Impulse für die handlungsorientierte Unterrichtsmethodik lieferte die Berufspädagogik in den 1970er Jahren, als im Rahmen der Handlungsregulationstheorie von den Arbeitspsychologen Winfried Hacker (*1934) und Walter Volpert (*1942) das Modell der vollständigen Handlung entworfen wurde, auf dem die Entwicklung der Leittextmethode bzw. ihres sechsstufigen Phasenverlaufs (Riedl 2011: 244) basiert:

- Informieren
- Planen
- Entscheiden
- Ausführen
- Kontrollstufe
- Bewerten

Obwohl sich die handlungsorientierte Didaktik an alle Schularten wendet, hat sie sich bislang hauptsächlich im Bereich von Grund- und Berufsschule durchgesetzt. Für letztere wurde sie 2007 (Riedl 2011: 161–163) per KMK-Beschluss zwecks Erlangung beruflicher Handlungskompetenz zum Unterrichtsprinzip erhoben. Im Unterricht sollen Schüler durch Handeln für das Handeln lernen.

3.2 Handlungsorientierung in der Sprachdidaktik

Der Grundsatz der handlungsorientierten Didaktik, dass „ohne Selbsttätigkeit keine Selbständigkeit zu erreichen ist" (Meyer 2006: 214), wurde von der Sprachdidaktik meistens ignoriert. Zwar wird seit der „Kommunikativen Wende" in den 1970er-80er Jahren in der Fremdsprachendidaktik kommunikative Kompetenz als das oberste Lernziel des Unterrichts betrachtet, allerdings bezieht sich die Handlungsorientierung meistens nur auf die Authentizität und Angemessenheit von Materialien zum Hör- und Leseverstehen sowie von Sprech- und Schreibanlässen und nicht auf die Selbsttätigkeit der Schüler.

Einer der wichtigsten Ansätze, die Handlungsorientierung als Prinzip der Unterrichtsgestaltung in der Sprach- und Kulturvermittlung umzusetzen, ist der Ansatz der Szenariendidaktik (vgl. Hölscher/Piepho/Roche 2006). Ein Lernszenario beginnt nach Hölscher/Roche/Simic (2009: 6 ff.) mit der gemeinsamen Bestimmung eines Kernthemas durch Schüler und Lehrkräfte und der Auswahl einer möglichst authentischen Aufgabe. Der Unterricht sollte an die authentische Welt außerhalb des Unterrichts angebunden werden. Dadurch steigt das Interesse der Schüler. Je nach Interesse und individuellen Fähigkeiten können die Schüler selbst entscheiden, ob sie allein, mit einem Partner oder in der Gruppe arbeiten. Bei der Auswahl der Aufgaben werden sie von ihrem Vorwissen geleitet: Sie greifen zu einer Aufgabe, die ihren Interessen, ihrer Persönlichkeit und ihren Fähigkeiten entspricht und führen sie mit unterschiedlichen Arbeits- und Lerntechniken aus. Durch Thema und Aufgabenstellung wird der Schüler zwar gesteuert, er kann die Sprache aber in seiner Lerngruppe frei und kreativ anwenden. Durch ein vielfältiges Angebot an Arbeitsformen werden mittels Methoden- und Medienvielfalt unterschiedliche Persönlichkeiten und Lernertypen berücksichtigt. Arbeitspartner finden sich sehr oft über die Wahl der Aufgabe. Diese immer wieder neuen Gruppenzusammensetzungen bewirken auch immer neue dialogische Konstellationen mit anderen kulturellen Hintergründen. In Erarbeitungsphasen organisieren sich Schüler im Team und tauschen sich über die Planung und Gestaltung ihrer Arbeit aus. Diese wird anschließend vorgestellt und in der Optimierungsphase überarbeitet. Eine Reflexion schließt das Szenario ab.

Lernszenarien bieten durch die handlungsbegleitende Sprache die Möglichkeit, ausgewählte grammatische Strukturen zu integrieren. Somit werden diese Strukturen durch durchdachte Handlungszusammenhänge, Aufgaben und Spiele effektiv gefördert, wobei stets das Handeln im Vordergrund steht. Schwächere Schüler arbeiten, wenn möglich, mit fortgeschrittenen zusammen, damit sie Sprache durch andere erfahren und selbst Neues ausprobieren können. Heterogenität im Klassenverbund soll somit nicht mehr als Belastung, sondern vielmehr als Bereicherung gesehen werden, denn richtig eingesetzt kann sie konstruktiv genutzt werden. Die Sprachanwendung in Lernszenarien ermöglicht es sowohl schwächeren als auch fortgeschrittenen Schülern, ihre Fähigkeiten individuell auszubauen und durch das Miteinander wechselseitig voneinander zu lernen.

Die Wirksamkeit eines szenariendidaktischen Unterrichts wurde im Rahmen der wissenschaftlichen Untersuchung „Focus on Handlung" (Roche/Reher/ Simic 2012) überprüft. Während einer 10-tägigen nach Szenarien gestalteten Unterrichtsphase wurde das Verhalten von 50 Schülern (3. Klasse) von einem neunköpfigen Evaluatorenteam im Rahmen von teilnehmenden Beobachtungen protokolliert und ausgewertet (ebd.: 78–82). Daneben wurden vor und nach der Intervention Lehrkräfte, Eltern und Schüler zu den sprachlichen, sozialen und demokratischen Kompetenzen der Schüler befragt. Eine solch umfassende Studie liegt bedauerlicherweise für Berufsschüler nicht vor, da sie allerdings die Überprüfung didaktischer Prinzipien (Handlungsorientierung, Selbsttätigkeit, ganzheitliches Lernen) anstrebt, die für die Berufspädagogik von zentraler Bedeutung sind, lohnt es sich einen Blick auf ihre Ergebnisse zu werfen.

Die Befunde der Studie (ebd.: 87–94) weisen darauf hin, dass bei den meisten Schülern eine Verbesserung des Selbstvertrauens sowie der sozialen und kommunikativen Kompetenzen festgestellt werden kann. Ebenso konnte eine zunehmende Integration von davor weniger gut integrierten Schülern im Klassenverbund beobachtet werden.

Daneben konnte u. a. festgestellt werden, dass offene, aufgabenbasierte und handlungsorientierte Lernsituationen Folgendes bewirken:

- Sie intensivieren unter den Schülern die sprachliche Interaktion über Lerninhalte und Kommunikationsmanagement sowie soziale und demokratische Prozesse;
- sie motivieren Schüler dazu, ihre Strategien der Informationsbeschaffung zu erweitern und zu vertiefen;
- sie steigern ihre Motivation für den Unterricht sowie ihr Interesse an formaler Akkuratesse;
- sie ermöglichen allen das Einbringen ihres Vorwissens und ihrer Stärken durch einen individuellen Zugang zu den Aufgaben. Somit wird man der Heterogenität innerhalb der Schülergruppen gerecht.

Der Erfolg handlungsorientierter Sprachlernkonzepte liegt folglich nicht nur in der unmittelbaren Wirkung von ganzheitlichem Lernen und Selbsttätigkeit auf formale Kompetenzen in der Sprachbeherrschung, sondern gerade in deren Beziehung zu und Abhängigkeit von sozialen Handlungskompetenzen.

3.3 Handlungsorientierte Sprachdidaktik an Berufsschulen

Die Phasierung von Lernszenarien ähnelt jener der Leittextmethode bzw. entspricht dem Kreislauf der vollständigen Handlung, die die Gestaltung von Fachunterricht an beruflichen Schulen (Riedl 2011) leitet und die Grundlage für die didaktische Jahresplanung bildet. Die Vermittlung linguakultureller Inhalte wurde allerdings dort bislang selten berücksichtigt. Zwar wurde bereits 2011 durch die Entwicklung[3] und Veröffentlichung der Lehrwerksreihe „Berufsdeutsch" (Dirschedl 2011) die Einführung einer fundierten Sprachbildung in den Berufsfeldern Einzelhandel, Metall und Gastgewerbe angestrebt, doch zeigten die im Frühjahr 2014 durchgeführten Unterrichtsbeobachtungen, dass im Deutschunterricht an bayerischen Berufsschulen meistens durch in sich abgeschlossene, lehrerzentrierte Einheiten berufsbezogene Themen (wie Stress am Arbeitsplatz, Kommunikation unter Kollegen, Qualitätssicherung) behandelt oder die Förderung allgemeiner Kompetenzen (Techniken der mündlichen Präsentation und Kommunikation, selten Schreiben) bezweckt wird. Hier dominierte der Lehrervortrag mit verteilten Rollen im Wechsel mit Gruppenarbeiten und Schülerpräsentationen der Ergebnisse im Plenum. Im fachintegrierten Unterricht stand allerdings an einzelnen Standorten berufsbezogenes Sprachhandeln (Beschreibung von Verfahren, Deuten von technischen Zeichnungen, Anfertigen von Dokumentationen, Verstehen eines technischen Merkblattes, Produktpräsentation) im Mittelpunkt. Z.T. arbeiteten die Schüler nach dem Prinzip der vollständigen Handlung über längere Zeiträume an sprachlichen Produkten, präsentierten sie, bewerteten sie gegenseitig (allerdings produkt-, nicht prozessorientiert) und überarbeiteten sie. Oder sie arbeiteten an Lernstationen (Lernzirkel), an denen sie sich abwechslungsweise mit praktischen und sprachlichen Aufgabenstellungen beschäftigten. In diesen Fällen verlief der Unterricht lernerzentrierter und ganzheitlicher ausgerichtet als im Deutschunterricht; insgesamt wurden aber kaum Hilfsmittel genutzt und selten schriftliche Einträge oder Notizen verfasst (vgl. Terrasi-Haufe/ Roche/Riehl 2017: 171).

4. Entwicklung von Unterrichtsmaterialien nach dem Prinzip von Berufssprache Deutsch

Für die Entwicklung von Unterrichtsmaterialien, die den aufgezeigten Anforderungen genügen, wurden in Kooperation mit den verschiedenen Arbeitskreisen, die am bayerischen Staatsinstitut für Schulqualität und Bildungsforschung

---

3   Auch durch Begleitung des Instituts für DaF der LMU München.

(ISB) an „Berufssprache Deutsch" arbeiten, auf der Grundlage des folgenden Verfahrens Muster-Szenarien für neun Ausbildungsberufe und die BIK-Beschulung entwickelt.[4] Sie werden demnächst im Downloadbereich unter: http:// www.isb.bayern.de/schulartspezifisches/materialien/berufssprache-deutsch/ unterrichtsmaterialien/ für Lehrkräfte zur Verfügung gestellt.

Ausgehend von einer Analyse der Fachlehrpläne bezüglich der zur Bewältigung eines Lernfelds geforderten Sprachkompetenzen werden plausible beruflich relevante Handlungssituationen als Ausgangspunkt für eine Unterrichtssequenz bestimmt. Diese werden unter Berücksichtigung der Rahmenlehrpläne bzw. im Fall der Flüchtlingsbeschulung des Lehrplans für BIK und SIK entworfen und anhand authentischer Sprecher und Adressaten sowie einer problembasierten und produktorientierten Aufgabenstellung konkretisiert. Letztere muss sinnvoll sowie für die berufliche Ausbildung zweckbezogen sein und auf betrieblichen Vorgängen basieren. Von zentraler Relevanz ist dabei der Aspekt der Problembasierung, der konstruktionistischen Ansätzen inhärent ist (Hmelo-Silver/Barrows 2006: 24).

Unter den entwickelten Materialien wird z. B. für Kfz-Mechatroniker in der 11./12. Jahrgangsstufe ein Szenario zu den Lernfeldern „Fahrzeuge für Sicherheitsprüfungen und Abnahmen vorbereiten" und „Serviceaufgaben" auf der Grundlage der folgenden Handlungssituation formuliert.

Ihr Vorgesetzter hinterlässt Ihnen folgende Notiz:

Hallo! Herr Finke kommt um 10 Uhr. HU nicht bestanden. Grund: Lambda Sonde defekt (290 €). Zeig dem Kunden das Prüfprotokoll, das auf meinem Schreibtisch liegt. Berate ihn und erkläre ihm die Auswirkungen auf das Abgasverhalten, am besten anhand der Wirkungsweise der Lambdasonde.

Danke! Hans

Für angehende Altenpfleger im ersten Schuljahr an Berufsfachschulen kann zu Lernfeld 1 (Aufgaben und Konzepte der Altenpflege) die folgende Situation vorgeschlagen werden:

---

4   U.a. für die Berufsfachschulen Altenpflege und Sozialpflege, für den Bereich Bautechnik, für die Ausbildungsberufe Medizinische(r) Fachangestellte(r), Kfz-Mechatroniker/-in, Industriemechaniker/-in, Kaufmann/Kauffrau für Büromanagement, Fachkraft für Lagerlogistik und für die Berufsintegrationsklassen.

Die Biografiebögen einiger Bewohner beschränken sich vielfach auf die Angabe von biografischen Daten und Fakten und enthalten kaum persönliche Informationen. Ihr Praxisanleiter erklärt Ihnen, dass neue Bewohner bei den Anamnesegesprächen ungern persönliche Informationen preisgäben, da die neue Situation oft sehr belastend für sie sei. Es bestehe dann ja auch noch keine vertrauensvolle Beziehung zum Pflegepersonal, so dass das Schützen der Privatsphäre ganz natürlich sei. Diese Informationen müssten nach und nach in persönlichen Gesprächen gewonnen werden. Ihr Praxisanleiter deutet auf eine der unvollständigen Biografien und sagt: „Zum Beispiel Frau XXX wird doch von dir gepflegt. Über sie steht da außer Geburtsort und -datum und den paar Angaben zur Familie fast nichts. Ergänze in den nächsten Tagen für die Pflege wichtige biografische Informationen."

Für den Unterricht mit Flüchtlingen in den Berufsintegrationsjahren werden berufsübergreifende Handlungssituationen entworfen:

Die Firma, in der du mit zwei Freunden dein Praktikum machst, hat für die Kaffeeküche eine neue Kaffeemaschine bestellt. Damit jeder sie bedienen kann, sollt ihr eine einfache Anleitung schreiben, laminieren und aufhängen.

Eine erste Möglichkeit der Binnendifferenzierung findet bereits auf dieser Ebene statt: Die Komplexität des sprachlichen Produkts kann durch den Einsatz unterschiedlicher Fertigkeiten und Medien gesteuert werden. Der Kunde in der ersten Handlungssituation könnte sich als besonders beratungsresistent erweisen und auf einen schriftlichen Bericht über den vorliegenden Schaden und dessen Auswirkungen bestehen. Die Patientin aus der zweiten Handlungssituation könnte sprachlich beeinträchtigt sein, so dass ihre Familienangehörigen kontaktiert werden müssen und der Eintrag in die Patientenakte eine Zusammenfassung der unterschiedlichen Angaben verlangt. Die Anleitung in der dritten Situation kann als Text, aber auch als beschriftete oder nummerierte Folge von Bildern erstellt werden. Genauso kann der Grad an Öffentlichkeit des sprachlichen Produkts variiert und so der Einsatz unterschiedlicher Register induziert werden.

Die Didaktisierung der Handlungssituationen erfolgt im Rahmen der vollständigen Handlung in Schritten, die wiederum als Teilaufgaben formuliert werden (vgl. Sogl 2016: Abb. 1). Doch nicht nur die angestrebten sprachlichen Produkte – in den genannten Beispielen ein Beratungsgespräch, ein Eintrag in die Patientenakte und das Verfassen einer Anleitung – sollen sprachlich realisiert werden, auch die Phasen ihrer Erarbeitung verlangen nach intensivem Spracheinsatz. In der Orientierungsphase klären die Schüler den Arbeitsauftrag, aktivieren Vorwissen (Was weiß ich schon? Was weißt du? Was brauchen wir noch zur Lösung der Aufgabe?). In der Informationsphase werden Informationen zur Aufgabenstellung eingeholt. In der Planungsphase wird die Vorgehensweise bei der Erarbeitung beschlossen (Wie gehe ich vor? Vorgehensweise, Strategien, Methoden?). Es werden lösungsorientiert inhaltliche Schwerpunkte gesetzt. In der Durchführungsphase wird das in der Lernsituation geforderte sprachliche Handlungsprodukt umgesetzt („das Produkt entsteht"). In der Präsentations- und Dokumentationsphase werden Ergebnisse zur weiteren Verwendung gesichert und ggf. der Öffentlichkeit vorgestellt. In der Bewertungs- und Reflexionsphase werden Arbeitsergebnis, Planungsphase bzw. Aufgabenlösungsprozess und individueller Lernerfolg kriteriengeleitet und lösungsorientiert beurteilt.

Die zweite Ebene der Binnendifferenzierung ist im Ablauf der Szenarien angesiedelt. Jedes Szenario umfasst gestufte Angebote für Schüler, bei denen eine hohe Autonomie bzw. ein größerer Unterstützungsbedarf vorausgesetzt werden kann. Dies wird im Szenarienverlauf entsprechend abgebildet. Für das erste oben genannte Beispiel für Kfz-Mechatroniker sieht dies wie folgt aus.[5]

Abbildung 1: Ablauf des Szenarios „Ich berate Sie gerne!": orientieren, informieren und dokumentieren

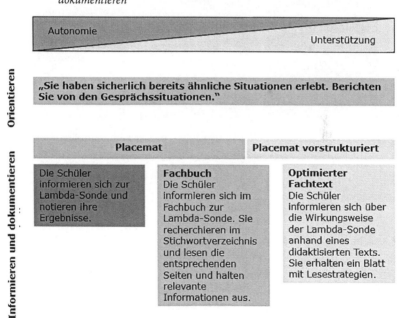

---

5   Auf die vollständige Darstellung der Materialien muss im Rahmen dieses Beitrags verzichtet werden. Sie sind unter der ISB-Homepage abrufbar.

Auch die Phase der Information setzt eine ganzheitliche Auseinandersetzung mit der Aufgabe voraus. Die Schüler sammeln nicht nur Informationen über relevantes Fachwissen, sondern auch darüber, wie ein Beratungsgespräch abzulaufen hat und welche sprachlichen Strukturen dafür eingesetzt werden müssen. Auch in diesem Fall dürfen sie eigenes Wissen einbringen sowie Hilfsmittel nutzen. Die Beschäftigung mit Grammatik erfolgt integriert und zweckgerichtet. In diesem Fall wird der Einsatz von kausalen, finalen und hypothetischen Konjunktionen zur effizienten Argumentation thematisiert.

Abbildung 2: Ablauf des Szenarios „Ich berate Sie gerne!": planen und sich über Sprachrichtigkeit informieren

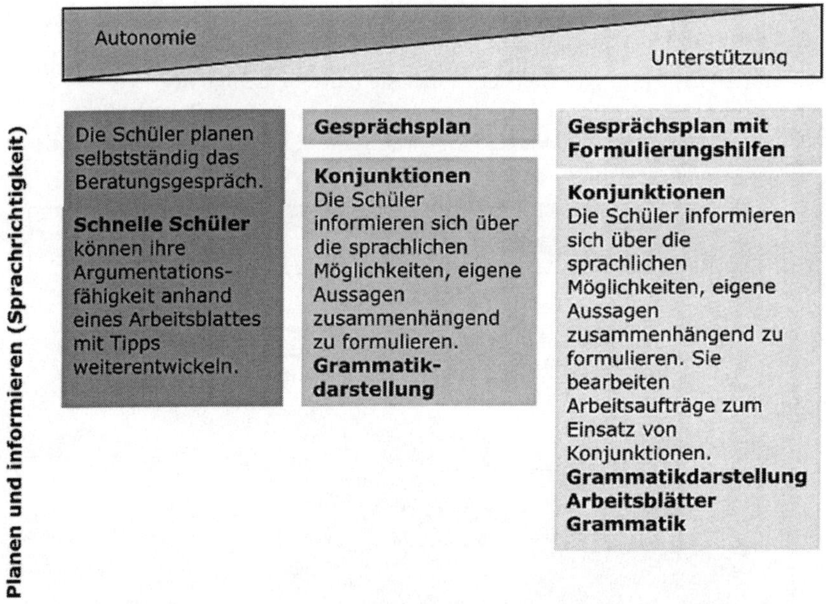

Im Anschluss an die Präsentations- und Dokumentationsphase erfolgen die Bewertung und Reflexion der sprachlichen Handlungsprodukte durch Schüler und Lehrkraft. Hier bietet sich eine dritte Ebene der Binnendifferenzierung an: Durch das gemeinsame Festlegen der Bewertungskriterien können die Leistungen der Schüler entsprechend ihrer Ausgangsvoraussetzungen und Entwicklung während der Durchführung des Szenarios angemessen gewürdigt werden.

Abbildung 3: Ablauf des Szenarios „Ich berate Sie gerne!": bewerten und reflektieren

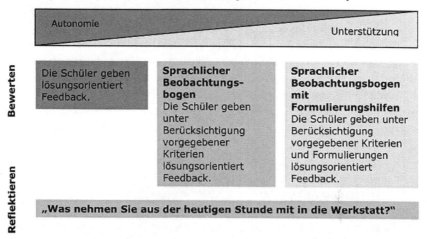

Die Entwicklung der Szenarien für *Berufssprache Deutsch* ist in enger Zusammenarbeit mit Sprach- und Fachlehrkräften sowie den Fachberatern an den bayerischen Regierungsbezirken entstanden. Letztere sind unter Anleitung des ISB zuständig für die Multiplikation des Konzepts und in engem Austausch mit den Fachbetreuern für Deutsch an den einzelnen Berufsschulstandorten. Im Rahmen erster Multiplikationsveranstaltungen wurde für das den Unterlagen zugrundeliegende Konzept viel Lob geerntet, allerdings auch dessen Umsetzung als sehr anspruchsvoll eingeschätzt. Vor allem die Analyse der sprachlich-kommunikativen Anforderungen der Rahmenlehrpläne und deren Didaktisierung bereitete der, wie oben dargestellt, sprachdidaktisch unterschiedlich ausgebildeten Lehrerschaft Sorgen. Um die Umsetzbarkeit des Konzepts zu erleichtern und dadurch auch dessen Nachhaltigkeit zu erhöhen, entschied sich das StMBW 2015 für eine Überarbeitung des Lehrplans für Deutsch an Berufs- und Berufsfachschulen.

5. Ein neuer Lehrplan für DaM und DaZ

Der neue Lehrplan[6] wurde von einer vom ISB zusammengesetzten Expertenkommission unter Begleitung des Instituts für DaF der LMU erarbeitet. Dessen Leitgedanken ergeben sich aus den in Kapitel 2 und 3 dargestellten Hintergründen und lauten (vgl. ISB 2016: 6 f.):

---

6   https://www.isb.bayern.de/berufsschule/lehrplan/berufsschule/fachlehrplan/1624/

- Planung. Der Lernprozess ist ganzheitlich anzulegen, d. h. es werden sowohl sprachliche und fachliche als auch überfachliche Kompetenzen wie Methoden-, Sozial- und Selbstkompetenz gefördert. Der Unterricht ist konsequent vom Lernergebnis („sprachliches Handlungsprodukt") der Schüler aus zu konzipieren. Die Schüler sollen gezielt dabei unterstützt werden, an bereits erworbene Kenntnisse und Fähigkeiten anzuknüpfen, indem sie ihr Vorwissen aktivieren.
- Selbsttätigkeit. Insbesondere die selbstgesteuerte Erarbeitung fachlicher Inhalte durch die Schüler einerseits und die explizite Förderung ihrer sprachlichen Ausdrucksfähigkeit durch die Präsentation und Überarbeitung sprachlicher Produkte andererseits unterstützt die Kommunikations- und Problemlösefähigkeit.
- Differenzierung. Jede Unterrichtsphase wird hinsichtlich der sprachlichen Anforderung methodisch und didaktisch an die Lernergruppe angepasst. Hilfestellungen und Rückmeldungen werden kontinuierlich, bedarfsgerecht und niveauspezifisch angeboten. Besonders die Prinzipien der inneren Differenzierung, z. B. hinsichtlich Thematik, Aufgabenstellung, der Art des Lernprodukts oder des Lerntempos, und der Ansatz des kooperativen Lernens in Lernszenarien ermöglichen eine gezielte Förderung der Schüler. So werden Heterogenität und Differenz als Potenzial für Wissens- und Kompetenzerwerb genutzt.
- Authentizität. Es gilt realitätsnahe Lernarrangements zu konzipieren. Diese werden anhand authentischer Sprecher- und Adressatenrollen sowie einer zielorientierten Aufgabenstellung konkretisiert.
- Sprachsensibilität. Die Lehrkraft unterstützt den Kompetenzerwerb durch sprachsensibel formulierte Aufgaben, Handlungsaufträge und Rückmeldungen.
- Pädagogische Diagnostik. Der Beurteilung des Sprachstands kommt eine entscheidende Bedeutung zu, um die sprachlichen Förderschwerpunkte zu ermitteln. Diese werden gezielt und fächerübergreifend im Unterricht verfolgt. Die Lehrkraft analysiert dazu die sprachlichen Anforderungen und ermittelt den tatsächlichen Sprachstand der Lernergruppe.

Der Lehrplan beinhaltet eine explizite Berücksichtigung von DaZ- und allgemeinbildenden Inhalten, indem er einen Basislehrplan für die Sprachintensivklassen, einen Basislehrplan für die Berufsintegrationsklassen im 1. und 2. Jahr und einen Regellehrplan für die Fachklassen in der 10., 11. und 12. Jahrgangsstufe umfasst, die zum Zweck der Binnendifferenzierung kombiniert eingesetzt werden können (ebd.: 2 f.). D.h. bei der Unterrichtsplanung und -ausgestaltung können je nach Klassenzusammensetzung ausgehend vom Regel- oder Basislehrplan mit geringem Aufwand unterschiedliche Leistungsniveaus berücksichtigt werden.

Dem Lehrplan liegt ein Kompetenzstrukturmodell (ebd.: 4) zugrunde, das sprachliches Wissen und kommunikatives Handeln in Wechselwirkung mit Allgemeinwissen, Fach- und Berufswissen und der Anwendung von Methoden, Strategien und Arbeitstechniken zur Wissensaneignung sieht. Basis- und Regellehrplan umfassen neben den Kompetenzerwartungen eine Verortung in den einzelnen Handlungsphasen der vollständigen Handlung, einen Bezug zu den Lehrplanrichtlinien und methodische Umsetzungsempfehlungen.

Abbildung 4: Auszug aus dem Basislehrplan (Quelle: ISB 2016: 11)

Basislehrplan	BIK/Vorklasse 1
Handlungsphase	orientieren und informieren

Sprachhandlungsverben aus Lehrplanrichtlinien

z. B. abgrenzen, aufnehmen, auswählen, beschaffen, eingrenzen, erfassen, erkennen, erkunden, erschließen, Kenntnisse erwerben, klären, lesen, konkretisieren, sammeln, sich mit Informationsmaterial auseinandersetzen, sich befassen mit, sich einen Überblick verschaffen, sich informieren, sich vertraut machen

Kompetenzerwartungen

Die Schülerinnen und Schüler

- erkennen vertraute Aufgabenstellungen.

- erfassen die gestellten Anforderungen und klären diese im kooperativen Lernen auch unter Einhaltung der Gesprächsregeln.

- entschlüsseln den Inhalt bei einfacherem Informationsmaterial und kurzen einfachen Beschreibungen unter Rückgriff auf Visualisierungen.

- erschließen die Bedeutung verschiedener Operatoren.

- identifizieren vorentlastete Schlüsselbegriffe aus der Aufgabenstellung.

- arbeiten sich in Informationsmaterial ein und setzen es zu Bekanntem in Bezug.

- formulieren einfache Erwartungen an Sprechakte, Texte und Medien.

- entnehmen kurzen einfachen Sprechakten, Texten und Medien 2 bis 3 wesentliche Aussagen zur Aufgabenlösung.

- halten erarbeitete Informationen schriftlich fest.

- verwenden einfache berufliche Fachbegriffe.

- entschlüsseln die Fachsprache auf Wortebene mit Hilfe von Visualisierungen.

- fassen Informationen in einfachen Worten/mit Formulierungshilfen zusammen.

Methoden, Strategien und Arbeitstechniken

z. B.   Bildergeschichte,-sequenz,   Bildwörterbuch,   Bild-Wort-Domino, Fachwörterlexikon   mit   Visualisierung,   Ideennetz, Informationsbeschaffungsstrategie, Kartenabfrage, Lesestrategie, Markiertechnik, Mindmap (im Team), Pantomime, Puzzle-Wortbildung, Scaffolding, Sprachblase, Think-Pair-Share, Textoptimierung, Wort-Bild-Karte, Wortliste, Wortfeld

Wie in Abbildung 4 dargestellt, erfolgt dies durch einen Querverweis auf Sprachhandlungsverben, die in den Lehrplanrichtlinien der Ausbildungsberufe als Ziele beschrieben werden, und Vorschläge zur unterrichtlichen Umsetzung in Form einer offenen Liste an Methoden, Strategien und Arbeitstechniken.

Da trotz der stärkeren Orientierung an Fachinhalten die allgemeinbildende Komponente wie jener der Literatur, des Films und der Gesellschaftskunde, beibehalten werden soll, sieht der neue Lehrplan auch einen Wahlpflichtlehrplan vor. Dieser umfasst sechs Module („Literarische Texte", „Filmbildung", „Kreativer Umgang mit Sprache", „Kulturelle Teilhabe", „Digitale Medien" und „Differenz in Sprache und Kommunikation"). In jedem Schuljahr ist eins dieser Module durchzuführen.

Durch die verbindliche Einführung dieses Lehrplans im Herbst 2016 für die Sprachintensiv- und die Berufsintegrationsklassen und im Herbst 2017 für die Fachklassen wird „Berufssprache Deutsch" zum Unterrichtsprinzip erhoben (https://www.isb.bayern.de/download/16565/unterrichtsprinzip_berufssprache_deutsch.pdf). Dies soll bewirken, dass alle Schüler in der Entwicklung ihrer berufssprachlich-kommunikativen Kompetenzen zielorientiert im Fachunterricht und in den allgemeinbildenden Fächern gefördert werden, damit die Integration in das Berufsleben und damit die Grundlegung für erfolgreiche Lebenskarrieren gelingt.

Literatur

Apeltauer, Ernst (2007): Sprachliche Frühförderung von Kindern mit Migrationshintergrund. In: Info DaF 34/1, 3–36.

Bühler, Karl (1934/1999): Sprachtheorie. Die Darstellungsfunktion der Sprache. Jena.

Dirschedl, Carlo (Hrsg.) (2011): Berufsdeutsch. Basisband, Berlin.

Eckardt, Georg (2013): Der Zusammenhang von kognitiven Strukturen und Handlungskompetenzen. In: Eckardt, Georg (Hrsg.): Entwicklungs- und Pädagogische Psychologie. Zentrale Schriften und Persönlichkeiten. Wiesbaden, 71–79.

Efing, Christian (2013): Sprachförderung in der Sekundarstufe II. In: Schneider, Hansjakob/Becker-Mrotzek, Michael/Sturm, Anja/Jambor-Fahlen, Simone/Neugebauer, Uwe/Efing, Christian/Kernen, Nora (Hrsg.) (2013): Wirksamkeit von Sprachförderung. Zürich, 75–81. Verfügbar unter http://www.mercator-institut-sprachfoerderung.de/fileadmin/user_upload/Institut_Sprachfoerderung/Expertise_Sprachfoerderung_Web_final.pdf (Zugriff am 30.05.15).

Geißler, Gert (2006): Friedrich Adolph Wilhelm Diesterweg. In: Dollinger, Bernd (Hrsg.): Klassiker der Pädagogik. Die Bildung der modernen Gesellschaft. Wiesbaden, 127–150.

Göpferich, Susanne (1995): Textsorten in Naturwissenschaften und Technik. Pragmatische Typologie – Kontrastierung – Translation. Tübingen.

Grundmann, Hilmar (Hrsg.) (2007): Sprachfähigkeit und Ausbildungsfähigkeit. Der berufsschulische Unterricht vor neuen Herausforderungen. Baltmannsweiler.

Hansmann, Otto (2006): Jean-Jacques Rousseau. In: Dollinger, Bernd (Hrsg.): Klassiker der Pädagogik. Die Bildung der modernen Gesellschaft. Wiesbaden, 27–52.

Hölscher, Petra/Piepho, Hans-Eberhard/Roche, Jörg (2006): Handlungsorientierter Unterricht mit Lernszenarien. Kernfragen zum Spracherwerb. Oberursel.

Hölscher, Petra/Roche, Jörg/Mirjana, Simic (2009): Szenariendidaktik als Lernraum für interkulturelle Kompetenzen im erst-, zweit- und fremdsprachigen Unterricht. In: Zeitschrift für Interkulturellen Fremdsprachenunterricht 14/2, 12.

Hmelo-Silver, Cindy E./Barrows, Howard S. (2006): Goals and strategies of a problem-based learning facilitator. Interdisciplinary Journal of Problem-based Learning 1, 21–39.

ISB [Staatsinstitut für Schulqualität und Bildungsforschung] (2015): Berufsschulpflichtige Asylbewerber und Flüchtlinge. Beschulung von berufsschulpflichtigen Asylbewerbern und Flüchtlingen an bayerischen Schulen. Verfügbar unter https://www.isb.bayern.de/download/16573/handreichung_asylbewerber_und_fluechtlinge.pdf (Zugriff am 17.02.16).

ISB [Staatsinstitut für Schulqualität und Bildungsforschung] (2016): Lehrplan für die Berufsschule und Berufsfachschule. Unterrichtsfach: Deutsch. Verfügbar unter https://www.isb.bayern.de/download/17803/lp_bs_bfs_deutsch.pdf (Zugriff am 26.01.17).

Meyer, Hilbert (2006): Unterrichtsmethoden I: Theorieband. 11. Aufl., Frankfurt am Main.

Neubert, Stefan (2006): John Dewey (1859–1952). In: Dollinger, Bernd (Hrsg.): Klassiker der Pädagogik. Die Bildung der modernen Gesellschaft. Wiesbaden, 221–246.

Papert, Seymour (1987): Constructionism. A new opportunity for elementary science education. National Science Foundation.

Polotzek, Silvana et al. (2008): Sprachliche Förderung im Elementarbereich. Beschreibung dreier Sprachförderprogramme und ihre Beurteilung durch Anwenderinnen. Verfügbar unter http://www.kindergartenpaedagogik.de/1726.html (Zugriff am 26.01.2017).

Riedl, Alfred (2011): Didaktik der beruflichen Bildung. 2., komplett überarbeitete und erheblich erweiterte Auflage. Stuttgart.

Roche, Jörg/Reher, Janina/Simic, Mirjana (2012): Focus on Handlung. Zum Konzept des handlungs-orientierten Erwerbs sprachlicher, sozialer und demokratischer Kompetenzen im Rahmen einer Kinder-Akademie. Münster.

Roche, Jörg (2013): Fremdsprachenerwerb – Fremdsprachendidaktik. Tübingen.

Sogl, Petra (2016): Berufssprache Deutsch: Sprachliche und berufliche Integration verknüpfen! In: Pädagogische Führung (PädF). Zeitschrift für Schulleitung und Schulberatung. 3/2016, 105–108.

Terrasi-Haufe, Elisabetta/Baumann, Barbara (2016): „Ich will Ausbilding lernen damit im zukunft arbeiten kann" – Sprachvermittlung und Ausbildungsvorbereitung für Flüchtlinge an Berufsschulen. Ö-DaF-Mitteilungen 2016/I, 45–63.

Terrasi-Haufe, Elisabetta/Roche, Jörg/Riehl, Claudia Maria (2017): Heterogenität an beruflichen Schulen. Ein integratives, handlungsorientiertes Modell für Curriculum, Unterricht und Lehramt: didaktische, bildungs- und fachpolitische Perspektiven. In: Freudenfeld/Regina; Gross-Dinter/Ursula; Schickhaus/ Tobias; Feuser/Florian (Hrsg.): In Sprachwelten über-setzen. Beiträge zur Wirtschaftskommunikation, Kultur- und Sprachmittlung in DaF und DaZ. 42. Jahrestagung des Fachverbandes Deutsch als Fremd- und Zweitsprache in München 2015, 157–182.

Terrasi-Haufe, Elisabetta (in Druck): Rote Schorle oder roter Dativ? Sprachenlernen in der Unterrichtsinteraktion. In: Terrasi-Haufe, Elisabetta/Börsel, Anke (Hrsg.): Sprache und Sprachbildung in der beruflichen Bildung. Münster.

Michael Seyfarth (Tomsk, Russland)

Sprachlich-kommunikative Anforderungen als Basis von Curricula: Ein Modell zur empirisch fundierten Curriculumentwicklung

Abstract: Assessing target skills in real-life settings has become popular in discussions on how to teach languages for specific purposes. Nevertheless, empirically sound curricula are still a rare exception. With language needs analysis and language usage analysis the paper gives an overview on the two common approaches dominating these discussions. As we argue for combining these approaches, in this article we present a model that shows both approaches as a first step in creating an empirical basis for curriculum development. As a second and additional step, we point out the opportunities of text linguistics and discourse analysis. A special focus lies on methodological aspects in collecting and analyzing data, as well as on a discussion of the quality of the findings each approach leads to.

Einführung

Seit den 1970er Jahren ist der Kompetenzbegriff fester Bestandteil bildungspolitischer Diskussionen (vgl. Bethscheider/Höhns/Münchhausen 2011: 9) und auch aus aktuellen Debatten um curriculare Überlegungen nicht wegzudenken (vgl. u. a. Gillen 2013: 1). In der beruflichen Bildung wird Kompetenzorientierung in jüngerer Vergangenheit immer stärker auch auf den Aspekt *Sprache* bezogen. Zentral ist die Frage nach der Entwicklung berufsbezogener sprachlich-kommunikativer Kompetenz. Letztere definiert Kiefer (2011: 20):

> „Unter berufsbezogener kommunikativer Kompetenz verstehe ich das Verfügen über und das der Sache/dem Arbeitsgegenstand/dem zugrundeliegenden Fachgebiet angemessene, bewusste, willentliche, zielgerichtete, routinierte Anwenden fachlichen, berufspraktischen und sozialen Wissens sowie die Beherrschung jener sprachlichen Mittel und Fertigkeiten, einschließlich der Regeln und Normen ihrer Anwendung, mit Hilfe derer ein Sprachanwender den spezifischen Anforderungen gerecht werden kann, die an ihn, seine Position, sein Aufgabengebiet bzw. seinen Arbeitsplatz in Institutionen und Unternehmen vor dem Hintergrund ihres Tätigkeitsschwerpunktes, ihrer strategischen Ziele, der hier herrschenden Organisationsstrukturen, der internen Arbeits- und Informationsabläufe, der jeweiligen soziokulturellen Besonderheiten bzw. des soziokulturellen Umfelds, in die sie eingebunden sind, im Kontakt mit anderen Akteuren (im Innern) bzw. Beteiligten an Arbeits- und Geschäftsbeziehungen (von außen) gestellt werden.“

Verbunden mit Überlegungen zur Entwicklung berufsbezogener sprachlich-kommunikativer Kompetenz ist im ersten Schritt jedoch die Frage nach den jeweiligen sprachlich-kommunikativen Anforderungen in verschiedenen beruflichen Handlungskontexten zu stellen. Der Anspruch an Lernangebote, diese spezifischen Zielkontexte abzubilden, hat seit Erscheinen des *Gemeinsamen europäischen Referenzrahmens für Sprachen* (GER; Europarat 2001) und *Profile Deutsch* (Glaboniat et al. 2005), als einem Instrument zur praktischen Umsetzung der Inhalte des GER, im deutschsprachigen Raum immer stärker an Bedeutung gewonnen und zu einer Auseinandersetzung mit ebendiesen spezifischen beruflichen Kontexten geführt.

Fragen nach der Ermittlung berufsbezogener sprachlich-kommunikativer Anforderungen werden auch zukünftig eine wichtige Rolle spielen. Vor diesem Hintergrund scheint es sinnvoll, bestehende Diskussionsstränge zur damit verbundenen Methodik zusammenzuführen und mit Überlegungen zur Curriculumentwicklung[1] zu verbinden. Um dieses Ziel zu erreichen, wird in diesem Beitrag zunächst ein Überblick über sprachbedarfs- und sprachgebrauchsorientierte Ansätze zur Ermittlung sprachlich-kommunikativer Anforderungen gegeben. Darauf aufbauend wird ein Modell skizziert, das diese Ansätze zueinander in Beziehung setzt und als Phasen in einem Prozess darstellt, der in den Kreislauf der Entwicklung und Überarbeitung von Curricula mündet.

1. Ansätze zur Ermittlung sprachlich-kommunikativer Anforderungen

1.1 Sprachbedarfsanalysen

Ansätze, die hier unter dem Begriff der *Sprachbedarfsanalyse* zusammengefasst sind, verfolgen das Ziel, „Einblick in die (kommunikativen) Aufgabenfelder [und] die kommunikativen Kompetenzen offen[zu]legen" (Kiefer 2013: 238). Entsprechende Untersuchungen finden dabei in der Regel in institutionellen Kontexten statt, in denen ein Förderbedarf vorliegt. Der Begriff der Sprachbedarfsanalysen wird kontrovers diskutiert (vgl. u. a. Efing 2014: 12). Die Diskussionen beziehen sich dabei einerseits auf den Aspekt *Bedarf*, andererseits auf den Aspekt *Analyse*. Konsens ist dabei die Auffassung, dass das Verständnis von Bedarfen von den

---

1 Der Europarat (2010: 13) unterscheidet Curricula auf Supra-Ebene (=internationale), Makro-Ebene (=nationale), Meso-Ebene (=institutionelle), Mikro-Ebene (=auf Klassen und Lehrpersonen bezogene) und auf Nano-Ebene (=individuelle). Im vorliegenden Beitrag steht dabei die Curriculumentwicklung auf Meso-Ebene im Vordergrund.

subjektiven Sichtweisen unterschiedlicher Akteure abhängig sein kann. Efing (2014: 14) spricht, die Diskussionen um diese Perspektiven zusammenfassend, einerseits von *objektiven Bedarfen*, bei deren Betrachtung die institutionelle Perspektive maßgeblich ist. Andererseits beschreibt er *subjektive Bedarfe*, die sich auf die individuell empfundenen Bedarfe verschiedener Akteure beziehen (vgl. ebd.). Subjektive Bedarfe werden bei Haider (2010) als Bedürfnisse bezeichnet, wobei die Bedeutung betont wird, die u. a. von den Lernenden als Informantengruppe ausgeht. Den Begriff *Analyse* kritisiert Weissenberg (2012: 4) und diskutiert Alternativen: „Während die ‚Analyse' zu stark die Auswertung der gesammelten Informationen betont, suggeriert die ‚Erhebung' vor allem die wissenschaftliche Sammlung bzw. Erfassung von Daten." Er selbst (vgl. ebd.) plädiert daher für den beide umfassenden Begriff der „Ermittlung".

Und auch die methodologischen Diskussionen haben bislang nur teilweise zu einer Konsensbildung geführt. Diese beschränkt sich weitestgehend auf die Datenerhebung. Mit Leitfäden (vgl. u. a. Weissenberg 2012; Huhta et al. 2013) wurden praxistaugliche Instrumentarien hierfür entwickelt. Zur Anwendung kommen empirische Untersuchungen (meist Beobachtung und Befragung) sowie inhaltsanalytische Untersuchungen von Ordnungsmitteln (wie Berufsbeschreibungen), um für die fokussierten Handlungskontexte sprachlich-kommunikative Anforderungen zu ermitteln (vgl. Efing 2014: 14).

Bei der Datenerhebung handelt es sich um einen komplexen Vorgang, der – als Matrix vorgestellt – auf einer horizontalen Ebene verschiedene Informationsquellen berücksichtigt und auf vertikaler Ebene durch eine zunehmende Tiefe hinsichtlich der gewonnenen Informationen charakterisiert ist. Die Triangulation verschiedener Quellen setzt bei der Feststellung Robinsons (1991) an, der unterschiedliche Ebenen für Bedarfe definiert. Dabei handelt es sich einerseits auf der Makro-Ebene um Bedarfe, die von der Gesellschaft empfunden werden, auf der Meso-Ebene um die Perspektive des Unternehmens und auf der Mikro-Ebene um die durch die Lernenden selbst empfundenen Bedarfe. Für die vertikale Ebene spricht Efing (2014: 26) von verschiedenen Abstraktionsebenen:

> „Auf spezifischer Ebene werden Ermittlungsergebnisse in Form sog. ‚ethnografischer Firmenporträts' […] oder arbeitsplatzbezogener Kommunikationsprofile […] aufbereitet. Unterhalb dieser Ebene finden sich Textsorten-Spektren und Listen kommunikativer Handlungsmuster […], die als eine mittlere Abstraktionsebene aufgefasst werden können, die zwischen den sehr abstrakten Handlungsfeldern und feingliedrigen, hauptsächlich additiven Kompetenz-/Fertigkeitslisten vermitteln."

Selten umgesetzt und in der Regel nicht als integraler Bestandteil von Sprachbedarfsanalysen gesehen werden dabei gesprächsanalytische oder textlinguistische

Untersuchungen. Diese fordert jedoch Efing (2014: 25) zu Recht als ergänzendes Moment und nennt damit m. E. implizit ein Vorgehen, das Erkenntnisse auf einer noch niedrigeren Abstraktionsebene zulässt, als im obigen Zitat beschrieben. Eine umfangreiche methodologische Diskussion um Aspekte der Aufbereitung und Auswertung von Daten liegt zu Sprachbedarfsanalysen nicht vor. Diese scheitert bislang daran, dass entsprechende Überlegungen selten in Handreichungen oder Projektberichten diskutiert werden.

1.2 Sprachgebrauchsanalysen

Parallel zu den verschiedenen Ansätzen, die hier unter dem Terminus *Sprachbedarfsanalyse* zusammengefasst wurden und eine Ermittlung von objektiven und subjektiven Bedarfen in einem konkreten Handlungsumfeld zum Ziel haben, steht der Begriff der *Sprachgebrauchsanalyse*. Den Ansatz definiert Kiefer (2013: 239):

> „[Sprachgebrauchsanalysen] dienen der Untersuchung der konkreten Sprachverwendung – der Ausgestaltung von kommunikativen Aufgaben, Kommunikationssituationen und Kommunikationsräumen, in denen Fremdsprachenbedarf nachgewiesen werden kann – einschließlich der hiermit verbundenen pragmatischen, semantischen und syntaktischen Implikationen unter Einbeziehung einer interkulturellen Perspektive."

Bei Sprachgebrauchsanalysen wird dabei vergleichbar dem Vorgehen bei Sprachbedarfsanalysen durch die Forschenden eine holistische Perspektive eingenommen. Der Erkenntnisgewinn erfolgt jedoch nicht auf der Grundlage einer Erhebung objektiver und subjektiver Sprachbedarfe durch die Befragung unterschiedlicher Akteure bzw. durch die Beobachtung dieser im institutionellen Zielkontext, für den ein Förderbedarf festgestellt werden kann. Sprachgebrauchsanalysen entfalten ihr Potenzial vor allem dann, wenn die Beobachtung von sprachlich-kommunikativem Handeln in institutionellen Kontexten, in denen kein Förderbedarf besteht, stattfinden und darauf abzielen, die von Kiefer (2013: 239) beschriebenen Informationen zu erfassen, die dann ebenfalls sämtliche von Efing (2014: 26) beschriebenen Abstraktionsebenen umfassen können. Von jenen Beobachtungen in Sprachbedarfsanalysen heben sich Sprachgebrauchsanalysen also idealerweise dadurch ab, dass nicht Akteure mit Förderbedarf im Fokus stehen, sondern Akteure ohne Förderbedarf.[2]

---

2   Zwar sind Sprachgebrauchsanalysen durchaus in institutionellen Kontexten, in denen ein Förderbedarf besteht, denkbar und aufschlussreich (vgl. u. a. Schön 2014). Wie in Abschnitt 3.3 deutlich wird, ist ein entsprechendes Vorgehen mit Blick auf die Curriculumentwicklung jedoch nur bedingt effektiv.

1.3 Kommunikative Anforderungen an der Schnittstelle von Sprachbedarfen und Sprachgebrauch

Mit den beiden Ansätzen von Sprachbedarfs- und Sprachgebrauchsanalysen stehen zwei grundlegende Paradigmen zur Verfügung, sich sprachlich-kommunikativen Anforderungen in spezifischen beruflichen Handlungskontexten zu nähern. Da die meisten Bemühungen zur Ermittlung von sprachlich-kommunikativen Anforderungen ihren Ausgangspunkt darin finden, dass in einem spezifischen institutionellen Kontext ein Förderbedarf festgestellt wird, verwundert es nicht, dass sprachbedarfsanalytische Annäherungsversuche im oben beschriebenen Sinne die bisherige Praxis dominieren.

Mit Blick auf Fragen der Curriculumentwicklung weisen Sprachbedarfs- und Sprachgebrauchsanalysen jedoch gleichermaßen Schwächen auf, die zu der Forderung führen müssen, sie nicht als parallel zueinanderstehend zu betrachten, sondern vielmehr als komplementäre Ansätze. So ergibt sich bei Sprachbedarfsanalysen das Problem, dass durch die Befragung verschiedener Akteure jeweils nur Informationen zu jenen sprachlich-kommunikativen Anforderungen ermittelt werden können, die den Befragten auch bewusst sind und dadurch verbalisiert werden können. Auch die Analyse von Ordnungsmitteln fördert nur diejenigen sprachlich-kommunikativen Anforderungen zu Tage, auf die entsprechende Daten Hinweise geben. Beobachtungen im institutionellen Zielkontext laufen ebenfalls Gefahr, ein unvollständiges Bild zu vermitteln, da nicht zwangsläufig alle relevanten sprachlich-kommunikativen Handlungen realisiert werden. So können etwa im Dienstleistungsbereich Aspekte wie fehlende Serviceorientierung (deren Fehlen von den Befragten/Beobachteten nicht zwangsläufig als Problem gesehen werden muss) dazu führen, dass in Verbindung damit stehende kommunikative Anforderungen gar nicht erfasst werden können.

Ferner ist dem Einwand von Haider (2010: 45) Rechnung zu tragen, dass nicht jeder objektive oder subjektive Bedarf zwangsläufig Eingang in Fördermaßnahmen finden muss, sondern kritisch zu reflektieren ist. Zusätzlich führt eine Beschränkung auf ein sprachbedarfsorientiertes Vorgehen zu der Frage, auf welcher Grundlage Entscheidungen über konkrete Lerninhalte getroffen werden, mit denen den festgestellten Bedarfen zu begegnen ist. Es liegt auf der Hand, dass Antworten auf Fragen nach der konkreten sprachlichen Ausgestaltung identifizierter Szenarien nicht der Intuition von Forschenden oder Lehrenden obliegen dürfen, sondern durch Sprachgebrauchsanalysen im Sinne der Definition von Kiefer (2013: 239) empirisch fundiert werden.

Diese Schwächen, die sich bei einem sprachbedarfsorientierten Vorgehen ergeben, können folglich durch ein sprachgebrauchsorientiertes Vorgehen überwunden werden. Mit deren Hilfe kann Referenzmaterial für identifizierte Handlungsbereiche gewonnen werden, das einerseits Erkenntnisse über die konkrete sprachliche Ausgestaltung spezifischer Situationen ermöglicht, gleichzeitig eine Grundlage für die kritische Reflexion der identifizierten Bedarfe bietet. Für sich alleinstehend birgt ein entsprechendes Vorgehen jedoch ebenso Herausforderungen. Denn nicht alle sprachlich-kommunikativen Anforderungen, die hier ermittelt werden können, müssen zwangsläufig auch für den institutionellen Kontext, in dem ein Förderbedarf festgestellt werden kann, relevant sein.

Abbildung 1: Verhältnis von sprachbedarfsorientieren und sprachgebrauchsorientierten Ansätzen bei der Ermittlung sprachlich-kommunikativer Anforderungen

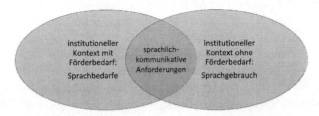

Ausgangspunkt für die Definition von sprachlich-kommunikativen Anforderungen muss folglich ein Abgleich jener Ergebnisse sein, zu denen sprachbedarfs- und sprachgebrauchsorientierte Vorgehen führen (vgl. Abb. 1). Dies bedeutet, dass sprachlich-kommunikatives Handeln in institutionellen Kontexten, in denen kein Förderbedarf besteht, mit den objektiven und subjektiven Bedarfen in institutionellen Kontexten in Beziehung gesetzt werden muss, in denen ein Förderbedarf festgestellt werden kann.

2. Sprachlich-kommunikative Anforderungen im Kontext der Curriculumentwicklung

2.1 Überblick

Die Ermittlung sprachlich-kommunikativer Anforderungen sollte den Ausgangspunkt für curriculare Überlegungen bilden (vgl. u. a. Glaboniat et al. 2005: 62). Ausgehend von der Feststellung, dass die beiden vorgestellten Ansätze als komplementär zu betrachten sind, ist die Frage nach dem methodischen Vorgehen bei der Ermittlung zu stellen. Im Folgenden soll ein modellhaftes Vorgehen skizziert werden (vgl. Abb. 2), das eine empirisch fundierte Curriculumentwicklung ermöglicht.

In einem ersten Schritt geht es dabei um die Erhebung der abstraktesten Größe, die auf einen konkreten institutionellen Arbeitsplatz angelegt werden kann.

Situationen sind dabei mit dem GER (vgl. Europarat 2001: 53) als Einheit der folgenden Aspekte zu verstehen:

- *Orte und Zeiten*, an denen bzw. zu denen [sich kommunikative Handlungen] ergeben;
- *Institutionen oder Organisationen*, deren Strukturen und Verfahrensweisen einen großen Teil dessen bestimmen, was normalerweise geschehen kann;
- *beteiligte Personen*, insbesondere in ihren sozialen Rollen in Beziehung zum Sprachverwendenden bzw. Sprachlernenden;
- *Objekte* (belebte und unbelebte) in der Umgebung;
- *Ereignisse*, die stattfinden;
- *Operationen*, die von den beteiligten Personen ausgeführt werden;
- *Texte*, die man in einer Situation vorfindet.

Zur systematischen Ermittlung dieser Situationen ist unter Umständen eine Orientierung an den von Weissenberg (2010) vorgeschlagenen Handlungsfeldern denkbar.[3] Kritisch ist eine unreflektierte Anwendung dieser Handlungsfelder als Rahmen zur Ermittlung von Situationen, vor allem mit dem Blick auf die Unterscheidung von Deutsch als Zweit- und Deutsch als Fremdsprache, zu sehen. Besonders in letztgenanntem Bereich sind in der Regel nur einzelne dieser Handlungsfelder relevant, wie etwa Seyfarth (2013: 417) am Beispiel von Touristenführerinnen und Touristenführern zeigt und darauf hinweist, dass deren berufliches Handeln sowohl Situationen umfasst, in denen sprachlich-kommunikatives Handeln in der Zielsprache stattfindet, als auch Situationen, in denen letztere aufgrund der beteiligten Interaktionspartnerinnen und -partner keine Rolle spielt.

In einem zweiten Schritt geht es um die Ermittlung von *Szenarien*. Dabei sind Szenarien hier mit Glaboniat et al. (2005: 63) als Handlungsabfolgen zu verstehen. Auf dieser Ebene stehen jedoch noch nicht die einzelnen Teilschritte zu deren Realisierung im Vordergrund. Diese sind Gegenstand der nächst niedrigeren Abstraktionsebene. So geht es im dritten Schritt um die Ermittlung von *Elementen*, die im Verständnis von Glaboniat et al. (2005: 63) als mögliche Schritte bei der Realisierung der als Szenarien zusammengefassten Handlungsketten verstanden werden können. Häufig enden Sprachbedarfsanalysen an dieser Stelle. Auf der Grundlage der zu diesem Zeitpunkt ermittelten Informationen ist es möglich, arbeitsplatzrelevante Kompetenzen zu formulieren.

---

3   Weissenberg (2010: 21) schlägt 18 Handlungsfelder vor, die Ausgangspunkt für eine genauere Untersuchung sprachlich-kommunikativen Handelns sein können. Bei diesen handelt es sich etwa um „Kommunikation mit Vorgesetzten", „Soziale Kontakte am Arbeitsplatz" oder auch „Kommunikation mit Behörden und Ämtern".

*Abbildung 2: Modell zur Ermittlung sprachlich-kommunikativer Anforderungen im
              Kontext der Curriculumentwicklung*

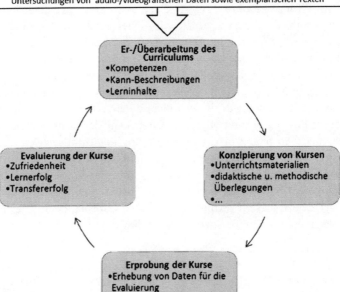

Insbesondere mit Blick auf Fragen der Curriculumentwicklung kann die Ermittlung sprachlich-kommunikativer Anforderungen an dieser Stelle jedoch noch nicht als abgeschlossen gelten. Curricula können – gerade im Bereich der arbeitsplatzorientierten Sprachförderung – als Referenz für Sprachlehrkräfte dienen, die die beruflichen Handlungsumfelder ihrer Lernenden selten selbst kennengelernt haben. Wie die identifizierten Handlungsketten und deren Elemente folglich adäquat realisiert werden können, ist eine Frage, die Lehrende in der Regel nicht beantworten können, weshalb entsprechende Informationen ebenfalls Gegenstand eines Curriculums sein können. Dies führt in einem vierten Schritt zur Ermittlung kontextrelevanter Lerninhalte. Dabei sind auf der Grundlage gesprächsanalytischer und textlinguistischer Untersuchungen präzisere Erkenntnisse dazu zu gewinnen, wie die identifizierten Handlungsketten realisiert werden können. Dieser Schritt entspricht den von Efing (2014: 26) genannten Fertigkeitslisten und den in *Profile Deutsch* (vgl. Glaboniat et al. 2005) vorgesehenen Kann-Beschreibungen sowie Informationen zu Wortschatz, Grammatik u. ä., die ohne gesprächsanalytische bzw. textlinguistische Untersuchungen der Intuition der Lehrenden obliegen würden.

Die Ergebnisse entsprechender Untersuchungen bilden den Ausgangspunkt für den Kreislauf der curricularen Planung, wie er u. a. bei Neuner (2001: 803) beschrieben ist: Zunächst wird ein Curriculum entwickelt, das als Grundlage für die Planung von Kurskonzepten und -materialien dient. Diese werden erprobt und evaluiert, wodurch wiederum die Grundlagen für eine Überarbeitung des Curriculums geschaffen werden.

2.2 Ermittlung von Situationen, Szenarien und Elementen

2.2.1 Zielsetzung

Huhta et al. (2013: 10) beschreiben ein Dilemma, mit dem sich Kursplanende und Unterrichtende im Bereich des Deutschen für spezifische Bedarfe gleichermaßen konfrontiert sehen, mit folgenden Worten:

„The main concern of an action-orientated approach to course design is […] to enable our learners to use the foreign language to accomplish just those tasks that are of most relevance to them in their professional lives. Hence, the effectiveness of this approach to course design hinges on knowing which tasks are relevant to which professional situations. This leads us to a problem that course designers often face, namely, how to identify the tasks and situations […] that the learner typically has to face in the real world."

Primäres Ziel bei der Ermittlung von Sprachbedarfen und Erkenntnissen zu Sprachgebrauch ist in diesem Sinne die Schaffung empirischer Grundlagen zur

Formulierung von Kompetenzen, die als Rahmen für curriculare Überlegungen dienen können. Dafür ist es notwendig, sprachlich-kommunikative Handlungsprozesse zu überblicken. Sprachbedarfs- und sprachgebrauchsorientierte Untersuchungen können dazu beitragen, diese über die Ermittlung von *Situationen*, *Szenarien* und *Elemente* (vgl. Glaboniat et al. 2005) abzubilden.

2.2.2 Erhebung, Aufbereitung und Auswertung von Daten

Zu sprachbedarfsanalytischen Ansätzen wurde bereits erwähnt, dass ein weitgehender methodologischer Konsens in Fragen der Datenerhebung besteht. In den meisten Untersuchungen (vgl. u. a. Huhta et al. 2013: 17–19; Long 2005) wurde sich dabei mit *Beobachtungen* und *Interviewstudien* klassischer Instrumente der sozialwissenschaftlichen Forschung bedient, die im methodologischen Diskurs durch inhaltsanalytische Untersuchungen schriftlicher Dokumente ergänzt werden. Als Quellen diskutiert Efing (2014:19–20) dabei Angehörige der betroffenen Zielgruppe, also sprachlich zu qualifizierende Akteure,[4] aber auch Vorgesetzte. Mit Blick auf die Zielgruppe Vorgesetzter ist der Grad zu berücksichtigen, zu dem diese Einblicke in das sprachlich-kommunikative Handeln im Zielkontext der betroffenen Gruppe haben. Hinsichtlich der inhaltsanalytischen Untersuchung schriftlicher Dokumente nennt Efing (2014: 23) *Ordnungsmittel* (z. B. Ausbildungsordnungen, Berufsprofile), aber auch *(in)offizielle Anforderungskataloge und Stellenanzeigen* sowie *einschlägige Literatur* als Quellen, wobei er letztere auf Literatur zu „verbreiteten Text- und Diskursarten der beruflichen Kommunikation" (ebd.) beschränkt. Ergänzt sei an dieser Stelle auf die Rolle von Fachliteratur hingewiesen, die nicht zwangsläufig auf kommunikative Aspekte abzielt, sondern etwa Fachkompetenz im Blick hat, da sich auch hier häufig latente Hinweise auf sprachlich-kommunikative Anforderungen finden lassen. Unabhängig von Erhebungsmethode sowie genutzten Informantinnen und Informanten bzw. Quellen plädieren die meisten Autorinnen und Autoren für triangulationsbasierte Forschungsdesigns (vgl. u. a. Long 2005: 28; Huhta et al. 2013: 16) und begründen dies durch den Mehrwert, der bei einem entsprechenden Vorgehen in der praktischen Umsetzung von Untersuchungen zu beobachten war (vgl. Jasso-Aguilar 2005).

Mit den Anregungen von Weissenberg (2012) und Huhta et al. (2013) liegen insbesondere für die Durchführung von Interviews praxiserprobte Instrumente vor, wobei in der Regel Audioaufzeichnungen angefertigt werden. Für Beobachtungen ist mit Blick auf das Ziel, Situationen, Szenarien und Elemente zu iden-

---

4   Long (2005: 26) weist jedoch zu Recht darauf hin, dass diese nur dann als Quelle ergiebig sind, wenn sie über Erfahrung im entsprechenden beruflichen Bereich verfügen.

tifizieren, eine videografische Begleitung hilfreich, jedoch in der Praxis häufig aus forschungsethischen oder praktischen Gründen nicht möglich. Einfacher zu realisieren und dennoch hilfreich kann dabei Audiografie oder das Anfertigen von Feldnotizen (vgl. Thierbach/Petschick 2014: 862–864) sein.

Sowohl im Handbuch von Huhta et al. (2013) als auch in der Handreichung von Weissenberg (2012) werden Fragen nach der Aufbereitung der erhobenen Daten – wenn überhaupt – nur unzureichend thematisiert. Gleiches gilt für Berichte zu entsprechenden Forschungsprojekten. Ähnlich wie in sämtlichen andersgearteten Forschungsansätzen sind entsprechende Fragen jedoch auch mit Blick auf sprachbedarfs- und sprachgebrauchsanalytische Untersuchungen zu stellen.

Vor dem Hintergrund des umfangreichen Datenmaterials, das es in entsprechenden Untersuchungen später zu analysieren gilt, empfiehlt sich für die Analyse der Rückgriff auf Computer Assisted/Aided Qualitative Data Analysis Software (*CAQDAS*) wie MAXQDA, atlas.ti oder f4analyse. Zwar lässt es etwa MAXQDA zu, direkt in Video- oder Audiodateien Kodierungen vorzunehmen. Da jedoch weniger das Audio-/Bildmaterial als vielmehr das Gesprochene später zu analysieren ist, ist es dennoch sinnvoll, Interviews und Beobachtungsdaten zu transkribieren.

Dabei stellt sich einerseits die Frage danach, welche Transkriptionskonventionen für das Transkribieren von Interview- und Beobachtungsdaten sinnvoll sind. Andererseits ist damit auch die Frage nach möglichen Softwarelösungen zu stellen. Im Falle der Interviews liegt es auf der Hand, dass es darum geht, *was* gesagt wird. Die Art und Weise, wie die Gedanken dabei verbalisiert werden, spielt für den späteren Analyseprozess zunächst eine untergeordnete Rolle. Daher bietet es sich an, auf sozialwissenschaftliche Transkriptionskonventionen zurückzugreifen, wie sie z. B. von Dresing/Pehl (2015: 20–25) skizziert werden, wobei mit Programmen wie f4analyse gearbeitet werden kann. Weniger deutlich kann die Frage danach beantwortet werden, wie Beobachtungsdaten aufzubereiten sind. Ist eine Untersuchung geplant, die sich mit der Ermittlung von Situationen, Szenarien und Elementen zufriedengibt, so ist ein Vorgehen wie im Falle der Interviews möglich. Ist mit den Daten eine Weiterarbeit geplant, die textlinguistische oder gesprächsanalytische Ansätze berücksichtigt, ist es sinnvoll, bereits an dieser Stelle auf ein Transkriptionssystem zurückzugreifen, das dazu geeignet ist, nicht nur Inhalte von Äußerungen abzubilden, sondern auch pragmalinguistische Analysen zu ermöglichen. GAT2 scheint dafür in besonderer Weise geeignet, da es einerseits durch die Anwendung der Regeln zur Erstellung eines so genannten Minimaltranskripts zeitsparende Arbeit mit f4anaylse erlaubt und es gleichzeitig zulässt, für spätere Präzisierungen des angefertigten Transkripts dieses um die Regeln für die Erstellung von Basis- und Feintranskripten zu erweitern. Ordnungsmaterialien und weitere Dokumente müssen in Vorbereitung auf die computergestützte Datenanalyse digitalisiert werden. Nach Möglichkeit ist dabei die OCR-Software zur Texterkennung zu nutzen, damit später im digitalisierten Material kodierte Stellen als Text gespeichert werden und nicht als Bild.

Die meisten Forschungsberichte beschränken sich auf die Reflexion von Datengrundlagen (einschließlich methodologischer Aspekte) und Implikationen, die sich durch die jeweilige Untersuchung für die Praxis ergeben. Bislang weitgehend vernachlässigt werden neben Fragen der Datenaufbereitung jedoch auch jene Fragestellungen, die methodologische Fragen im Zuge der Auswertung in den Blick nehmen. Als sinnvoll erscheint für eine Analyse von Datenmaterial, das zur Ermittlung von *Situationen, Szenarien* und *Elementen* herangezogen wird, das Vorgehen einer *zusammenfassenden qualitativen Inhaltsanalyse* (Mayring 2010). Diese hat das Ziel, „das Material so zu reduzieren, dass die wesentlichen Inhalte erhalten bleiben, durch Abstraktion einen überschaubaren [sic!] Corpus zu schaffen, der immer noch Abbild des Grundmaterials ist" (Mayring 2010: 65). Grundlegende Arbeitstechniken sind dabei Paraphrasierung, Generalisierung und Streichung bedeutungsgleicher Paragraphen (vgl. Kuckartz 2010: 93), für die Mayring (2010: 70) jeweils Interpretationsregeln aufstellt, die für den Analyseprozess sicherstellen, dass dieser in einer regelgeleiteten und nachvollziehbaren Form erfolgt.

Obgleich mit den beschriebenen Größen (Situationen, Szenarien, Elemente) die Analyseaspekte vorliegen, sind die Kategorien induktiv, also aus dem Datenmaterial heraus, zu bilden. Die Paraphrasierungen werden vorgenommen, indem die betreffende Textstelle markiert und eine Paraphrase als Code formuliert wird (vgl. Kuckartz 2010: 96). Die so als Codes organisierten Paraphrasen können gruppiert, gebündelt und integriert, Dopplungen gelöscht werden. Paraphrasen entsprechen in diesem Verständnis den zu identifizierenden Elementen, die – als Handlungsschritte verstanden – wiederum gebündelt als Szenarien zu begreifen sind. Zu einer abstrakteren Kategorie gebündelte Szenarien entsprächen dann den zu identifizierenden Situationen.

2.3 Ermittlung kontextrelevanter Lerninhalte

2.3.1 Zielsetzung

Als Ergebnis der Ermittlung von Situationen, Szenarien und Elementen steht die Formulierung von spezifischen Kompetenzen. Um jedoch mit Blick auf die Curriculumentwicklung auch Aussagen über Lerninhalte treffen zu können, sind weiterführende Untersuchungen notwendig, die ein tieferes Verständnis der identifizierten sprachlich-kommunikativen Anforderungen ermöglichen. Den Nutzen, den gesprächsanalytische und textlinguistische Untersuchungen haben, formuliert Reuter (2011: 6):

> „Linguistische Einzelfall- und Korpusanalysen dienen einerseits dazu, die obligatorischen und fakultativen Bestandteile dieser kommunikativen Muster zu ermitteln, andererseits aber auch dazu, die Strategien der situativen Kontextualisierung solcher Muster freizulegen."

Ferner, so Reuter (2011: 21), „liefern sie Einblicke in feinste kommunikative Abläufe, die zwar interaktionsrelevant sind, die man aber durch bloßes Zuhören oder Zusehen leider nicht so einfach erkennt." Gesprächsanalytische und textlinguistische Untersuchungen haben aus Sicht der Curriculumentwicklung also einen erheblichen Mehrwert für die Untersuchung von Sprachgebrauch, da auf diese Weise zentrale Informationen für die Festlegung von Lerninhalten getroffen werden können. Die an dieser Stelle durch die inhaltsanalytische Vorarbeit festgestellten Szenarien geben dabei Hinweise darauf, welche Textsorten und Gesprächstypen notwendigerweise näher in den Blick zu nehmen sind. Erhobene Daten können etwa als Referenzmaterial dafür genutzt werden, Erkenntnisse über arbeitsplatz- oder berufstypische Konventionen zu ermitteln, die bestimmten Gesprächstypen oder Textsorten zugrunde liegen.

2.3.2 Erhebung, Aufbereitung und Auswertung von Daten

Die Erhebung von Daten ist zum einen vor dem Hintergrund gesprächsanalytischer Untersuchungen zu betrachten, andererseits vor dem Hintergrund textlinguistischer Betrachtungen. Während sich die Datenerhebung bei Letztgenannten auf das Sammeln und Analysieren von authentischen Textbeispielen aus der jeweiligen Situation bezieht, sind authentische Gespräche mittels Audiografie oder Videografie zu fixieren. Das Anfertigen von Beobachtungsnotizen, wie es im Falle der Ermittlung von Situationen, Szenarien und Elementen vorgeschlagen wurde, ist auf der Präzisionsebene, auf der gesprächsanalytische und textlinguistische Untersuchungen durchgeführt werden, nicht ausreichend.

Die Aufbereitung schriftlicher Textbeispiele besteht auch hier darin, das Material für eine computergestützte Analyse digital aufzubereiten und dabei idealerweise auf Softwarelösungen zur Texterfassung zurückzugreifen, was bei handschriftlich ausgefüllten Protokollen oder ähnlichem nur in begrenztem Maße möglich ist. Audio-/videografisch fixiertes Datenmaterial ist für die spätere Analyse zu transkribieren. Aufgrund des dafür notwendigen Feinheitsgrades, der bei der Verschriftlichung anzustreben ist, sind einfache Transkriptionssysteme und Softwarelösungen, wie für vorherige Schritte genannt, nicht ausreichend.

Vielmehr ist es notwendig, auf Transkriptionskonventionen zurückzugreifen, die für gesprächsanalytische Fragestellungen entwickelt wurden. Exemplarisch seien hier GAT2, HIAT und CHAT genannt. Dies führt auch dazu, dass Programme wie f4transkript für die Verschriftlichung des Datenmaterials nicht geeignet sind und es notwendig wird, sich Instrumenten wie EXMARaLDA zu bedienen.

Für die Auswertung stehen je nach Fragestellung vielfältige Analysemethoden zur Wahl. Schön (2014: 106) fasst diese zusammen und nennt textlinguistische Analysen relevanter Textsorten, kognitionslinguistische Zugriffe z. B. auf Metaphern, gesprächslinguistische Erkundungen von Interaktion, Analysen von Gesprächen unter Bezugnahme auf die kritische Diskursanalyse sowie Gesprächsanalysen aus der Perspektive der Verstehens- und Verständlichkeitsforschung. Auch korpuslinguistisch zu beantwortende Fragestellungen (z. B. zu sprachlichen Mitteln zur Bewältigung bestimmter kommunikativer Aufgaben) können mit Blick auf die Curriculumentwicklung beantwortet werden. Mit EXMARaLDA und Wordsmith seien an dieser Stelle Beispiele für mögliche Werkzeuge genannt. Und auch MAXQDA enthält mittlerweile Werkzeuge, die entsprechende Untersuchungen ermöglichen.

2.4 Curriculumentwicklung

2.4.1 Erarbeitung eines Curriculums

Besonders mit Blick auf Sprachlernangebote für Zielgruppen mit einem spezifischen Bedarf, der sich etwa durch das Studienfach oder die berufliche Tätigkeit ergibt, sind Curricula ein zentrales Referenzinstrument, das Lehrkräften und anderen Akteuren erlaubt, die kommunikativen Anforderungen, die sich auf den für sie weitgehend unbekannten Gebieten (vgl. Long 2005: 27) ergeben, zu überblicken. Richards (2001: 2) formuliert als Zielsetzung für die Curriculumentwicklung:

> "Curriculum development focuses on determining what knowledge, skills, and values students learn in schools, what experiences should be provided to bring about intended learning outcomes, and how teaching and learning in schools or educational systems can be planned, measured, and evaluated."

Curricula enthalten also Informationen zur Zielgruppe bzw. zum Anwendungsbereich, zu Aspekten der Erstellung des Curriculums, informieren zu Zielsetzungen und Inhalten und reflektieren Fragen von Unterrichtsgestaltung und Evaluierung von Lernerfolgen (vgl. Neuner 2001: 804). In aktuellen Debatten dominieren Bildungsstandards und Rahmencurricula, die verstärkt Aufmerksamkeit auf zu entwickelnde Kompetenzen legen und weniger die konkreten Lerninhalte und

Methoden in den Blick nehmen. Gerade im Bereich der Entwicklung berufsbezogener sprachlich-kommunikativer Kompetenz ist jedoch die Formulierung konkreter Lerninhalte ein hilfreiches Instrument für Lehrkräfte, denen es selbst häufig an weitreichenden Einblicken in die berufliche Handlungspraxis ihrer Lernenden fehlt.

Neben diesen Ansprüchen an das zu entwickelnde Curriculum ist im Zuge theoretischer Vorüberlegungen die Frage danach zu stellen, durch welche Teilaspekte Kompetenzen zu charakterisieren sind. Richards (2001) bezeichnet diese an der bereits zitierten Stelle als *knowledge*, *skills* und *values*, Driescher (2009: 40) als *Kenntnisse*, *Fähigkeiten* und *Einstellungen*, wobei davon auszugehen ist, dass Kompetenz dann erreicht ist, wenn Lernende in der Lage sind, „variable Situationen selbständig, erfolgreich und verantwortungsvoll zu gestalten" (Wilbers 2014: 64). Dies wiederum setzt bestimmte Kenntnisse voraus, aber auch Einstellungen, die ein adäquates und zielführendes Handeln ermöglichen. Neben der Formulierung von Kompetenzen sollten Curricula folglich Beschreibungen zu Fertigkeiten, Wissensbeständen und Einstellungen enthalten, die diesen zugrunde liegen.

2.4.2 Konzipierung, Erprobung und Evaluierung von Kursen

Auf der Grundlage der präzisen Kompetenzbeschreibungen und der im Curriculum formulierten Lerninhalte ist die Konzipierung von Kurskonzepten und Lernmaterialien möglich. Die Evaluierung entsprechender Sprachlernangebote muss auf zweierlei Ebenen stattfinden. Dabei ist die Frage nach der didaktisch-methodischen Umsetzung zu stellen, die über die Messung des Lernerfolgs, andererseits über eine systematische Untersuchung nach dem *Design-Based Research*-Ansatz (vgl. Reinmann 2005) beantwortet werden kann. Lernerfolg ist zwar notwendigerweise die Grundlage dafür, dass die erworbenen Kompetenzen in der Praxis umgesetzt werden können, gibt jedoch keine Information dazu, inwieweit die im Curriculum formulierten Zielsetzungen tatsächlich zum zielgruppenspezifischen Vermittlungskontext passen. In Anlehnung an Evaluierungskonzepte aus der betrieblichen Weiterbildung ist demnach auch die Frage nach Zufriedenheitsmaßen und Transfererfolg zu stellen (vgl. Kauffeld 2010: 12–14). Kauffeld (2010: 12) verweist auf das Vier-Ebenen-Modell von Kirkpatrick, in dem neben dem Lernerfolg für die Evaluierung von Seminaren auch der Zufriedenheitserfolg, der Transfererfolg und der Unternehmenserfolg eine Rolle spielen. Insbesondere der Zufriedenheitserfolg stellt die Lernenden in den Vordergrund und fokussiert etwa den subjektiv empfundenen Nutzen des Bildungsangebots, die Zufriedenheit mit dem Lernumfeld und ähnliches. Er gibt damit Aufschluss darüber, inwieweit die Voraussetzungen gegeben waren, dass die Kursinhalte von den Teilnehmenden überhaupt angenommen werden konnten. Transfererfolg bedeutet die Frage nach der erfolgten Umsetzung der Lerninhalte in der beruflichen Wirklichkeit. Insbesondere eine Untersuchung zum Transfererfolg bietet damit – eine positive Evaluierung von Sprachlernerfolg und methodisch-didaktischer Umsetzung vorausgesetzt – die Möglichkeit, Aussagen über die Adäquatheit der im Curriculum definierten Lernziele und Lerninhalte zu treffen und das Curriculum ausgehend von den gewonnenen Erkenntnissen zu überarbeiten. Eine weitere Möglichkeit der Evaluierung von Curricula ist deren Diskussion in Fachgremien.

3. Fazit

Mit dem vorliegenden Beitrag wurde der Versuch unternommen, bestehende Ansätze für die Ermittlung sprachlich-kommunikativer Anforderungen in spezifischen Handlungskontexten zusammenzuführen und in ihrer komplementären Funktion zu diskutieren, um damit empirische Grundlagen für die Curriculumentwicklung zu schaffen. Das beschriebene Schema, das von der Ermittlung sprachlich-kommunikativer Anforderungen über gesprächsanalytische und textlinguistische Untersuchungen zu kommunikativen Realitäten hin zu einem Kreislauf der Curriculumentwicklung und -überarbeitung führt, ist dabei nicht frei von Kritik zu sehen. So kann das vorgestellte Modell für die Entwicklung empirisch fundierter Curricula nur als Rahmen betrachtet werden, der vor dem Hintergrund spezifischer Zielsetzungen bei der Realisierung entsprechender Projekte anzupassen ist.

Über den Wert, den die jeweiligen Teilschritte für den Erkenntnisgewinn hinsichtlich der inhaltlichen Ausgestaltung sprachlicher Förderangebote haben, bestand sicherlich niemals Zweifel. Wenn Kiefer et al. (2012) IT-Help Desks in den Blick nehmen oder Seyfarth (2013) sich dem kommunikativen Handeln von Touristenführerinnen und Touristenführern nähert oder wenn Schön (2014) über gesprächsanalytische Untersuchungen sprachlich-kommunikative Anforderungen in Arzt-Patienten-Gesprächen offenlegt, so zeigen diese, wie auch eine Vielzahl weiterer Untersuchungen, Ergebnisse, die einen wertvollen Beitrag zur Gestaltung von Kurskonzepten und -materialien leisten können. Der vorliegende Beitrag ist als Anreiz dafür zu verstehen, zukünftige Projekte noch stärker an der Forderung Efings (2014: 28) nach verschiedenen Perspektiven auf den Forschungsgegenstand, kritischer Reflexion der Ergebnisse und vielseitigen Untersuchungsdimensionen aus methodischer Sicht auszurichten.

Literatur

Bethscheider, Monika/Höhns, Gabriela/Münchhausen, Gesa (2011): Kompetenzorientierung in der beruflichen Bildung. Bonn. Verfügbar unter http://www.pedocs.de/volltexte/2011/3915/pdf/Bethscheider_Hoehns_Muenchhausen_2011_Kompetenzorientierung_berufliche_Bildung_D_A.pdf (Zugriff am 04.05.2016).

Dresing, Thorsten/Pehl, Thorsten (2015): Praxisbuch Interview, Transkription & Analyse. Anleitungen und Regelsysteme für qualitativ Forschende. 6. Aufl. Verfügbar unter www.audiotranskription.de/praxisbuch (Zugriff am 04.05.2016).

Driescher, Elmar (2009): Bildungsstandards praktisch. Perspektiven kompetenzorientierten Lehrens und Lernens. Wiesbaden.

Efing, Christian (2014): Theoretische und methodische Anmerkungen zur Erhebung und Analyse kommunikativer Anforderungen im Beruf. In: Kiefer, Karl-Hubert et al. (Hrsg.): Berufsfeld-Kommunikation: Deutsch. Frankfurt a. M., 11–34.

Europarat (2001): Gemeinsamer europäischer Referenzrahmen für Sprachen. Lernen, lehren, beurteilen. Berlin, München [u. a.].

Europarat (2010): Guide for the development and implementation of curricula for plurilingual and intercultural education. Strasbourg 2010. Verfügbar unter https://www.coe.int/t/dg4/linguistic/Source/Source2010_ForumGeneva/GuideEPI2010_EN.pdf (Zugriff am 04.11.2016).

Gillen, Julia (2013): Kompetenzorientierung als didaktische Leitkategorie in der beruflichen Bildung: Ansatzpunkte für eine Systematik zur Verknüpfung curricularer und methodischer Aspekte. In: bwp@ 24, 1–14. Verfügbar unter http://www.bwpat.de/ausgabe24/gillen_bwpat24.pdf (Zugriff am 04.05.2016).

Glaboniat, Manuela et al. (2005): Profile deutsch. Gemeinsamer europäischer Referenzrahmen. Berlin, München.

Haider, Barbara (2010): Deutsch in der Gesundheits- und Krankenpflege. Wien.

Huhta, Marjatta et al. (2013): Needs Analysis for Language Course Design. A holistic approach to ESP. Cambridge.

Jasso-Aguilar, Rebeca (2005): Sources, methods and triangulation in needs analysis: A critical perspective in a case study of Waikiki hotel maids. In: Long, Michael H. (Hrsg.): Second Language Needs Analysis. Cambridge, 127–158.

Kauffeld, Simone (2010): Nachhaltige Weiterbildung. Betriebliche Seminare und Trainings entwickeln, Erfolge messen, Transfer sichern. Berlin.

Kiefer, Karl-Hubert (2011): Kommunikative Kompetenzen im Berufsfeld der Internationalen Steuerberatung. Möglichkeiten ihrer Vermittlung im fach- und berufsbezogenen Fremdsprachenunterricht unter Einsatz von Fallsimulationen. Dissertation an der technischen Universität Berlin. Verfügbar unter http://d-nb.info/1014946093/34 (Zugriff am 20.02.2016).

Kiefer, Karl-Hubert (2013): Kommunikative Kompetenzen in der Beratungstätigkeit eines Fremdenverkehrsamtes und Möglichkeiten ihrer Vermittlung im studienbegleitenden Deutschunterricht auf der Basis von Szenarien. In: Bosch, Gloria/Schlak, Torsten (Hrsg.): Teaching Foreign Languages for Tourism. Research and practice. Bern, 237–256.

Kiefer, Karl-Hubert/Schlak, Torsten/Iwanow, Katarzyna (2012): Deutsch-Bedarf? Ein Kilometer Luftlinie von hier. Sprachbezogene Berufsfeld- und Organisationsanalyse am Beispiel eines IT-Help Desks. In: infoDaF 39/5, 561–602. Verfügbar unter http://www.daf.de/contents/InfoDaF_2012_Heft_5.htm (Zugriff am 04.05.2016).

Kuckartz, Udo (2010): Einführung in die computergestützte Analyse qualitativer Daten. Wiesbaden.

Long, Michael H. (2005): Methodological issues in learner needs analysis. In: Long, Michael H. (Hrsg.): Second Language Needs Analysis. Cambridge, 19–78.

Mayring, Philipp (2010): Qualitative Inhaltsanalyse. Grundlagen und Techniken. 11., aktual. und überarb. Aufl. Weinheim.

Neuner, Gerhard (2001): Curriculum und Lernziele Deutsch als Fremdsprache. In: Helbig, Gerhard et al. (Hrsg.): Deutsch als Fremdsprache. Ein internationales Handbuch. Bd. 19. Berlin, New York, 797–810.

Reinmann, Gabi (2005): Innovation ohne Forschung? Ein Plädoyer für den Design-Based Research-Ansatz in der Lehr-Lernforschung. In: Unterrichtswissenschaft 33/1, 52–69.

Reuter, Ewald (2011): DaF im Tourismus – Tourismus im DaF-Unterricht. Bestandaufnahme und Zukunftsvisionen. In: German as a foreign language 3, 3–32. Verfügbar unter http://www.gfl-journal.de/3-2011/Reuter.pdf (Zugriff am 04.05.2016).

Richards, Jack C. (2001): Curriculum Development in Language Teaching. Cambridge.

Robinson, Pauline (1991): ESP today. A Practitioner's Guide. New York.

Schön, Almut (2014): „weil wir machen SAchen". Zur beruflichen Kommunikation ausländischer Ärzte in Deutschland. In: Kiefer, Karl-Hubert et al. (Hrsg.): Berufsfeld-Kommunikation: Deutsch. Frankfurt a. M., 105–124.

Seyfarth, Michael (2013): Sprachliche Handlungen von Touristenführerinnen. Empirische Grundlagen für die Implementierung strukturierter Fortbildungsangebote. In: Info DaF 40/4, 407–438.

Thierbach, Cornelia/Petschick, Grit (2014): Beobachtung. In: Baur, Nina/Blasius, Jörg (Hrsg.): Handbuch Methoden der empirischen Sozialforschung. Wiesbaden, 855–866.

Weissenberg, Jens (2010): Sprachlich-kommunikative Handlungsfelder am Arbeitsplatz. Konzeptioneller Ansatz zur Entwicklung, Durchführung und Evaluation berufsbezogener Zweitsprachenförderangebote. In: DaZ 2, 13–34. Verfügbar unter http://www.deutsch-am-arbeitsplatz.de/fileadmin/user_upload/PDF/Aufsatz_Weissenberg_Heft_2-2010.pdf (Zugriff am 04.05.2016).

Weissenberg, Jens (2012): Sprachbedarfsermittlung im berufsbezogenen Unterricht Deutsch als Zweitsprache. Ein Leitfaden für die Praxis. Verfügbar unter http://www.deutsch-am-arbeitsplatz.de/fileadmin/user_upload/PDF/BD_Fachstelle_Brosch%C3%BCre_2012_A4_web.pdf (Zugriff am 04.05.2016).

Wilbers, Karl (2014): Wirtschaftsunterricht gestalten. Lehrbuch. 2. überarb. Aufl. Berlin.

Ulrike Pospiech (Duisburg-Essen)

Schreibend reflektieren lernen: Schreibdidaktische Überlegungen zur Portfolioarbeit im Lehramtsstudium

Abstract: Till 2016 prospective teachers in Northrhine-Westfalia visit schools to observe lessons in their third or fourth semester. Thus introspection and critical thinking about the profession is encouraged to foster professional development. Writing techniques that address the students' memories and thoughts promote reflection so that they can think in depth about the teaching profession.
University students experience the process of developing a portfolio that includes written reflection as confusing. The article describes some typical problems to illustrate that writing is a key strategy to clarify thoughts by promoting elaborate and precise reflection.

Einleitung: Portfolios als schriftliche Studienleistung im Lehramt

> „Das Leben selbst ist ein Kampf mit dem Schicksal; und es verhält sich auch mit dem Handeln wie mit dem Ringen." (Kleist [1810] 1973: 88)

Das Ringen um Worte oder Formulierungen, die das zur Sprache bringen, was zum Ausdruck gebracht werden soll, ist beim Sprechen nicht so beobachtbar wie beim Schreiben, das als im Vergleich zum Sprechen mühsam empfunden wird. Texte, die Erlebtes reflektieren sollen, sind daher besonders herausfordernd – auch wenn oder gerade weil die Haltung, die einzunehmen ist, auf den ersten Blick unspektakulär daherkommt:

> „Reflexion (aus dem lat. *re-flectere*) bedeutet soviel wie zurückbeugen, also (im übertragenen Sinne) eine Position oder Haltung einzunehmen, die es einem ermöglicht, Dinge von einem anderen Standpunkt oder aus einem anderen Blickwinkel zu betrachten" (Hilzensauer 2008: 2).

Reflektieren ist eine Operation gedanklichen Handelns. Das, was aus verschiedenen Perspektiven in den Blick genommen werden soll, kann eine Beobachtung sein, die – um sie zu reflektieren – in Worte zu fassen ist, aber auch Situationen, Handlungsweisen, die eigene Person oder die Sprache bzw. ein Text kann Gegenstand einer reflektierenden Betrachtung sein. Um Verständnis zu erlangen, wird das Gespräch mit anderen gesucht. Aber auch im Schreiben findet – gewissermaßen in Form eines Gesprächs mit sich selbst – ein reflexives Sich-mit-seiner-Sicht-auf-die-Dinge-Auseinandersetzen statt, ein Ringen um das Begreifen, das es notwendig macht, einen Standpunkt zu finden. Das Formulieren dient dabei dem Abwägen möglicher Sichtweisen auf dem Weg vom sprachlichen Begreifen zum Begriff.

Reflektierendes Schreiben ist gegen Ende des dritten bzw. vierten Semesters im Kontext der Schreibaufgabe Portfolio eine Herausforderung, wie die Fragen bzw. Annahmen von Lehramtsstudierenden der Universität Duisburg-Essen belegen:

„Warum soll ich mich im Portfolio auf Literatur beziehen, wenn ich doch meine Erfahrungen reflektieren soll?! Es geht doch um die Praxis ...“ – „In der Unterrichtseinheit ist so viel passiert, das kann ich unmöglich auf drei Seiten bringen! Was wir im Seminar besprochen haben, darf ich doch wissen, oder?“ „Es ist doch nur ein Portfolio, da kann ich frei formulieren, oder?“ ...

Die Unsicherheit der Studierenden „hinsichtlich dessen, was von ihnen konkret erwartet wird bzw. wie man überhaupt ein Portfolio anlegt und führt“ (Bräuer 2014: 23) auf der einen Seite, Klagen der Lehrenden über die mangelnde Qualität der Texte auf der anderen Seite sowie die

„Überzeugung, dass Lehramtsstudierende aller Fächer ebenso wie Lehrpersonen aller Fächer über ein – allerdings nicht leicht zu bestimmendes – Mindestniveau schriftsprachlicher Fähigkeiten verfügen sollten“ (Bremerich-Vos 2016: 11),

umreißen die Herausforderung, im Semester gut 1.000 Lehramtsstudierende im Semester anzuleiten, „ausgehend von ihrem Theoriewissen die Praxis pädagogischen Handelns, insbesondere in Schule und Unterricht [, zu reflektieren]“ (Fachprüfungsordnung BiWi 2012), wie im „Praxismodul Orientierung“ vorgesehen, denn „[e]rst im Zusammenspiel zwischen praktischem Handeln und theoretischer Reflexion ist die Entwicklung von Profession möglich [...]“ (Roters 2012: 13 f.).

Die folgenden Erwägungen, in die Beobachtungen aus sechs Semestern schreibdidaktischer Begleitung der Erstellung von Modulportfolios (s. Mentoring BiWi 2016) einfließen, wollen in den Blick nehmen, warum gerade die Schreibaufgabe *Portfolio im Kontext des Praktikums* das Potenzial bietet, Lehramtsstudierenden zu verdeutlichen, dass „reflektiertes Formulieren aufgrund der sehr oft erforderlichen Planungen, Umformulierungen, Korrekturen und mehrfachen Fassungen *aufwendig*“ (Antos 1982: 14 f., Hervorh. im Original) und dadurch wertvoll ist.

1. Schreiben und reflektieren

„Der Athlet kann, in dem Augenblick, da er seinen Gegner umfaßt hält, schlechthin nach keiner anderen Rücksicht, als nach bloßen augenblicklichen Eingebungen verfahren; und derjenige, der berechnen wollte, welche Muskeln er anstrengen, und welche Glieder er in Bewegung setzen soll, um zu überwinden, würde unfehlbar den kürzeren ziehen, und unterliegen" (Kleist [1810] 1953: 881).

Anders als die Reflexion von Lichtstrahlen erfolgt schreibendes Reflektieren nicht im Nu: Schreiben ersetzt die Unmittelbarkeit des gesprochenen Wortes durch Distanz der Schriftlichkeit und macht sprachliches Handeln einerseits offen für Planungsbemühungen im Sinne eines Vor-Denkens und bietet dem Schreibenden andererseits Zeit und Raum für Prozesse des Nach-Denkens – für Reflexion. Schreiben als „zerdehnte Sprechsituation" (Ehlich 1989: 91) ermöglicht zudem eine systematische Trennung von Produktion und Rezeption und damit die Arbeit an Formulierungen und am Text:

„Schrift verschiebt die Wahrnehmung von der Akustik auf die Optik, sie macht Sprache auf diese Weise dinghaft und mithin erfahrbar und reflektier- und analysierbar. Text und Schrift eröffnen ein spezifisches Reflexionspotenzial" (Pohl/Steinhoff 2010: 10).

Was auch immer reflektiert wird – die Sprache, in der es reflektiert wird, wirkt mit. Bereits der Sprachgebrauch zeigt hierfür Perspektiven auf: Die Synonyme *sich Gedanken machen, Überlegungen anstellen, sich klarmachen, überdenken, von allen Seiten betrachten, (wider-)spiegeln* (vgl. Duden 2015) bilden ein Spektrum der mit dieser Denkoperation verbundenen Möglichkeiten; charakteristisch sind die Mehrperspektivität und Rekursivität des Denkens. Reflektieren ist „zwischen Lernen und Denken verortet" (Schindler 2011: 117). In je eigener Weise können die Bedeutungsumschreibungen (*wider-)spiegeln, nachdenken* oder *bedenken* (vgl. Duden 2015) Missverständnisse im Kontext der Portfolioarbeit verursachen; das Synonym *erwägen* erweitert das Spektrum.

Um irreleitende Alltagskonzepte aufzugreifen und die Mehrdimensionalität reflektierenden Schreibens zu verdeutlichen, werden verschiedene aus der Sprachverwendung abgeleitete Perspektiven auf Reflektieren zusammen mit didaktischen Konzepten des Schreibens in den Blick genommen und auf im Modulhandbuch der Universität Duisburg-Essen (s. Fakultät für Bildungswissenschaften 2016) beschriebene Kompetenzen bezogen.

1. Reflektieren ist (Wider-)Spiegeln, Schreiben ist freies, assoziatives Schreiben: Eine mit dieser Konzeption konforme Annahme verleitet Studierende dazu, das Portfolio-Schreiben als freies, persönliches Handeln zu begreifen. Freies Schrei-

ben – verortet in der Freinet-Pädagogik und in der Schreibdidaktik als „Abfassen freier, persönlich verantworteter Texte" (Winterling 1985: 360) – lässt sich als offen und selbstbestimmt charakterisieren. Beobachtetes, Gewusstes und dabei Gedachtes wird zur Sprache gebracht, in Worte gefasst, sprachlich begriffen, objektiviert. Wie, bleibt offen, die sprachliche Form ist in diesem Sinne keine: Erlaubt ist, was möglich ist. Den Schreibenden ist frei gestellt, „wann, wo und worüber sie schreiben" (Spinner 1993: 18).

Ziel einer so fokussierten (bzw. unfokussierten) Konzeption ist es, sich schreibend Ebenen des Wissens zu erarbeiten. Im Modulhandbuch wird als Lernergebnis bzw. Kompetenzerwartung formuliert:

> „Die Studierenden [...] unterscheiden zwischen alltagstheoretischen Vorstellungen, programmatischen Konzepten und erziehungswissenschaftlichen Grundlagentheorien, [...] reflektieren ausgehend von ihrem Theoriewissen die Praxis pädagogischen Handelns, insbesondere in Schule und Unterricht."

Ein assoziativ-schreibendes Reflektieren holt die Schreibenden bzw. Lernenden dort ab, wo sie stehen. Bleibt Reflektieren hier ein bloßes Beschreiben, wird die „Ebene des privaten Diskurses" (Bräuer 2007: 48) nicht überschritten und die so verbalisierten Erfahrungen sind nur bedingt für andere nachvollziehbar, daher ist davon auszugehen, dass „Teilaspekte der Reflexionskompetenz [...] auf den Ebenen der Wahrnehmung und der sprachlichen Gestaltung gezielt angeleitet und begleitet werden" (Bräuer 2012: 14) müssen. So wird die Grundlage geschaffen, dass reflektiertes professionsbezogenes Schreiben im Beruf zur Routine werden kann.

2. Reflektieren ist Bedenken, Schreiben ist personales, poetisches Schreiben: Eine mit dieser Konzeption konforme Annahme verleitet Studierende dazu, das Portfolio als Dokumentation individueller Wahrnehmungen zu begreifen. Personales Schreiben ist ich-orientiert – ob als therapeutisches Schreiben der Selbstfindung dienend oder pädagogisch auf Persönlichkeitsbildung ausgerichtet oder auch didaktisch als expressive, erlebnisorientierte Aufsatzform beschrieben, „in der das schreibende ‚Ich' selber im Mittelpunkt steht und seine Wahrnehmungen von sich selber, seine Wahrnehmungen von der Welt und seine Wahrnehmungen von den anderen im Schreibprozeß formuliert" (Boueke/Schülein 1985: 283). Es geht um Selbstreflexion, im Schreiben „drückt der Schreiber Bedürfnisse (auch unbewusste), Befindlichkeiten, ‚innere Natur' aus, er gibt sie kund und macht sie damit wahrnehmbar und diskutierbar; [...]" (Fritzsche 1994: 32).

Die eigene Person wird zum Ziel des Schreibens und somit zum Gegenstand des Textes: Ansichten, Einsichten, Überzeugungen werden thematisiert, Gefühle und Erfahrungen bezogen auf Vergangenheit, Gegenwart und Zukunft werden

kritisch oder hypothetisch betrachtet. „Das Schreiben wird hier als eine Such-
bewegung zur eigenen Identität verstanden" (Spinner 1993: 18). Charakteristisch
sind die Eigenständigkeit sprachlichen Handelns und Gestaltens sowie die Einbindung in einen Interaktionsprozess – ein mit dem Gespräch über die entstandenen
Texte verbundenes Veröffentlichen (vgl. Boueke/Schülein 1985: 296 f.). Das hier
mitgedachte Moment der Präsentation und der damit verbundenen Übernahme
von Verantwortung für den eingenommenen Standpunkt ist in der Kompetenzerwartung des Moduls wie folgt berücksichtigt:

> *„Die Studierenden erwerben ein Verständnis für die Anforderungen adressatenorientierter
> Kommunikation und lernen ihre bislang erworbenen bildungswissenschaftlichen Kompeten-
> zen anzuwenden, [...] entwickeln eine selbstreflexive Haltung und Identität bezüglich ihrer
> Studienwahlentscheidung, der Gestaltung des weiteren Studienverlaufs und weiterführend
> des (berufs-)biographischen Entwicklungsprozesses (Benennung von Entwicklungsaufga-
> ben)."*

Ein personal-schreibendes Reflektieren kann Studierende darin unterstützen, zu
beobachten, wie ihr Schülersein, ihr Studium und ihre Unterrichtsbeobachtungen
und -erfahrungen sie geprägt haben und prägen. Die Ebene des Analysierens
erlaubt und verlangt es, Zusammenhänge herzustellen und sich „die besondere
Bedeutsamkeit des Erlebten bewusst" zu machen und „neue Erkenntnisse mit
vorhandenen Kenntnissen" (Bräuer 2007: 48) zu verknüpfen, denn „[e]s gehört
einfach zur Lehrerpersönlichkeit wie zu allen ‚Sozialberufen‘ (oder sollte gehören), dass sie stark selbstreflexiv ist und gelernt hat, sich ständig über das eigene
Verhalten Rechenschaft abzulegen" (Wintersteiner 2002: 37).

3. Reflektieren ist Nachdenken, Schreiben ist heuristisches, assoziatives Schreiben:
Eine mit dieser Konzeption konforme Annahme würde Studierende dahin führen, das Portfolio-Schreiben als Instrument der Erkenntnisproduktion zu nutzen.
Heuristisches Schreiben wird beschrieben als Ideen generierend, als „eine Methode [...] des Suchens und Findens [...], die man braucht, wenn man etwas zu sagen
haben will" (Hermanns 1988: 79). Es geht darum, die mit der Verschriftlichung
verbundene Entschleunigung des Denkens produktiv zu nutzen, um zu konkretisieren, zu rekapitulieren und zu antizipieren, Gedanken zu Ende zu denken oder
den Gedankenfluss zu unterbrechen, um Aussagen zu formulieren – der Schreiber „kommt nämlich beim Schreiben erst auf Gedanken, nimmt Gegenstände
schärfer wahr, erinnert sich und erkennt Zusammenhänge" (Fritzsche 1994: 32).

Das In-Worte-Kleiden der Gedanken, die Passung von Denken, Meinen und
sprachlicher Fassung, rückt in den Vordergrund: Sprache wird als ein Mittel der
Ordnung der Gedanken erfahren, Text als ein Medium des Knüpfens von Verbindungen. Schreiben ist der Weg, Vorstellungen zu entwickeln, Ideen zu gestalten

und Begriffe zu klären. Ziel dieses Ansatzes, in dessen Zentrum die erkenntnis-
bildende Funktion der Sprache steht, ist „die Einübung [...] in das sorgsame Versprachlichen von Sachverhalten, die in diesem Prozeß reflektierend bearbeitet und
angeeignet werden" (Boueke/Schülein 1985: 280 f.). Das sprachliche Begreifen
kann durch Vorgaben gelenkt werden. Die Kompetenzerwartung spricht Paradigmen der Bezugswissenschaften als Orientierungsrahmen an:

> *„Die Studierenden [...] entwickeln aus ihren Erfahrungen mit der pädagogischen Praxis
> weiterführende Fragestellungen an die bildungswissenschaftlichen Bezugsdisziplinen (Pä-
> dagogik, Psychologie, Soziologie), auch unter Berücksichtigung ihrer Unterrichtsfächer."*

Ein heuristisch-schreibendes Reflektieren hinterfragt eigene Handlungen oder
beobachtete Situationen mit Blick auf mögliche Konsequenzen. Die Ebene des
Interpretierens macht es erforderlich, Sprachaufmerksamkeit und Sprachbewusstheit zu entwickeln, um schreibend handeln zu lernen – Entwicklungen zu
protokollieren, Implizites zu explizieren, Erkenntnisse zu generieren und zu dokumentieren. In diesem Sinne sollten Bewusstheit und Nachvollziehbarkeit das
Lehrerhandeln prägen.

4. Reflektieren ist Erwägen, Schreiben ist auch „lebensbegleitendes" (Hermanns
1988: 80), routiniertes Schreiben. Eine mit dieser Konzeption konforme Annahme
kann und sollte Lehrkräfte im Beruf begleiten. Besondere Schreibaufträge oder
-anlässe sind nicht gegeben, das Schreiben selbstverständlicher Teil des Alltags:
Schreibend „nimmt man, wenn man zu schreiben gelernt hat, von Dingen und
Gedanken ‚Notiz'" (ebd.). Details werden beobachtet, von verschiedenen Seiten
betrachtet und kommentiert, „[d]er Schreibende entwickelt eine selektive Wahrnehmung, kraft derer es ihm zur Gewohnheit wird, aus dem Bewußtseinsstrom
Einzelnes herauszuheben, zu betrachten und zu prüfen [...]" (ebd.). Das Aus-
wählen und Begreifen schafft neue Zusammenhänge, schreibend entstehen Aha-
Erlebnisse, die „stets zu dem tieferen Sinn führ[en]" (Bühler 1908: 18), die dem
Schreibenden die eigenen Denkstrukturen vor Augen führen und sie in größere
Zusammenhänge einordnen, die er ohne das Schreiben vor sich hin denkend
schwer wahrgenommen hätte, geschweige denn hätte festhalten können. Das,
von dem schreibend Notiz genommen wurde, wird zur Diskussion gestellt, im
Rahmen von Gesprächen reflektiert. In eine solche Richtung ist als Kompetenz-
erwartung formuliert:

> *„Die Studierenden begreifen ihr Lehramt als öffentlichen Auftrag und können Feedback
> sowie Beratung auch zur Verbesserung der eigenen Arbeit konstruktiv nutzen."*

Im lebensbegleitend-schreibenden Reflektieren verbinden sich Elemente des be-
denkenden, heuristischen Schreibens mit denen des nachdenkenden, personalen

Schreibens und dem Dialog: Der Schreibende nimmt sich als Teil des Geschehens wahr, schreibt sich aktiv formulierend ein, benötigt keine Floskeln, die als Schablonen einengen würden. „Intellektuelles Geschwätz" (Schmitz 1995) würde sich als Hemmnis entpuppen. Diese Form des Ineinanders von aussagekräftiger, „fasslicher" (Gauger 1980: 371) Sprache, Schreiben und Reflektieren prägt verantwortliches Sprachhandeln: Explizites Reflektieren ist „geprägt vom Öffentlichmachen privater Einsichten, indem Leistung im Portfolio materialisiert und später [...] darüber kommuniziert wird" (Bräuer 2000: 6).

Reflektierendes Schreiben im Kontext des Praktikums ist eine für Studierende neue Form. Und so kann und sollte sich die schriftliche Reflexion der Praxis anders als die Reflexion eines Lichtstrahls nicht von selbst und im Nu ergeben. Daher soll im Folgenden das Medium reflektierenden Schreibens, das Portfolio, im Spiegel des Modulhandbuches betrachtet werden.

2. Portfolios als Schreib-, Text-, Kommunikations- und Lernform

> „Aber nachher, wenn er gesiegt hat oder am Boden liegt, mag es zweckmäßig und an seinem Ort sein, zu überlegen, durch welchen Druck er seinen Gegner niederwarf, oder welch ein Bein er ihm hätte stellen sollen, um sich aufrecht zu erhalten" (Kleist [1810] 1853: 881).

Das Überlegen, ein Nachdenken über das eigene Handeln, situative Möglichkeiten und kontextbezogene Ziele, sollte strategisch erfolgen. Im Modulhandbuch ist notiert:

> „Die Studierenden [...] lernen das Portfolio als Instrument individualisierten Lernens in Schule und Unterricht kennen."

Die Studienleistung ist im Sinne der Professionalisierung konzipiert als Mittel und Gegenstand der Reflexion, es geht um den „mit Hilfe von Reflexionsprozessen erreichten Wissenszuwachs (darüber hinaus um neue Wahrnehmungsmuster und neue Handlungskompetenzen)" (Koch-Priewe 2013: 65) – und um individualisiertes Lernen durch Zusammenarbeit von Lehrenden und Lernenden, die Lernergebnisse und -wege gemeinsam erfolgreich gestalten. Portfolios werden eingesetzt im Kontext des forschenden (vgl. Zartmann 2014) und fremdsprachlichen Lernens (vgl. Ballweg 2015). Wissenszuwachs, Lernfortschritte und -ergebnisse werden anhand von im Kontext des Lernens entstehenden Produkten dokumentiert und auf einer Meta-Ebene reflektiert, um Erkenntnisse zu erzielen: „Die authentische Reflexion und Auseinandersetzung mit dem Lernen macht ein Portfolio erst zu einem Portfolio" (Ballweg/Bräuer 2011: 8). Dies wird umso wichtiger, wenn das Portfolio im Kontext des Lehramtsstudiums als „alternative Leistung" (Bohl 2008: 90) dazu genutzt wird, miteinander nicht über die Texte, die Schreib- oder die Sprachkompetenz ins Gespräch zu kommen (wie in der Beurteilung schriftlicher Studienleistungen üblich), sondern „die gesellschaftliche Funktion von [L]ehrer/innen zu stärken, die offizielle Studienorganisation intensiver mit dem individuellen Studienverlauf zu verbinden, die Studienintensität zu erhöhen und Orientierungsschwierigkeiten zu verringern" (Bohl 2008: 97).

Bereits das Wort *Portfolio* ist mehrdeutig: Es bezeichnet im Verlagswesen einen „(mit Fotografien ausgestattete[n]) Bildband", in der Kunstwissenschaft eine „Mappe mit einer Serie von Druckgrafiken oder Fotografien eines oder mehrerer Künstler", in der Wirtschaft den „Bestand an Wechseln oder Wertpapieren eines Anlegers, Unternehmens, einer Bank, Gesellschaft", eine „als Matrix [...] dargestellte schematische Abbildung zusammenhängender Faktoren im Bereich der strategischen Unternehmensplanung" oder ein „gesamtes, aufeinander abgestimmtes Angebot eines Unternehmens" (Duden 2015). Den sich im Sprachgebrauch spiegelnden Konzeptionen ist gemein, dass Portfolios a) Sammlungen sind, die b) unter einem bestimmten Aspekt getroffen wurden, der seinerseits c) die Gesamtheit einer Entwicklung und einen aktuell erreichten (Zwischen-) Stand in den Blick nimmt, der wiederum d) in einer dialogischen Kommunikation präsentiert und evaluiert wird, sodass die Wahrnehmung von Optik wieder auf die Akustik verschoben wird: Während die Reflexion von Licht quasi unmittelbar erfolgt, entsteht ein Echo zeitversetzt, wenn „Reflexionen einer Schallwelle so stark verzögert sind, dass man diesen Schall als separates Hörereignis wahrnehmen kann" (Wikipedia 2016). Und so ermöglicht und benötigt reflektierendes Schreiben, das ein Echo sein will und finden soll, nicht nur eine Reflexionsfläche, sondern auch zeitlichen Abstand zum Geschehen.

Portfolios können verschiedene Erscheinungsformen, Funktionen und Namen haben – Gläser-Zikuda/Hascher 2007 unterscheiden zwischen Arbeitsportfolio, Entwicklungsportfolio, Vorzeigeportfolio, Beurteilungsportfolio oder Bewerbungsportfolio; genannt werden auch (fächerverbindende) Themenportfolios (Rathgeb-Weber/Schwarz 2008) sowie für den Kontext der Hochschule das Kurs-Portfolio, die Leistungsmappe, das Qualifikationsportfolio (Schindler 2011: 114) sowie das berufliche Portfolio, das Lernphasen miteinander verbindet (vgl. Bräuer 2007: 55). Winter (2013: 16 ff.) unterscheidet Seminar- und Veranstaltungsportfolios, ausbildungsbegleitende bzw. Studienportfolios, Prüfungsportfolios sowie Bewerbungs- und Zulassungsportfolios. Schreibportfolios dokumentieren die Erarbeitung von Texten, um „die Prozesshaftigkeit des Schreibens und das lebenslange, persönlich relevante Lernen abzubilden" (Ballweg 2015: 22). Lehrportfolios bieten als „hochschuldidaktische Begleiter" (Bräuer 2014: 111) die „Möglichkeit zur Professionalisierung der Lehrkompetenz, zur Stärkung von Engagement und Methodenkompetenz" (Wagner 2012: 193) an der „Schnittstelle von Studium und Beruf" (Miller/Volk 2013). Zu elektronischen Möglichkeiten der Portfolioarbeit vgl. auch Bauer/Baumgartner (2012) und Bräuer/Keller (2013).

Dieser Einblick zeigt, dass bis heute „die Praxis im Fluss ist und es eine große Bandbreite von Einsatzmöglichkeiten gibt" (Häcker 2006b: 33). Grob lässt sich festhalten: Ein Portfolio ist kein Ganztext – es hat qua Definition den Charakter einer Sammlung. Und so reflektiert Portfolioarbeit selbst den Vorteil eines Portfolios gegenüber einem wissenschaftlichen Aufsatz: Wo Gegenstände vielseitig und perspektivreich, Situationen facettenreich und Geschlossenheit schwer herstellbar ist, liegt es nahe, sich an Einzelteile heranzuarbeiten und diese Reflexion schreibend zu begleiten. Vier Anknüpfungspunkte hierfür sollen im Folgenden aufgezeigt werden.

1. Portfolios bieten Raum für authentisches Schreiben, sie ermöglichen und erfordern eine engagierte und insoweit persönlich verantwortete Dokumentation von Gewusstem und Gedachtem.
Für Studierende, die es gelernt haben, ihr Schreiben aufgabengeleitet auf Kompetenz- und Beurteilungsraster auszurichten, und im Studium schriftliche Studienleistungen als ein Plagiate vermeidendes Das-was-da-steht-in-anderen-Worten-Wiedergeben betrachtet und entsprechend bewerkstelligt haben, bedeutet dies Neuland: Nicht nach Vorgabe schreiben, was gesollt bzw. erwartet wird, sondern aus eigenem Antrieb schreiben, was gewollt ist bzw. was mitgedacht werden will, und sich selbst dabei einbeziehen, um zu sagen, wie man es meint. „Durch die Notwendigkeit der Dokumentation und schriftlich niedergelegten Reflexionen des Lernprozesses wird die Selbstbeobachtung bei den Lernenden angeregt" (Brouër 2007: 238). Das Zu-etwas-Stellung-Nehmen, das als Objekt im Portfolio sichtbar ist, ist insoweit hilfreich, als vor Augen liegt, was in den Blick genommen werden soll.

2. Portfolios dokumentieren und sind Ergebnis von Reflexion, insoweit sind sie Textform als Lernform, die Schritte, Stationen und Wege des Lernens beobachtbar macht.
Portfolios wollen Einsicht in Lernschritte und Erkenntnisse des Lernenden bieten – als Momentaufnahmen von Bestleistungen (Vorzeige- bzw. sei es Präsentationsportfolio) bzw. Belege im Prozess (Entwicklungs- bzw. Prozessportfolio). Und so typisieren Pohl/Steinhoff (2010) aus schreibdidaktischer Perspektive Portfolios als Textform und zählen sie neben Elfchen, Diktat und Mitschreiben zu solchen Schreibanlässen, die zunächst „überwiegend die individuell-psychischen Funktionen des Schreibens" (ebd.: 16) betreffen: „Es geht hier um die Reflexion, um das

Lernen beim Schreiben" (ebd.). Die Textform führt die verschiedenen Ebenen des
Reflektierens und die ihnen entsprechenden Formen reflektierenden Schreibens
zusammen: Die Lernform *Portfolio* ermöglicht und verlangt es, eigene Gedanken
zur Sprache zu bringen. Es geht also nicht darum, Gelesenes oder Gehörtes wiederzugeben und ein Echo zu sein, sondern darum, aktiv und eigenständig zu formulieren, etwas zu sagen, was nicht eine Kompetenzerwartung bedient, sondern
etwas, das eine auf einem bestimmten Wissensstand aufbauende Reflexionsarbeit
zeigt und ein Echo erwartet – weil es erkanntermaßen der Entwicklung bedarf,
im Sinne professionellen Handelns hinterfragt und weiterentwickelt werden will:
Reflexionstexte dürfen und sollen eigene Gedanken zum Ausdruck bringen.

3. *Portfolios erlauben und verlangen die Reflexion der Reflexion, um ihr Ziel zu
erreichen, insoweit sind sie als Kommunikationsform offen und somit gestaltbar.*
Portfolios sind als Kommunikationsform „allein durch situative und mediale
Merkmale definiert, in kommunikativ-funktionaler Hinsicht also nicht festgelegt"
(Brinker/Cölfen/Pappert 2014: 142). Sie sind eingebunden in gegebene fachlich-
institutionelle Zusammenhänge und Dokumente in der Zeit – daher berücksichtigen sie ganz bestimmte Gegebenheiten, Kommunikations- und Lernkulturen, die
sie zugleich widerspiegeln. Das Gespräch über das Portfolio ist Charakteristikum
der Portfolioarbeit. Portfolio und Gespräch sind als Form der Meta-Reflexion
angewiesen auf sprachliche Fasslichkeit und werden nur dann wirksam sein,
d. h. Erkenntnisse produzieren und professionelles Handeln begründen, wenn
Portfoliotexte nicht nur Echo sind, sondern ihrerseits Fläche für ein Echo bieten.
„Dazu gehört, dass die Lehrperson das Portfolio bzw. Teile daraus ebenfalls kommentiert und gegebenenfalls in eine inhaltliche Diskussion mit dem Lernenden
eintritt" (Brouër 2007: 238).

Nur eine Sprachform, die authentisch ist, erlaubt dies. Sollen einem Leser das
Mitdenken, Kommentare oder Fragen ermöglicht werden, um ein Gespräch über
das Gemeinte, den Textsinn (und eben nicht über Textqualität mit Blick auf den
sprachlichen Ausdruck) in Gang zu bringen, verbietet sich ein diffuser, nebulöser,
verschwurbelter, floskulöser Ausdruck, der auf Fremdwörter, Metaphern, Umgangssprache und Individualworterfindungen setzt. Gedankliche Möglichkeiten
und sprachlicher Aufwand dürfen Hand in Hand gehen, Implizites soll expliziert
werden, das reflektierende Schreiben in der Portfolioarbeit macht bewusst: Reflexionstexte sollten eine klare Sicht auf die Dinge bieten und müssen daher eine
klare Sprache haben. Man sollte sie auffassen können als konstruktive Beiträge zu
einem Gespräch, das von etwa erwähnten Personen ohne Weiteres mitgehört werden kann – und entsprechend fokussiert, nachvollziehbar und zitierbar formulieren.

4. Portfolios ermöglichen eine individualisierte Art des Lernens, sie sind in einer entsprechenden Lernkultur eine innovative Lernform.
Die Schreibaufgabe *Portfolio* bietet im Kontext des Praktikums vielfältige Lerngelegenheiten, die mit Blick auf den Beruf die Bedeutung von Schriftlichkeit für das Lehrerhandeln verdeutlichen, ist aber nicht nur facettenreich und daher immer neu zu definieren, sondern auch und in besonderer Weise mehrdimensional: „Ein wesentlicher Vorzug von Portfolios besteht paradoxerweise darin, dass ihre Erstellung wie auch ihre Beurteilung schwierig sind" (Häcker 2006a: 17). Portfolios als Lernform sind „Schaufenster des Lernens" (Bauer/Baumgartner 2012), „Grundlage für eine neue Lernkultur" (Bräuer 2007), „Medien der Reflexion für Lehrende und Studierende" (Bräuer 2014) und als „Katalysatoren für Studium und Lehre" (Bräuer/Keller 2013) „Lernstrategie und alternative Leistungsbeurteilung" (Schwarz 2002) und „Lern- und Bewertungsform in der Lehramtsausbildung?" (Imhof/Picard 2006) – mit Fragezeichen.

Deutlich wird, dass Portfolios offen sind für Funktionen und Gestaltung, weshalb Vorab-Information über und Transparenz der Erwartung zu fordern sind: Beurteilungskriterien sollten „gemeinsam festgelegt werden, damit alle Beteiligten sich damit identifizieren können" (Brouër 2007: 238). Die Fachlichkeit einer Darstellung ist neben Textverständlichkeit eine Grundvoraussetzung für funktionierende Portfoliotexte, die verantwortete Dokumente im Kontext professioneller Zusammenarbeit sein sollten.

3. Ein Modulportfolio, zwei Textwerkstätten und das neue Lehramtsausbildungsgesetz …

„Wer das Leben nicht, wie ein solcher Ringer, umfaßt hält, und tausendgliedrig, nach allen Windungen des Kampfs, nach allen Widerständen, Drücken, Ausweichungen und Reaktionen, empfindet und spürt: der wird, was er will, in keinem Gespräch, durchsetzen; […]" (Kleist [1810] 1973: 881 f.).

Sind Kenntnisse erlangt und Erkenntnisse erzielt, wollen sie nicht nur festgehalten, sondern auch geteilt, anderen mitgeteilt werden. Sprachliches Begreifen und das Ringen um Formulierungen sind eine Schlüsselkompetenz, die gedankliche Auseinandersetzung läuft auf ihre sprachliche Mitteilung hinaus, das ist im privaten wie im beruflichen Kontext beobachtbar.

In ihrer Untersuchung zur Reflexion im Lehrerhandeln stellt Wyss (2013: 8) fest, dass „Kenntnisse über mögliche Kriterien, Ziele und Inhalte der Reflexion nur ansatzweise vorhanden" sind. Was für Lehrkräfte im Beruf schwierig ist, soll im Studium angebahnt werden: Das Orientierungspraktikum soll im Anschluss an in der Regel drei bis vier Semester Bachelor-Studium die Möglichkeit bieten,

das im bisherigen Studium Gelernte anzuwenden. Aufgabengeleitete Portfolioarbeit soll die Studierenden dabei unterstützen, einen reflektierenden und auch
(selbst-)reflexiven Zugang zu Wissens- und Erfahrungselementen zu finden. Ziel
ist es, „die Komplexität des schulischen Handlungsfelds aus einer professions-
orientierten Perspektive zu erkunden, erste Beziehungen zwischen bildungs-
wissenschaftlichen Theorieansätzen und konkreten pädagogischen Situationen
herzustellen [...]" (Flyer Orientierungspraktikum WiSe 15/16). Ein Schulhalbjahr
lang wird Unterricht beobachtet, in einem Projekt werden erste Lehrerfahrungen
gesammelt. Ein aufgabengeleitetes Modulportfolio, das zusammen mit einem
abschließenden Mentorengespräch die Modulprüfung über das gesamte Modul
bildet, dient der Dokumentation und Reflexion.

Das Instrument *Portfolio* dieser Form ist für die Studierenden im vierten
Semester eine unbekannte Schreib-, Lern-, Text- bzw. Kommunikationsform,
die sie – wie gezeigt wurde: nicht von ungefähr – verunsichert. Problematisch
ist der oft gewählte Lösungsansatz: Das Portfolio wird der Seminararbeit gegen-
übergestellt, für das Portfolio-Schreiben entsprechend eine vom Seminararbeit-
Schreiben verschiedene Vorgehens- und Ausdrucksweise angenommen und
umgesetzt. Das Portfolio wird alltagssprachlich-frei formuliert (nach dem
Motto: „Es sind ja meine Beobachtungen und Gedanken"), Fachsprache und
Prinzipien der wissenschaftlichen Textkonstruktion bleiben außen vor (nach
dem Motto: „Es geht ja (endlich!) um die Praxis."). Die in vier Semestern eines
wissenschaftlichen Studiums grundgelegten Arbeits- und Schreibstrategien
erscheinen als unnütz, untauglich, unsinnig und werden (leichten Herzens,
verwundert oder skrupellos) über Bord geworfen. Dass es auch dem Portfolio
darum geht, Wissen zur Sprache zu bringen, und dass auch hier gewisse Grund-
regeln des Umgangs mit Texten ihre Gültigkeit haben, wird nicht selten außer
Acht gelassen.

Ziel der schreibdidaktischen Begleitung ist es, Missverständnisse auszuräu-
men und am Beispiel der Portfolioarbeit zu zeigen, dass Texte „Konstitutionsformen von Wissen" (Antos 1997: 43) sind. Wer sein Wissen mitteilen und
seine Erkenntnisse nachvollziehbar machen will, muss Bezüge herstellen. Zwei
Textwerkstätten des Crashkurses *Portfolio* (s. Mentoring BiWi 2016) wollen
den Studierenden Anhaltspunkte dafür geben, wie die Schreibaufgabe *Modulportfolio* als Verbindung von Gelesenem und Gelerntem im Beobachten und
Reflektieren aufzufassen ist und was das für die Vorbereitung der Texte (Schritt
1) und deren Formulierung (Schritt 2) bedeutet. Leitlinien sind:

1. Das Zusammenspiel von Prozess und Produkt veranschaulichen, um Handlungskompetenzen zu fördern.
Ein Missverständnis wäre es, alles abbilden oder dokumentieren zu wollen. Portfolioarbeit macht es für den Schreibenden offensichtlich, dass eine kontext- bzw. situationsgebundene Selektion von Informationen gewollt bzw. nötig ist, um Stellung zu nehmen. Ohne Standpunkt und Fokus ist es unmöglich, Beobachtungen zu reflektieren, d. h., zur Sprache zu bringen (zu beschreiben), zu analysieren (auf charakteristische Merkmale hin zu untersuchen) und zu interpretieren (zu erklären und zu deuten), um schreibend aus Ansichten Einsichten zu erarbeiten. Eine solche schrittweise Annäherung an Erkennen, sprachliches Begreifen und Verstehen, das dem Moment geschuldet ist und bleiben muss, kann durch Portfolioarbeit angeleitet werden und macht Portfolios spannend: Reflexionstexte sollten definierte Gegenstände haben, sich aber selbst als offen für alternatives Denken begreifen. So helfen etwa handschriftlich oder in einer anderen Schriftart eingefügte Reflexionstexte, die die Meta-Ebene visualisieren, auf der diese Portfolio-Elemente liegen, dabei pointierte und klare Einschätzungen zum Ausdruck bringen.

2. Den Zusammenhang zwischen vor- und nachbereitendem Seminargespräch und Praxisbeobachtungen einerseits und vor- und nachbereitender Lektüre andererseits verdeutlichen.
Ein Missverständnis wäre es, bei der Erarbeitung von Reflexionstexten Fachsprache vermeiden zu wollen und Gelesenes nicht hinzuzuziehen: Zitate sind erlaubt! Auch die Recherche nach Fachbeiträgen, die das im Seminar Besprochene behandeln, ist nicht verboten. Die Reflexion der Praxis darf und soll auf wissenschaftliche Erkenntnisse Bezug nehmen. Aber auch das Umgekehrte gilt: Die Reflexion wissenschaftlicher Positionen darf und soll auf Praxissituationen Bezug nehmen. Das Interessante der Portfolioarbeit liegt darin, auch hier nicht den Anspruch auf Übersicht zu erheben, sondern ein Detail zu reflektieren, um das Denken zu schulen. So können etwa Beobachtungsaufgaben mithilfe von Exzerpten vor- oder auch nachbereitet werden, die dabei helfen, Bezüge zwischen Theorie und Praxis sehen zu lernen.

3. Das Zusammenwirken von schriftlicher Vorbereitung professionellen Handelns (mit Beobachtungsbögen, Interview-Planungen, ...) und schriftlicher Aufbereitung von Praxiserfahrungen im Erarbeiten der Portfolios verdeutlichen.
Ein Missverständnis wäre es, gut dastehen zu wollen, etwas „richtig" zu schreiben, was in der Situation nicht oder inkorrekt wahrgenommen wurde. Arbeitstexte bereiten das Handeln vor, Reflexionstexte wollen und sollen die Dinge so zeigen, wie

der Betrachter sie aus seinem Standpunkt sehen konnte und gesehen hat – wie sie im jeweiligen Moment erschienen sind. Die Reflexion der Praxis darf und soll eine Perspektive haben, sie darf und soll aber daneben Alternativen aufzeigen, andere Sichtweisen entwickeln, um eine differenzierte Betrachtung zu ermöglichen. Es gilt zu lernen, theoriegeleitet in der Situation Facetten zu beobachten, um von den für die professionelle Einschätzung relevanten Dingen Notiz zu nehmen. Das Herausfordernde dabei ist, dies – etwa durch klare Absatzstrukturen – im Portfolio für sich selbst und für andere nachvollziehbar zu machen.

4. Das Zusammenwachsen von Schreiben, Wissen, Reflexion und professionellem Handeln so fördern, dass schriftliches Reflektieren als hilfreiche Routine wahrgenommen und erprobt werden kann.
Ein Missverständnis wäre es, sich hinter Gemeinplätzen, Parolen, Floskeln oder Fachsprache zu verstecken. Ein mit personalem Akzent formulierter Reflexionstext bietet Anknüpfungspunkte für ein Gespräch, flache wie aufgeplusterte Formulierungen hingegen nicht. Unverbindlichkeit hilft nicht weiter, denn der Clou der Portfolioarbeit liegt darin, offen und ehrlich ins Gespräch mit der Praxis und einem Praktiker zu kommen. „Ohne selbst gewollte und gleichzeitig eingeforderte Reflexion versagt die Textsorte ‚Portfolio' kläglich [...]" (Ballweg/ Bräuer 2011: 8). Und wenn am Text und im Feedback der sprachliche Ausdruck und sprachliche Richtigkeit zu thematisieren sind, torpediert das den Sinn von Portfolioarbeit.

Die Schreibwerkstatt konnte Studierende bei ihrer das Praktikum begleitenden Portfolio-Arbeit unterstützen. In Zukunft wird aus Modul C „Praxismodul Orientierung" mit Orientierungspraktikum im dritten bzw. vierten Semester Modul I „Schule und Lehrer*innenhandeln" mit Eignungs- und Orientierungspraktikum im ersten bzw. zweiten Semester. Das reflektierende Schreiben im Lehramtsstudium wird vorverlegt. An der Poleposition darf neu überlegt werden, wie für G8-Absolventen, die durch zentrale Prüfungen auf richtige Lösungen geeicht sind, ein Studium, das nach den Sommerferien mit der Praxisorientierung (quasi: neues Schuljahr) beginnt, organisiert sein muss, damit es möglich wird, schreibend reflektieren zu lernen. Auch wenn Heinrich von Kleist feststellt: „Die Überlegung, wisse, findet ihren Zeitpunkt weit schicklicher nach, als vor der Tat." (Kleist [1810] 1973, S. 881), gilt es, Wege und Schreibaufgaben zu finden, Ex-Schülerinnen und -Schülern im Rahmen des Eignungs- und Orientierungspraktikums zu zeigen, dass und warum Schreiben im Studium und im von ihnen gewählten Beruf wichtig ist, und ihnen den Nutzen des Nachdenkens über Sprache auseinandersetzen, die weder *egal* noch *notenrelevantes Beurteilungskriterium*, sondern sowohl „das bildende Organ des

Gedanken" (Humboldt [1836] 1963: 191) als auch „dem Werkzeug verwandt" (Bühler [1934] 1982: XXI) ist. Damit sollen künftige Lehrkräfte, die es gewohnt sind, sich in einer digital verzettelten Welt des impulsiven Postens, Twitterns und Mailens zu bewegen, dazu motiviert werden, Texte – eigene und fremde – gedanklich wie sprachlich gewissenhaft in den Blick zu nehmen, schreibend zu reflektieren und dabei reflektiert formulieren zu lernen, um ein konstruktives Echo zu erzielen.

Literatur

Antos, Gerd (1982): Grundlagen einer Theorie des Formulierens. Textherstellung in geschriebener und gesprochener Sprache. Tübingen.

Antos, Gerd (1997): Texte als Konstitutionsformen von Wissen. In: Antos, Gerd/ Tietz, Heike (Hrsg.): Die Zukunft der Textlinguistik: Traditionen, Transformationen, Trends. Tübingen, 43–63.

Ballweg, Sandra (2015): Portfolioarbeit im Fremdsprachenunterricht. Eine empirische Studie zu Schreibportfolios im DaF-Unterricht. Tübingen.

Ballweg, Sandra/Bräuer, Gerd (2011): Portfolioarbeit im Fremdsprachenunterricht – Yes, we can! In: Fremdsprachenunterricht 45/2, 3–11.

Bauer, Reinhard/Baumgartner, Peter (2012): Schaufenster des Lernens – Eine Sammlung von Mustern zur Arbeit mit E-Portfolios. Münster.

Bohl, Thorsten (2008): Alternative Leistungen. In: Bohl, Thorsten: Wissenschaftliches Arbeiten im Studium der Pädagogik. Arbeitsprozesse, Referate, Hausarbeiten, mündliche Prüfungen und mehr … 3. Auf. Weinheim/Basel, 90–99.

Boueke, Dietrich/Schülein, Frieder (1985): „Personales Schreiben". Bemerkungen zur neueren Entwicklung der Aufsatzdidaktik. In: Boueke, Dietrich/Hopster, Norbert (Hrsg.): Schreiben – Schreiben lernen. Rolf Sanner zum 65. Geburtstag. Tübingen.

Bräuer, Gerd (2000): Schreiben als reflexive Praxis. Tagebuch, Arbeitsjournal, Portfolio. Freiburg im Breisgau.

Bräuer, Gerd (2006): Reflexive Praxis in der Lehrerausbildung – Portfolio als Grundlage für die Aneignung von Kompetenzen. In: Hilligus, Annegret/Rinkens, Hans-Dieter (Hrsg.): Standards und Kompetenzen – neue Qualität in der Lehrerausbildung? Neue Ansätze und Erfahrungen in nationaler und internationaler Perspektive. Berlin/Münster, 343–349.

Bräuer, Gerd (2007): Portfolios in der Lehrerausbildung als Grundlage für eine neue Lernkultur in der Schule. In: Gläser-Zikuda, Michaela/Hascher, Tina (Hrsg.): Lernprozesse dokumentieren, reflektieren und beurteilen. Lerntagebuch und Portfolio in Bildungsforschung und Bildungspraxis. Bad Heilbrunn, 45–62.

Bräuer, Gerd (2012): Deep Learning durch Reflexive Praxis. In: Bräuer, Gerd/ Keller, Martin/Winter, Felix (Hrsg.): Portfolio macht Schule: Unterrichts- und Schulentwicklung mit Portfolio. Seelze, 11–18.

Bräuer, Gerd (2014): Das Portfolio als Reflexionsinstrument für Lehrende und Studierende. Opladen/Toronto.

Bräuer, Gerd/Keller, Stefan (2013): Elektronische Portfolios als Katalysatoren für Studium und Lehre. In: Koch-Priewe, Barbara et al. (Hrsg.): Portfolio in der LehrerInnenbildung. Konzepte und empirische Befunde. Bad Heilbrunn, 265–275.

Bremerich-Vos, Albert (2016): Zum aktuellen Kontext der Debatte um Eignungsvoraussetzungen von Studierenden. In: Bremerich-Vos, Albert/Scholten-Akoun, Dirk (Hrsg.): Schriftsprachliche Kompetenzen Lehramtsstudierender in der Studieneingangsphase. Eine empirische Untersuchung. Baltmannsweiler, 9–11.

Brinker, Klaus/Cölfen, Hermann/Pappert, Steffen (2014): Linguistische Textanalyse: eine Einführung in Grundbegriffe und Methoden. 8., neu bearb. und erw. Aufl. Berlin.

Brouër, Birgit (2007): Portfolios zur Unterstützung der Selbstreflexion – Eine Untersuchung zur Arbeit mit Portfolios in der Hochschullehre. In: Gläser-Zikuda, Michaela/Hascher, Tina (Hrsg.): Lernprozesse dokumentieren, reflektieren und beurteilen. Lerntagebuch und Portfolio in Bildungsforschung und Bildungspraxis. Bad Heilbrunn, 235–266.

Bühler, Karl (1908): Tatsachen und Probleme zu einer Psychologie der Denkvorgänge: II. über Gedankenzusammenhänge. Archiv für die gesamte Psychologie 12, 1–23.

Bühler, Karl ([1934] 1982): Sprachtheorie. Mit einem Geleitwort von Friedrich Kainz. Ungekürzter Neudruck der Ausgabe Jena, Fischer. Stuttgart/New York.

Duden (2015): Deutsches Universalwörterbuch. 8., überarb. und erw. Aufl. Mannheim. CD-ROM.

Ehlich, Konrad (1989): Zur Genese von Textformen. Prolegomena zu einer pragmatischen Texttypologie. In: Antos, Gerd/Krings, Hans P. (Hrsg.): Textproduktion. Ein interdisziplinärer Forschungsüberblick. Tübingen: 84–99.

Fachprüfungsordnung BiWi (2012): Fachprüfungsordnung für das bildungswissenschaftliche Studium. Universität Duisburg-Essen. Verfügbar unter: https:// www.uni-due.de/verwaltung/satzungen_ordnungen/pruefungsordnungen. php (Zugriff am 25.8.2016).

Fakultät für Bildungswissenschaften (2016): Modulhandbücher für Studierende mit Studienbeginn vor WiSe 16/17. Universität Duisburg-Essen. Verfügbar unter: https://www.uni-due.de/biwi/lehramt/bachelor_modulhandbuecher. php (Zugriff am 25.8.2016).

Fritzsche, Joachim (1994): Zur Didaktik und Methodik des Deutschunterrichts. Band 2: Schriftliches Arbeiten. Stuttgart.

Gauger, Hans Martin (1980): Wissenschaft als Stil. In: Merkur 34/383, 364–374.

Gläser-Zikuda, Michaela/Hascher, Tina (2007): Zum Potenzial von Lerntagebuch und Portfolio. In: Gläser-Zikuda, Michaela/Hascher, Tina (Hrsg.): Lernprozesse dokumentieren, reflektieren und beurteilen: Lerntagebuch und Portfolio in Bildungsforschung und Bildungspraxis. Bad Heilbrunn, 9–21.

Häcker, Thomas (2006a): Ein Medium des Wandels in der Lernkultur. In: Brunner, Ilse/Häcker, Thomas/Winter, Felix (Hrsg.): Handbuch Portfolioarbeit. Konzepte, Anregungen, Erfahrungen aus Schule und Lehrerbildung. Seelze, 15–18.

Häcker, Thomas (2006b): Vielfalt der Portfoliobegriffe. Annäherung an ein schwer fassbares Konzept. In: Brunner, Ilse/Häcker, Thomas/Winter, Felix (Hrsg.): Handbuch Portfolioarbeit. Konzepte, Anregungen, Erfahrungen aus Schule und Lehrerbildung. Seelze, 33–39.

Hermanns, Fritz (1988): Schreiben als Denken. Überlegungen zur heuristischen Funktion des Schreibens. In: Der Deutschunterricht 40/4, 69–81.

Hilzensauer, Wolf (2008): Theoretische Zugänge und Methoden zur Reflexion des Lernens. Ein Diskussionsbeitrag. In: Bildungsforschung 5/2, 1–18.

Humboldt, Wilhelm von ([1836] 1963): Von der Natur der Sprache und ihrer Beziehung auf den Menschen im Allgemeinen. In: Über die Verschiedenheit des menschlichen Sprachbaues und ihren Einfluß auf die geistige Entwicklung des Menschengeschlechts. Wilhelm von Humboldt: Werke in fünf Bänden. Band 3. Darmstadt, 191–230.

Imhof, Margarete/Picard, Christin (2006): Portfolio als Lern- und Bewertungsform in der Lehrerausbildung? In: Hilligus, Annegret/Rinkens, Hans-Dieter (Hrsg.): Standards und Kompetenzen – neue Qualität in der Lehrerausbildung? Neue Ansätze und Erfahrungen in nationaler und internationaler Perspektive. Berlin/Münster, 359–375.

Kleist, Heinrich von ([1810] 1953): Von der Überlegung. Eine Paradoxe. In: Kleist, Henrich von (Hrsg.): Sämtliche Werke. Berlin/Darmstadt, 881 f.

Koch-Priewe, Barbara (2013): Das Portfolio in der LehrerInnenbildung – Verbreitung, Zielsetzungen, Empirie, theoretische Fundierungen. In: Koch-Priewe et al. (Hrsg.): Portfolio in der LehrerInnenbildung. Konzepte und empirische Befunde. Bad Heilbrunn, 41–73.

Mentoring BiWi (2016): Portfoliocrashkurs der Schreibwerkstatt. Verfügbar unter: https://www.uni-due.de/biwi/mentoring/mentor/portfolio (Zugriff am 25.8.2016).

Miller, Damian/Volk, Benno (Hrsg.) (2013): E-Portfolio an der Schnittstelle von Studium und Beruf. Münster/New York/München/Berlin.

Pohl, Thorsten/Steinhoff, Torsten (2010): Textformen als Lernformen. In: Pohl, Thorsten/Steinhoff, Torsten (Hrsg): Textformen als Lernformen. KoeBeS : Verfügbar unter: http://koebes.phil-fak.uni-koeln.de/sites/koebes/user_upload/koebes_07_2010.pdf (Zugriff am 25.8.2016).

Rathgeb-Weber, Gabriele/Schwarz, Johanna (2008): Vom Orient nach Europa. Fächerverbindende Themenportfolios in kollegialer Zusammenarbeit organisieren. In: Schwarz, Johanna/Volkwein, Karin/Winter, Felix (Hrsg.): Portfolio im Unterricht. 13 Unterrichtseinheiten mit Portfolio. Mit DVD. Seelze, 119–134.

Roters, Bianca (2012): Professionalisierung durch Reflexion in der Lehrerbildung. Eine empirische Studie an einer deutschen und einer US-amerikanischen Universität. Münster.

Schindler, Kirsten (2011): Klausur, Protokoll, Essay. Kleine Texte optimal verfassen. Paderborn.

Schmitz, Ulrich (1995): Intellektuelles Geschwätz. Intellektualistischer Sprachstil als erfolgreich scheiternde Einrichtung zur Erzeugung von Übersinn. In: Grosser, Wolfgang/Hogg, James/Hubmayer, Karl (Hrsg.): Style: Literary and Non-Literary: Contemporary Trends in Cultural Stylistics. Lewiston NY/Salzburg, 319–339.

Schwarz (2002): Portfolio als Lernstrategie und alternative Leistungsbeurteilung. In: ide Informationen zur Deutschdidaktik 26/1, 99–109.

Spinner, Kaspar (1993): Kreatives Schreiben. In: Praxis Deutsch 20/119, 17–23.

Wagner, Daniela (2012): Institutionelle Verankerung von Lehrportfolios an Universitäten. Eine Übersicht. In: Egger, Rudolf/Merkt, Marianne (Hrsg.): Lernwelt Universität. Entwicklung von Lehrkompetenz in der Hochschullehre. Wiesbaden, 193–206.

Wikipedia (2016): Echo. Verfügbar unter https://de.wikipedia.org/wiki/Echo (Zugriff am 25.8.2016).

Winter, Felix (2013): Das Portfolio in der Hochschulbildung. Reformimpulse für Didaktik und Prüfungswesen. In: Koch-Priewe, Barbara et al. (Hrsg.): Portfolio in der LehrerInnenbildung. Konzepte und empirische Befunde. Bad Heilbrunn, 15–40.

Winterling, Fritz (1985): Freies Schreiben in der Sekundarstufe II. Überlegungen, Erfahrungen, Vorschläge. In: Diskussion Deutsch 84, 360–372.

Wintersteiner, Werner (2002): Portfolios als Medien der Selbstreflexion. In: ide Informationen zur Deutschdidaktik, 26/1, 35–43.

Wyss, Corinne (2013): Unterricht und Reflexion. Eine mehrperspektivische Untersuchung der Unterrichts- und Reflexionskompetenz von Lehrkräften. Münster.

Zartmann, Eberhard Johannes (2014): Portfolioarbeit – kohärente Lernprozesse im Kontext forschenden Lernens. In: Journal Hochschuldidaktik. 25/1–2, 17–23. Verfügbar unter http://www.zhb.tu-dortmund.de/hd/fileadmin/ JournalHD/2014_1-2/journal_hd_2014_zartmann.pdf (Zugriff am 25.8.2016).

Joachim Hoefele / Liana Konstantinidou / Chantal Weber
(Winterthur, Schweiz)

Zweitsprachendidaktische Konzepte in der Förderung der allgemeinen Schreibkompetenz an Berufsfachschulen

Abstract: The basis for this paper is the underlying study entitled "Promoting General Writing Competence in Vocational Education and Training (VET) Schools: Connecting L1 and L2 Approaches in Process oriented Writing" (PROSAB). This study connects L1 teaching concepts with those found in second language teaching in order to promote general writing skills in the field of VET. While L1 teaching approaches assume that the language skills needed for text writing are already sufficiently developed, second language teaching assumes that the required linguistic resources must first be developed or activated and recalled during the process of writing in order to successfully complete writing tasks. This approach to process-oriented writing didactics – grounded in both German as a first language and as a second Language teaching – was developed for classes of general education in VET schools and implemented in a writing teaching curriculum for the first year of studies. Its effect was subsequently examined in a controlled intervention study. This paper introduces the writing didactic concept with particular focus on the second language teaching elements contained therein. Selected results of the intervention study will be presented, and the impact of the didactic approach will be discussed.

1. Heterogene Sprachbiographien

Die Förderung der allgemeinen Schreibkompetenz findet im dualen System vor allem im allgemeinbildenden Unterricht (ABU) an Berufsfachschulen[1] statt. Hier finden sich Lernende mit den verschiedensten Sprachbiographien, die so vielfältig und heterogen sind wie die sprachlichen Fähigkeiten, die sie mitbringen (vgl. Hoefele/Konstantinidou 2016: 151). Neben Lernenden deutschsprachiger Herkunft gibt es einen relativ hohen Anteil an Schülerinnen und Schülern mit Migrationshintergrund, die zwar mehrheitlich in einem deutschsprachigen Land, hier: der Schweiz, aufgewachsen sind, wenigstens aber einen Elternteil aufweisen, der in

---

1　Der Begriff Berufsfachschule ersetzt seit Januar 2004 in der Schweiz den traditionellen Begriff Berufsschule und vermittelt die schulische Bildung gemäß Bildungsverordnung und Bildungsplan im Rahmen der dualen beruflichen Grundbildung (Berufslehre).

einem nicht deutschsprachigen Land geboren ist (vgl. Settelmeyer/Erbe 2010: 16). Sie leben in einem Umfeld mit jeweils unterschiedlicher Familiensprache, dialektaler Umgangssprache, Bildungs- bzw. Standardsprache. Hinzu kommt in der deutschsprachigen Schweiz die Diglossiesituation, die durch eine relativ große Distanz zwischen dialektaler Umgangssprache und standarddeutscher Schriftsprache geprägt ist (vgl. Ammon/Bickel/Ebner et al. 2004; Hägi/Scharloth 2005), was für die meisten Lernenden mit zusätzlichen Schwierigkeiten beim Schreiben von Texten verbunden ist.

Studien zeigen, dass nicht nur Schülerinnen und Schüler mit mehrsprachigem Hintergrund, Mängel im schriftlichen Ausdruck aufweisen (vgl. Efing 2008: 17; Baumann 2014). Schreiben ist jedoch für die allgemeine wie für die berufliche Bildung eine grundlegende sprachliche Kompetenz. Im Berufsleben nehmen schriftliche Anforderungen zu (vgl. Müller 2003: 1). Nicht selten führen mangelnde schriftliche Fertigkeiten zu Lehrabbrüchen und schlimmstenfalls dazu, dass die Betroffenen keine validierten Qualifikationen, dafür aber entsprechend schlechte berufliche Perspektiven aufweisen (vgl. Stalder/Schmid 2006).

Angesichts der heterogenen Sprachbiographien der Lernenden stellt sich die Frage, ob Konzepte des Muttersprachenunterrichts genügen, um die sprachlichen Fertigkeiten der Berufsschülerinnen und -schüler angemessen zu fördern. Muttersprachendidaktische Konzepte gehen davon aus, dass die sprachlichen Fähigkeiten, die zum Schreiben von Texten gebraucht werden, hinreichend entwickelt sind, wohingegen zweitsprachendidaktische Ansätze davon ausgehen, dass die sprachlichen Mittel, die zum Schreiben eines Textes nötig sind, erst aufgebaut bzw. aktiviert werden müssen. Die größere Explizitheit in Bezug auf die sprachliche Seite der Kommunikation unterscheidet die Zweitsprachendidaktik von der Muttersprachendidaktik (vgl. Krekeler 2002: 71).

Das Forschungsprojekt PROSAB *Prozessorientierte Schreibdidaktik zwischen Deutsch als Muttersprache (DaM) und Deutsch als Zweitsprache (DaZ)* verbindet daher erst- und zweitsprachendidaktischen Konzepte. Ziel ist es, neben den inhalts- und prozessbezogenen Fertigkeiten der Textproduktion (Recherchieren, Strukturieren, Planen, Schreiben des Textentwurfs, Revidieren usw.) auch gezielt die sprachlichen Fähigkeiten (sprachbezogenes Genrewissen, Wortschatz, Register, Textmusterbezeichnungen usw.) zu fördern, die zum Gelingen der Textproduktion nötig sind. Die Verbindung von Schreib- mit Sprachförderung, so die Annahme, würde für beide Gruppen von Lernenden hilfreich sein, für die mit Deutsch bzw. Schweizerdeutsch als Muttersprache und für diejenigen nicht deutscher Muttersprache mit Migrationshintergrund (vgl. ebd.).

Das entwickelte Konzept wurde mittels einer kontrollierten Interventionsstudie evaluiert, um zuverlässige Erkenntnisse über die Wirksamkeit der prozessorientierten Schreibdidaktik zwischen DaM und DaZ zu gewinnen. Im Folgenden wird zunächst das schreibdidaktische Konzept mit Fokus auf die zweitsprachendidaktischen Ansätze dargestellt, bevor das Forschungsdesign und einige Ergebnisse der Studie diskutiert werden.

2. Zweitsprachendidaktik

Das schreibdidaktische Konzept baut auf drei Prinzipien auf: (1) auf der Handlungsorientierung, (2) der Prozessorientierung und (3) auf zweitsprachendidaktischen Ansätzen der Schreibförderung.

Die Handlungsorientierung (1), die den heutigen kompetenzorientierten (Sprach-)Lehrplänen zugrunde liegt (vgl. Trim et al. 2001: 21–95), nimmt ihren Ausgang in lebensweltlich relevanten Schreibszenarien; diese erfordern, dass die eigentliche Schreibaufgabe problemlösend identifiziert wird, um dann in einen Schreibprozess einzutreten, der in allen Phasen als kontextualisiertes, adressatenorientiertes, sozialkommunikatives Handeln erfahren werden kann (vgl. Hoefele/Konstantinidou 2016: 137).

Die Prozessorientierung (2) ,entzerrt' den Schreibprozess und ordnet die Lösung inhaltlicher, kommunikativer wie auch sprachlicher Aufgaben verschiedenen Phasen des Schreibprozesses zu (vgl. Becker-Mrotzek/Böttcher 2012: 19). Dies entlastet die Schreibenden und ermöglicht den Lehrenden, die sprachlichen Fähigkeiten in den verschiedenen Phasen des Schreibprozesses diagnostisch zu erfassen, um den Aufbau sprachlicher Kompetenzen bzw. Teilkompetenzen gezielt zu fördern (vgl. Kruse/Ruhmann 2006: 14).

Durch den Einbezug zweitsprachendidaktischer Ansätze (3) werden intermediär, d. h. vor, zwischen oder nach den verschiedenen Phasen des Schreibprozesses sprachliche Mittel eingebracht und/oder durch kurze Übungen, Feedback und Reflexion gefördert. Dieses Vorgehen ist typisch für die Zweitsprachendidaktik, die sprachliche Kompetenzen vor, neben bzw. mit der kommunikativen Performanz aufbaut oder aktiviert (vgl. Schindler/Siebert-Ott 2014: 207–208).

Die sprachlichen Mittel werden jedoch nicht dekontextualisiert, z. B. in Wörterlisten, dargeboten, sondern können im Kontext der Schreibaufgabe in ihrer kommunikativen Funktion verstanden werden. Dieses Vorgehen, den kommunikativen Akt durch das Einbringen sprachlicher Mittel zu stützen, gilt als typisch für eine handlungsorientierte Zweitsprachendidaktik und wird in den verschiedensten Formen als „Scaffolding" (vgl. Gibbons 2002: 15–19) bezeichnet. *Scaffolding* kann auch der *Vorentlastung* dienen, etwa anhand vorbereitender Problemdiskussionen, die den Lernenden helfen, inhaltliches und sprachliches Vorwissen zu aktivieren; oder durch die vorbereitende Rezeption eines Textes, die den Lernenden sprachliche Mittel, Strukturen oder typische Textmuster bereitstellt, welche beim Schreiben produktiv verwendet werden können (vgl. Beese et al., 2014, S. 53–58).

Ein weiteres Element der Zweitsprachendidaktik betrifft die Progression im Aufbau der Schreibkompetenz, wie sie dem Gemeinsamen Europäischen Referenzrahmen für Sprachen (GER) zugrunde liegt (vgl. Trim et al. 2001: 35–37). Sie scheint der allgemeinen Schreibentwicklung zu entsprechen, insofern auf der Stufe der elementaren Sprachverwendung Texte mit alltäglichen, persönlichen Inhalten präferiert werden, die sich an einen vertrauten Adressaten des persönlichen Umfelds richten (vgl. Hoefele/Konstantinidou 2015: 102–104). Diese Texte sind medial zwar schriftlich, konzeptionell jedoch eher mündlich, d. h. an der gesprochenen Umgangssprache orientiert (vgl. Koch/Oesterreicher 1994: 590). Ein typisches Schreibszenario ist daher das Verfassen eines persönlichen Briefs als Reaktion auf eine gegebene Situation (vgl. Goethe Institut 2016: 22). Je stärker die Schreibaufgaben verallgemeinertes, systematisches Sachwissen verlangen, desto höher sind die Anforderungen an Inhalt, Systematik, Strukturierung, sprachliche Differenzierung (vgl. Portmann-Tselikas/Schmölzer-Eibinger 2008). Solche Texte sind medial wie konzeptionell schriftlich, was den Gebrauch der Schriftsprachlichkeit mit sich bringt (vgl. Koch/Oesterreicher 1994: 590–592).

Im Allgemeinen verläuft die Entwicklung der Schreibkompetenz von der Bewältigung einfacher zu komplexen Schreibaufgaben (vgl. Becker-Mrotzek/Böttcher 2012: 58–63); von Themen persönlichen Interesses zu Sachthemen (vgl. Becker-Mrotzek/Böttcher 2012: 54; Bereiter 1980: 74); vom assoziativen Aufbau der Texte zu konzeptioneller Planung und Strukturierung; von der Produktorientierung zur Leser- bzw. Adressatenorientierung mit Perspektivenübernahme (vgl. Bereiter 1980: 74); von der expressiven und kognitiven Problemdimension zur textuellen und sozialen Problemdimension (vgl. Feilke/Augst 1989); von der Narration über die Deskription zur Argumentation (vgl. Heinemann/Viehweger 1991: 237).

3. Schreibdidaktisches Curriculum

Die zeitlichen Rahmenbedingungen, die im allgemeinbildenden Unterricht (ABU) für eine Förderung der Sprach-/Schreibkompetenz zur Verfügung stehen, sind knapp bemessen. Für die Umsetzung des schreibdidaktischen Konzepts zwischen DaM und DaZ standen daher maximal ca. 16 Lektionen für das erste Semester im ersten Lehrjahr zur Verfügung.

In vier ganztägigen Workshops wurden die Berufsschullehrerinnen und -lehrer, die die Intervention durchführten (Mediatorenkonzept), in die schreibdidaktischen Prinzipien eingeführt; darauf aufbauend wurden drei Schreibszenarien (s. u.) sowie Lehrskizzen, Arbeitsblätter und sprachliche Übungen konzipiert. Auf diese Weise konkretisierten die Lehrkräfte das Konzept der prozessorientierten Schreibdidaktik zwischen DaM und DaZ, indem sie ihre zum Teil langjährigen Erfahrungen und Materialien in die unterrichtsbezogene Ausgestaltung des Konzepts einbrachten. Dieses Vorgehen erwies sich insofern für die Durchführung der Intervention als günstig, da die Lehrpersonen so zu Experten der prozessorientierten Schreibdidaktik zwischen DaM und DaZ wurden und sich damit identifizieren konnten.

3.1. Szenario 1 – Porträts

Szenario 1 des schreibdidaktischen Curriculums besteht darin, dass die Lernenden eine Broschüre mit Porträts der Schülerinnen und Schüler der Klasse erstellen, die als Erinnerung an die gemeinsam verbrachte Schul- und Ausbildungszeit dienen soll. Um die einzelnen Porträts der Broschüre schreiben zu können, werden in einer Vorbereitungsphase Fragen als Leitfaden für Partnerinterviews (Vorstrukturierung/Gliederung) erarbeitet. Die Ergebnisse der Interviews werden aufgezeichnet und in Stichworten notiert, wodurch eine erste Form der Verschriftlichung (Stichwort-Exzerpt) der mündlich erhobenen Informationen stattfindet.

Vor dem Schreiben des Rohentwurfs werden Übungen appliziert, die einerseits der zeitlichen Strukturierung (Porträt als Schütteltext, Reflexion der Strukturausdrücke), andererseits der Bereitstellung von sprachlichen Mitteln dienen (Synonymübung). Dadurch kann aktiviertes sprachliches Vorwissen in das Schreiben des Rohentwurfs transferiert werden (vgl. Hoefele/Konstantinidou 2016: 144). Auf diese Weise werden prozessorientierte Schreibdidaktik und zweitsprachdidaktische Ansätze (s. o.) zur Bereitstellung inhaltlich-struktureller und sprachlicher Mittel miteinander verbunden.

Auf das Schreiben des Textentwurfs folgt das Peer-Feedback, und zwar durch die interviewte Person selbst, die nun beurteilen kann, ob alles inhaltlich korrekt wiedergegeben und/oder zu ergänzen sei. Das Peer-Feedback findet hier im persönlichen Kontakt mit der porträtierten Person statt, die sich dazu äußert, ob er/sie sich richtig dargestellt sieht. Abschließend wird der Entwurf überarbeitet und die Endfassung geschrieben (vgl. ebd.).

Der gesamte Schreibanlass bezieht sich auf das raumzeitlich kontingente, persönliche Handlungsumfeld der Schülerinnen und Schüler. Es handelt sich um ein relativ einfaches, darstellendes Schreiben im umgangssprachlich-standardsprachlichen Register über persönliche Inhalte an persönlich bekannte Adressaten.

3.2. Szenario 2 – Mobilfunkrechnung

Szenario 2 bildet im schreibdidaktischen Curriculum den Übergang zum sachorientierten, argumentativen Schreiben in formaler Textsprache. Das Szenario besteht darin, dass die Schülerinnen und Schüler eine stark überhöhte Mobilfunkrechnung erhalten. Mögliche Gründe für die hohe Rechnung, wie z. B. Roaming-Gebühren bei einer Wochenend-Reise ins Ausland o. Ä., werden diskutiert. Schließlich ist ein formaler Brief an den Mobilfunkbetreiber zu schreiben.

Anhand eines analogen Fallbeispiels, das als Text der Internetseite von *ombudscom.ch* entnommen ist, werden Lösungsmöglichkeiten diskutiert und erarbeitet. Der Text dient als Grundlage zur inhaltlichen Erarbeitung der Textstruktur, der Argumentation, des Wort- und Strukturenschatzes usw. Darauf aufbauend werden wiederum Übungen (Schütteltext, Reflexion sprachlicher Mittel der Textstrukturierung, Argumentationsübungen, Wortschatz- und Synonymübungen) als Vorbereitung auf das Schreiben des eigenen Textes durchgeführt.

Der Formbrief, der an den Mobilfunkbetreiber zu schreiben ist, stellt eine an formalen Kriterien orientierte, schriftsprachliche, deskriptive und argumentative Textsorte dar; er ist an einen raumzeitlich entfernten, unpersönlichen Adressaten gerichtet, den es durch eine Beschreibung des Problems und durch stichhaltige Argumente zu überzeugen gilt. Der Schreibanlass vollzieht den Schritt vom eher informellen zum formalen Sprachregister, von der Deskription zur Argumentation (vgl. Heinemann/Viehweger 1991: 237); er erfordert eine über das persönliche Beschreiben hinausreichende persuasive Leser bzw. Adressatenorientierung (vgl. Bereiter 1980: 74; Feilke/August 1989).

3.3. Szenario 3 – Betriebsbesichtigung

Ausgangslage in Szenario 3 ist die Gelegenheit der Schülerinnen und Schüler, einen Betrieb zu besichtigen. Hierfür verfassen sie Gesuche an Betriebe, die durch eine inhaltsreiche Beschreibung der Klasse und eine stichhaltige Argumentation, warum die Besichtigung der gewählten Betriebe für die Schülerinnen und Schüler wichtig ist, überzeugen sollen. Die Briefe werden tatsächlich abgeschickt.

Der Schreibanlass ist dem vorausgehenden ähnlich, insofern er vergleichbare Anforderungen stellt; dadurch wird die Gelegenheit geboten, das zuvor Gelernte aufzugreifen und zu vertiefen. Durch das wiederholte Bewältigen strukturähnlicher Anforderungen können Schreib- und Textroutinen aufgebaut werden; der offene, szenariobasierte Ansatz wird damit um ein lernsystematisches Konzept ergänzt, das durch ein lernwirksames Repetieren ähnlicher Strukturelemente gekennzeichnet ist.

Das Szenario führt, wie die vorausgehenden Schreibanlässe, in einen ähnlichen Prozessablauf hinein: 1. (Problem-)Diskussion, 2. Bereitstellung der Inhalte (Interview, Text, Ideensammlung, Recherche), 3. Strukturierung, 4. Textentwurf, 5. (Peer-)Feedback, 6. Überarbeitung, 7. Endfassung, 8. Edition. Dadurch soll erreicht werden, dass hinsichtlich der Planung und Organisation des Schreibprozesses Schreibroutinen entstehen.

Dieser Schreibanlass stellt, wie der vorausgehende, relativ hohe Anforderungen an die konzeptuelle Planung, ebenso an die Fähigkeit, Sachverhalte angemessen darzustellen und durch Argumente zu überzeugen. Denn auch dieser Schreibanlass fordert von den Lernenden eine aussagekräftige Beschreibung der Klasse (vgl. Szenario 1: Porträts) und eine überzeugende Begründung, um die raumzeitlich distanzierte, unpersönliche Adressatenschaft für ihr Anliegen zu gewinnen.

Im Folgenden sollen der Unterrichtsablauf, die entwickelten Unterrichtsmaterialien und sprachlichen Übungen des Szenarios *Betriebsbesichtigung* genauer beschrieben werden, um die zweitsprachendidaktischen Konzepte, die hier zum Tragen kommen, konkreter darzustellen.

4. Unterrichtsmaterialien und Übungen

In einer mündlichen Einführung teilt die Lehrperson den Schülerinnen und Schülern mit, dass sie als Klasse einen Betrieb besichtigen können, der in Zusammenhang mit ihrem Lehrberuf steht (Szenario). Demzufolge sind verschiedene Betriebe, die für eine Besichtigung in Frage kommen, anzuschreiben (Schreibaufgabe).

In einer ersten Phase sammeln die Schülerinnen und Schüler in Einzelarbeit Ideen für mögliche Betriebe, ebenso ermitteln sie Argumente dafür, warum sich diese Firmen für eine Besichtigung besonders eignen würden (Ideensammlung). Dazu bekommen sie Arbeitsblatt 1 (vgl. Abb. 1), das u. a. auch der Strukturierung (Textaufbau) des zu schreibenden Gesuchs dient. Die auf dem Arbeitsblatt notierten Ideen und Argumente (erste Verschriftlichung) werden im Plenum der Klasse vorgetragen und die Vorschläge für die Betriebsbesichtigung an der Wandtafel festgehalten.

Abbildung 1: Arbeitsblatt 1 (Ideensammlung)

Mein Vorschlag für die Betriebsbesichtigung:

_____

Aus diesen Gründen steht dieser Betrieb in Zusammenhang mit meinem Lehrberuf:

1. _____

2. _____

3. _____

Das kann ich dort lernen:

1. _____

2. _____

3. _____

Besonders interessant bei solch einem Betrieb finde ich:

_____

_____

_____

In Einzelarbeit formulieren die Schülerinnen und Schüler jeweils zwei bis drei zusammenhängende Sätze zu den Stichworten, die sie auf Arbeitsblatt 1 notiert haben. Arbeitsblatt 2 gibt ihnen eine Auswahl an entsprechenden sprachlichen Mitteln zur Aneinanderreihung von Gründen, warum sich der gewählte Betrieb für die Besichtigung eignet und warum die Schülerin oder der Schüler den Betrieb für sich persönlich interessant findet (vgl. Abb. 2). Ziel dieser Übung ist die Umwandlung stichwortartiger Notizen in kohärente Textteile (zweite Verschriftlichung), und zwar durch die Prozedur *Begründen* bzw. die der *Aneinanderreihung* von Gründen. Solche Textprozeduren erscheinen sprachlicherseits als Prozedurausdrücke, wie z. B. *weil* (Begründen), *erstens – zweitens – drittens* (Aneinanderreihen), *und zwar* bzw. *zum Beispiel* (Konkretisieren), die auf ein zugrundeliegendes Textschema verweisen (Feilke 2014: 23).

Abbildung 2: Arbeitsblatt 2 (Aneinanderreihung von Argumenten)

Sie haben schriftlich und mündlich Gründe gesammelt, warum Sie einen konkreten Betrieb besichtigen möchten. Greifen Sie nun auf Ihr Blatt oder auf die Diskussion zurück und machen Sie aus den einzelnen Sätzen / Punkten / Ideen einen zusammenhängenden Text. Sie können dabei z. B. folgende Wörter benutzen:

ausserdem	zudem	~~weil~~	darüber hinaus	gleichzeitig	Des Weiteren
ferner	einerseits andererseits	zunächst	erstens, zweitens, drittens	zugleich	

Dieser Betrieb steht in Zusammenhang mit meinem Lehrberuf, weil   (2-3 Gründe)

_____

_____

_____

_____

_____

_____

Besonders interessant bei solch einem Betrieb finde ich   (2-3 Sätze)

_____

_____

_____

_____

In einer weiteren Übung geht es um die Textprozedur des Konkretisierens allgemeiner Aussagen. Die Lehrperson verteilt dazu Arbeitsblatt 3, auf dem allgemeine Aussagen durch konkrete Beispiele zu ergänzen sind. Das Lernziel besteht darin zu verstehen, dass Textkohärenz u. a. im Wechsel von allgemeinen und konkreten Aussagen entsteht; in diesem Sinne soll die Konkretisierung von allgemeinen Aussagen als Textprozedur trainiert werden, damit sie den Lernenden beim Schreiben zur Verfügung steht (vgl. Abb. 3).

Abbildung 3: Arbeitsblatt 3

Betriebsbesichtigung
Arbeitsblatt 3

Geben Sie Beispiele!

Wenn Sie Texte schreiben, geben Sie für Ihre Aussagen möglichst immer Beispiele, damit der Leser sich etwas darunter vorstellen kann und Sie so besser versteht.

Oder: Wenn Sie einmal nicht wissen, wie Sie in ihrem Text weiterschreiben sollen, geben Sie einfach Beispiele für das, was Sie vorher geschrieben haben! ;-)

Aufgabe 1

Lesen Sie die folgenden 10 Sätze schnell durch. Wählen Sie dann die aus, zu denen Ihnen am schnellsten Beispiele einfallen! Schreiben Sie ganze Sätze! Sie haben 15 Minuten Zeit.

1. Wir haben einen *guten Klassenzusammenhalt.* (Woran erkennt man den guten Klassenzusammenhalt? Geben Sie 2-3 Beispiele!)

    Mögliche Lösungen:

    Zum Beispiel erledigen einige von uns Hausaufgaben gemeinsam in kleineren Gruppen.

    Abends gehen wir manchmal in den Ausgang, trinken ein Bier und quatschen miteinander.

    Kürzlich haben wir an einem Grümpelturnier teilgenommen, wo unsere Klassenmannschaft den zweiten Platz geholt hat.

2. Wir *unternehmen gerne* etwas zusammen. (Was unternehmen wir gerne zusammen? Geben Sie 2-3 Beispiele!)

3. Eine Klassenreise ist *immer etwas Gutes.* (Was finde ich gut daran? Geben Sie 2-3 Beispiele!)

4. In unserer Klasse gibt es *viele verschiedene Charaktere,* die sich gut ergänzen. (Welche Charaktere? Geben Sie 2-3 Beispiele!)

5. In unserer Klasse gibt es viele verschiedene Charaktere, *die sich gut ergänzen.* (Inwiefern ergänzen sie sich gut? Geben Sie ein Beispiel!)

6. Wir haben schon *viel* über Ihren Betrieb gehört. (Was habe ich schon über den Betrieb gehört oder gelesen? Geben Sie 2-3 Beispiele!)

7. Wir würden uns für eine Besichtigung Ihres Betriebes *interessieren.* (Was interessiert mich beispielsweise? Geben Sie 2-3 Beispiele!)

8. Eine Reise ins Welschland *lohnt sich* immer. (Was lohnt sich meiner Meinung nach? Geben sie 2-3 Beispiele dafür!)

9. Ich finde meinen Beruf sehr *interessant und spannend.* (Was finde ich interessant und spannend? Geben Sie 2-3 Beispiele!)

10. Ich möchte in meinem Beruf immer Neues dazu lernen. (Was möchte ich Neues dazu lernen? Geben Sie 2-3 Beispiele!)

Aufgabe 2

Was habe ich aus dieser Übung für das Schreiben von Texten gelernt?

Ebenso wichtig scheint es, dass die sprachlichen Inputs lediglich als Flash-Übungen (vgl. Hoefele/Konstantinidou 2016: 139) eingebracht werden, also als kurze Übungen, die den Schreibprozess nicht über Gebühr in die Länge ziehen. Bei diesen Flash-Übungen handelt es sich nicht um traditionelle Übungen, die zuvor Erarbeitetes vertiefen, sondern um kürzere Übungen, die im Fremd- bzw. Zweitsprachenunterricht angewendet werden, um die Aufmerksamkeit (awareness) auf sprachliche Mittel zu lenken, die anschließend in den kommunikativen Akt, hier: in den Prozess des Schreibens, transferiert werden sollen (vgl. Hoefele/Konstantinidou 2016: 139). In allen Schreibanlässen werden diese Flash-Übungen (s. o.) zur Bereitstellung sprachlicher Mittel bevorzugt vor dem Schreiben des Textentwurfs durchgeführt.

In Schreibanlass 3 formulieren die Schülerinnen und Schüler anschließend in Einzelarbeit einen Entwurf für das Gesuch an den gewählten Betrieb. Zur Unterstützung (Scaffolding) erhalten sie die Vorlage eines offiziellen Briefs.

5. Peer-Feedback

Als wesentliches Element der prozessorientierten Schreibdidaktik wird nach dem Schreiben des Textentwurfs ein Peer-Feedback durchgeführt, das die kommunikative Wirkung des Textes aus der Perspektive des nicht persönlichen, raumzeitlich entfernten Empfängers beurteilt. Rijlaarsdam/Braaksma (2008: 24) haben gezeigt, dass diese Form des kommunikativen Peer-Feedbacks aus der Perspektive des Adressaten, durchgeführt an Texten von Mitschülerinnen und -schülern, positive Effekte auf die eigene Schreibkompetenz hat.

In diesem Sinne werden im Schreibanlass *Betriebsbesichtigung* in Zweier-Gruppen Textentwürfe gegenseitig beurteilt. Die Lernenden orientieren sich hierbei an Arbeitsblatt 4 (vgl. Abb. 4), auf dem sie die Vorgehensweise und konkrete Kriterien für ihre Rückmeldungen finden.

Abbildung 4: Arbeitsblatt 4 (Instruktion Peer-Feedback)

Stellen Sie sich vor, Sie bekommen als Sachbearbeiter/in das von Ihrem Partner / Ihrer Partnerin verfasste Gesuch auf Ihren Schreibtisch und müssen es beurteilen. Helfen Sie ihm/ihr, den Brief zu verbessern.

Zeigen Sie Ihrem Partner / Ihrer Partnerin mindestens zwei Stellen im Brief, bei denen Sie als Empfänger/in des Briefes gerne mehr erfahren möchten. Achten Sie dabei besonders auf Textstellen, wo allgemeine Aussagen (wie in der Übung zuvor) durch Beispiele noch mehr verdeutlicht werden können.

Anschliessend beurteilen Sie noch folgende formalen Kriterien:

Formale Kriterien	Absender	Empfänger	Datum	Betreff	Anrede	Grussformel
	richtig ☐ falsch ☐	richtig ☐ falsch ☐	richtig ☐ falsch ☐	richtig ☐ falsch ☐	richtig ☐ falsch ☐	richtig ☐ falsch ☐
	Wenn etwas falsch ist, den Fehler bitte im Text notieren.					

Nach dem Peer-Feedback werden die Textentwürfe unter Berücksichtigung der Änderungsvorschläge überarbeitet. Bei Unklarheiten holen die Lernenden Rat bei der jeweiligen Mitschülerin oder dem jeweiligen Mitschüler oder der Lehrperson ein. Die überarbeiteten Texte werden von der Lehrperson eingesammelt, korrigiert und benotet.

In einem letzten Schritt erhält jede Gruppe die korrigierten Gesuche einer anderen Gruppe, aus denen der jeweils beste Brief jeder Gruppe auszuwählen ist. Hierfür werden die Briefe gemeinsam gelesen und die Gründe für die Wahl des besten Briefes miteinander diskutiert. Analog zum Peer-Feedback üben die Lernenden wiederum das Reflektieren (s. o.) und Beurteilen der Texte.

Die ausgewählten Gesuche werden an die jeweiligen Betriebe verschickt. Mit etwas Glück erhält die Klasse positiven Bescheid und die Lernenden erhalten damit eine Bestätigung dafür, dass sie mit einem gehaltvollen, argumentativ-überzeugenden Schreiben ihr (Texthandlungs-)Ziel erreichen konnten.

6. Die Interventionsstudie

Das beschriebene schreibdidaktische Konzept wurde mittels einer kontrollierten Interventionsstudie evaluiert (Pretest-Posttest-Control-Group-Design mit Follow-up-Messung). Die Schreibkompetenz der Lernenden in der Experimental- und Kontrollgruppe wurde durch einen Schreibtest (vgl. Konstantinidou/Hoefele/Kruse 2016) zu drei Messzeitpunkten erhoben, nämlich zu Beginn des ersten Lehrjahrs (August 2013), unmittelbar nach der Intervention in der Experimentalgruppe (Januar-Februar 2014) sowie fünf Monate nach der Intervention (Mai-Juni 2014). Die Interventionsstudie sollte folgende Hauptfragen beantworten:

a. Unterscheidet sich die allgemeine Schreibkompetenz im Vergleich von Experimental- und Kontrollgruppe durch die Intervention?
b. Wie nachhaltig sind die Interventionseffekte?

Der Vergleich der Experimental- und der Kontrollbedingungen sollte in einem Gewinn zu Gunsten der Experimentalgruppe resultieren. Jedoch wurde eine positive Entwicklung in der Schreibkompetenz der Lernenden beider Gruppen erwartet, da beide Gruppen Sprach- und Schreibunterricht ausgesetzt waren. Während der Intervention in der Experimentalgruppe war der Unterricht in der Kontrollgruppe „normal", d. h. der Unterricht fand in gewohnter Weise ohne spezielle methodische Ausrichtung statt (vgl. Hoefele/Konstantinidou 2016: 145–147; Konstantinidou/Hoefele/Kruse 2016: 80–90).

Nach der Durchführung des Schreibtests folgte zu allen drei Messzeitpunkten eine Befragung der Lernenden. Durch die Fragebogenbefragung erhob das Projektteam demographische Merkmale der Lernenden (Geschlecht, Alter, Herkunftsland etc.), sprachbiographische Daten (vgl. DESI-Studie) sowie psychologische Konstrukte, die mit der Schreibkompetenz zusammenhängen können, wie beispielsweise die schreibbezogene Selbstwirksamkeit (vgl. Graham/Harris/Manson 2005) der Lernenden oder ihre Einstellung zum Schreiben (vgl. Glaser 2004).

Die demographischen und sprachbiographischen Merkmale sollten einer genaueren Beschreibung der Stichprobe – vor allem in Hinblick auf den Migrationshintergrund der Lernenden und deren Mehrsprachigkeit – dienen. Darüber hinaus sollte die Beziehung dieser Merkmale zur Schreibkompetenz und deren Veränderung über die Zeit untersucht werden. Nach einer detaillierten Beschreibung der Stichprobe im nächsten Kapitel folgen Ergebnisse über die Wirksamkeit des schreibdidaktischen Konzepts sowie zur Erklärung der durchschnittlichen Veränderung der Schreibkompetenz der Lernenden durch die oben genannten Variablen.

6.1. Die Stichprobe

In der Stichprobenbildung wurden sowohl technisch-handwerkliche als auch Industrie- und Gewerbe-Dienstleistungsberufe berücksichtigt. Insgesamt beteiligten sich 18 Berufsschulklassen (EFZ) im ersten Lehrjahr an drei Standorten an der Interventionsstudie. Dabei bestand die Experimentalgruppe aus Lernenden bzw. Klassen mit sieben Lehrberufen (Coiffeure/Coiffeusen, Fachleute Information und Dokumentation, Laboranten/Laborantinnen, Logistiker/Logistikerinnen, Maler/Malerinnen, Polymechaniker/Polymechanikerinnen und Restaurationsfachleute), d. h. insgesamt aus neun Berufsschulklassen, da Maler/Malerinnen und Polymechaniker/Polymechanikerinnen in der Stichprobe doppelt vertreten waren. Die Kontrollgruppe bildeten die entsprechenden Parallelklassen an den jeweiligen Standorten. Die Zuweisung der Berufsschulklassen in die Experimental- oder Kontrollgruppe erfolgte zufällig (quasi-experimentelle Untersuchung: Vergleich von natürlichen Gruppen, vgl. Bortz/ Döring 2006: 114).

Zu Beginn der Studie wurde auf der Basis von Klassenlisten, welche die ABU-Lehrpersonen der Experimental- und der Kontrollgruppe dem For-schungsteam zustellten, von einer Stichprobe von 317 Lernenden ausgegangen. Diese Stichprobe reduzierte sich aufgrund von Dispensationen oder sonstigen Abwesenheiten, Lehrabbrüchen und -wechseln bereits im Pretest (N: 287). Die Zahl der beteiligten Lernenden nahm aus den gleichen Gründen auch im Post- (N: 278) und Follow-up-Test (N: 275) weiter ab. Die größten Fluktua-tionen weisen Ausbildungsberufe mit geringeren Anforderungen hinsichtlich der schulischen Leistungen auf, wie bspw. Logistiker/Logistikerinnen, Maler/ Malerinnen und Restaurationsfachleute. Die Maler/Malerinnen gefolgt von den Laboranten/Laborantinnen und den Polymechanikern/Polymechanike-rinnen sind in der Stichprobe zahlenmäßig am häufigsten vertreten. Die Ex-perimental- und die Kontrollgruppe umfassen annähernd die gleiche Anzahl Lernender.

Demographische Merkmale (Geschlecht, Alter, Herkunft etc.) wurden nur zum ersten Messzeitpunkt erhoben. Sowohl in der Experimental- als auch in der Kontrollgruppe sind die männlichen Lernenden stärker als die weiblichen vertreten (56 % resp. 53 %). Insgesamt sind die Lernenden durchschnittlich 16,9 Jahre alt, wobei diejenigen der Experimentalgruppe leicht älter (M: 17.2, SD: 2.6) als die Lernenden der Kontrollgruppe (M: 16.6, SD: 1.4) sind. Der Altersunterschied fällt statistisch signifikant ($t(281)=2.200$, $p=.029$) aus.

Wichtige Informationen über den Migrationshintergrund der Lernenden lieferte die Frage nach ihrem Geburtsort und dem Geburtsort ihrer Eltern (vgl. Settelmey-er/Erbe 2010: 16). Die meisten Jugendlichen in der Projektstichprobe sind in der Schweiz (88 %) oder in einem anderen deutschsprachigen Land (2 %) geboren. So beträgt die Anzahl der Jugendlichen, die nicht in der Schweiz oder in einem anderen deutschsprachigen Land geboren sind, in der Experimentalgruppe 15 (10.5 %), in der Kontrollgruppe 13 Teilnehmende (10 %). Jedoch hat etwas mehr als ein Drittel der in der Schweiz geborenen Berufsschülerinnen und -schüler einen Migrations-hintergrund (36 %), d. h., ein Elternteil ist im Ausland geboren, meistens in Ländern des ehemaligen Jugoslawiens, in Italien oder in der Türkei.

Interessant sind ebenfalls die Sprachbiographien der Berufsschülerinnen und -schüler: Während 83 % der Befragten Schweizerdeutsch als Sprache, die sie zuerst in der Familie gelernt haben (Erstsprache), angaben, ergibt sich aus der Frage nach der Elternsprache, dass 26.5 % der Eltern eine andere Sprache als Schweizerdeutsch miteinander sprechen, wobei Italienisch (6 %), Südslawisch (4 %), Albanisch (3 %) und Türkisch (3 %) die am häufigsten genannten Sprachen sind. 13 % der Lernenden gaben an, selbst kein Schweizerdeutsch mit den Eltern zu sprechen; am häufigsten wurden Italienisch (21 Personen), Türkisch (14 Personen), Hochdeutsch (12 Personen) und Albanisch (12 Personen) angekreuzt. Mit Freunden wird am meisten schweizerdeutscher Dialekt gesprochen (97 %). Was das Schreiben betrifft, so meinen 48 % der Befragten, sich schriftlich am besten in schweizerdeutschem Dialekt ausdrücken zu können, 47 % auf Hochdeutsch.

Die Erfassung der Erstsprache war insofern problematisch, als wenige Lernende angegeben haben, nicht Schweizerdeutsch oder Deutsch in der Familie gesprochen bzw. gelernt zu haben. Dies steht im Widerspruch zu anderen Angaben über ihre Familiensprachen oder zu ihrem Migrationshintergrund. Das widersprüchliche Antwortverhalten kann möglicherweise darin begründet sein, dass ihnen aufgrund der langen Verweildauer in der Schweiz nicht mehr bewusst ist, dass sie in der Familie zuerst andere Sprachen gelernt haben, oder aber, dass Fremd- oder Zweisprachigkeit als etwas Negatives erachtet und deshalb nicht angegeben wird.

Die Fragebogenergebnisse scheinen jedoch nicht nur der Realität in der beruflichen Bildung der Schweiz hinsichtlich des Anteils der Lernenden mit Migrationshintergrund zu entsprechen, sondern sie bilden auch die Komplexität der Sprachbiographien der Jugendlichen in ihrer heterogenen Vielfalt ab.

6.2. Zur Wirkung des schreibdidaktischen Konzepts auf die Schreibkompetenz

Die Prüfung der gerichteten Alternativhypothesen (Bühner/Ziegler 2009: 144), die sich auf den Erfolg der Intervention bzw. auf die positiven Effekte der Intervention auf die allgemeine Schreibkompetenz[2] (Cronbachs alpha: .82 – .85) der Lernenden der Experimentalgruppe beziehen, erfolgte durch das statistische Verfahren der zweifaktoriellen Varianzanalyse mit Messwiederholung (gemischtes Design). Damit werden zwei Faktoren, der Gruppenfaktor (zwei Stufen: Experimental- vs. Kontrollgruppe) und der Zeitfaktor (drei Stufen: erster, zweiter und dritter Messzeitpunkt), welche die Messwerte der Versuchs-

---

2   Die Skala der allgemeinen Schreibkompetenz umfasst insgesamt 24 Punkte und entstand durch die Summierung der Subskalen *sprachliche Richtigkeit, Sprachstil, formale Textsortenkonventionen, Struktur und roter Faden, Inhalt, kommunikative Wirkung* (Konstantinidou/Hoefele/Kruse 2016: 90–95).

personen beeinflussen können, berücksichtigt (ebd., S. 483 f.). So zeigen die Ergebnisse der vorliegenden Studie, dass sich Veränderungen in der Schreibkompetenz der Lernenden sowohl durch den Faktor Zeit (F (2, 222)=16.005, p=.000, η^2partial=.07) als auch durch den Faktor Gruppe (F (1, 222)=23.169, p=.000, η2partial=.10) erklären lassen. Die Effektgröße η2partial weist in beiden Fällen auf mittlere, statistisch hochsignifikante Effekte hin. Der Gruppeneffekt gilt auch dann, wenn man die signifikanten Unterschiede in der Schreibkompetenz der Experimental- und der Kontrollgruppe in der Messung vor der Intervention (Messzeitpunkt 1) durch Kovarianzanalyse berücksichtigt (F(1, 222)=25.200, p=.000, η^2partial=.10). Somit werden die Haupthypothesen des vorliegenden Projekts bestätigt:

H1: Unmittelbar nach der Intervention verändert sich die allgemeine Schreibkompetenz der Experimentalgruppe positiv verglichen mit der Kontrollgruppe.

H2: Vier Monate nach der Intervention verändert sich die allgemeine Schreibkompetenz der Experimentalgruppe positiv verglichen mit der Kontrollgruppe (s. Abbildung 5).

Abbildung 5: Unterschiede in der allgemeinen Schreibkompetenz zwischen den Gruppen über die drei Messzeitpunkte

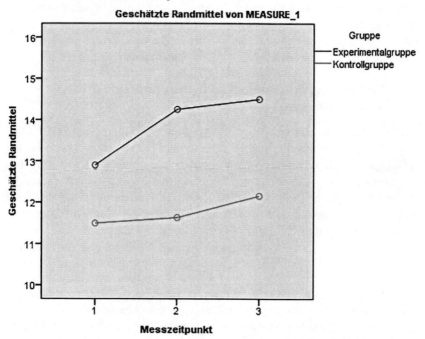

Zur Beantwortung von Fragen in Bezug auf die Ursachen der Veränderung in der Schreibkompetenz der Lernenden über alle drei Messzeitpunkte wurden latente Wachstumskurvenanalysen durchgeführt (vgl. Schmiedek/Wolff 2010: 1018). Zum Zweck der Analyse wurden die auf folgender Tabelle aufgeführten nominalen Variablen in dichotome Variablen (z. B. Erstsprache nicht Deutsch ja/nein) umgewandelt (vgl. Bühner 2006: 74). Lernende mit fehlenden Daten bei einem der drei Messzeitpunkte wurden aus der Stichprobe ausgeschlossen, so dass sich die Stichprobe nun wie folgt beschreiben lässt: Es finden sich in der Experimentalgruppe (EG) 67 weibliche und 76 männliche Lernende (N EG=143); in der Kontrollgruppe (KG) sind es 62 und 80 (N KG=142). 55 der Berufsschülerinnen und -schüler in der Experimentalgruppe und 63 in der Kontrollgruppe gaben an, dass sie selbst oder mindestens ein Elternteil aus einem nicht deutschsprachigen Land kommen (vgl. Settelmeyer/Erbe 2010: 16). Hingegen gaben wenige Lernende an, dass Schweizerdeutsch oder Deutsch nicht zu den Sprachen gehören, die sie zuerst in der Familie gelernt haben. Unterscheidet man nach Lehrberufen mit hohem (z. B. Polymechaniker/Polymechanikerinnen, Laboranten/Laborantinnen) und tiefem (z. B. Maler/Malerinnen, Logistiker/Logistikerinnen) schulischem Anforderungsniveau, sind in der Experimentalgruppe 59, in der Kontrollgruppe 50 Lernende in leistungsstarken Ausbildungsberufen zu finden (s. Tabelle 1).

Tabelle 1: Stichprobenbeschreibung anhand von demographischen und sprachbiographischen Merkmalen

		EG	N EG	KG	N KG
Geschlecht	weiblich	67	143	62	142
	männlich	76		80	
Herkunftsland nicht deutschsprachig	ja	55	144	63	143
	nein	89		80	
Erstsprache nicht Deutsch	ja	23	143	16	143
	nein	120		127	
hohes schulisches Anforderungsniveau	ja	59	144	50	136
	nein	85		86	

Insgesamt wurden drei Modelle mit ähnlicher Struktur gerechnet (Gesamtstichprobe, Experimentalgruppe, Kontrollgruppe). In einem ersten Schritt wurde das latente Wachstumskurvenmodell ohne erklärende Variablen (biographische und sprachbiographische Merkmale dichotom kodiert) berechnet und dessen *goodness of fit* (Anpassungsgüte/Anpassung des Modells an die empirischen Daten) geprüft. In einem zweiten Schritt wurden erklärende Variablen zur Prüfung ihres Einflusses auf den Intercept-Faktor eingeführt, der die mittlere, messfehlerbereinigte Schreibkompetenz über alle Messzeitpunkte hinweg repräsentiert, sowie auf den Slope-Faktor, der die durchschnittliche Stärke interindivideller Unterschiede in Hinblick auf die Veränderung über die Zeit (Geiser 2011: 171) repräsentiert. Im Modell für die Gesamtstichprobe stellt auch die Gruppenzugehörigkeit eine solche Variable dar. In den folgenden Modelldarstellungen kommen nur die signifikanten Koeffizienten und Korrelationen vor, nicht signifikante Effekte und Zusammenhänge wurden aus dem Modell entfernt.

Das latente Wachstumskurvenmodell, das sich auf die Gesamtstichprobe bezieht (s. Abb. 6), weist einen sehr guten Fit auf. Das wird durch den χ^2-Test und die weiteren Fit-Indices angezeigt: χ^2=15.276, df=18, p=.643, CFI=1.00, RMSEA=.000. Im Modell wird sichtbar, dass die Lernenden aus deutschsprachigen Ländern eine durchschnittlich höhere Leistung im Schreiben aufweisen (β=-.23). Die Wirkung des Herkunftslands auf die Steigung (Slope) ist aber statistisch nicht signifikant, d.h., dass Lernende aus deutschsprachigen oder nicht deutschsprachigen Ländern sich in der Veränderung ihrer Schreibkompetenz über die Zeit nicht unterscheiden. Ferner sieht man im Modell, dass die weiblichen Lernenden zwar über eine durchschnittlich höhere Schreibkompetenz verfügen (β=.34), die männlichen Lernenden sich aber stärker in ihrer Schreibkompetenz entwickeln (β=-.29). Die Erstsprache (nicht Deutsch) hat keinen signifikanten Einfluss auf den Intercept- und Slope-Faktor, sie korreliert aber positiv mit der erklärenden Variable *Herkunftsland nicht deutschsprachig* (r=.39) und negativ mit dem hohen schulischen Anforderungsniveau (r=-.16). Das ist ein Hinweis darauf, dass Lernende mit einer anderen Sprache als Deutsch weniger häufig in Ausbildungsberufen mit einem hohen schulischen Anforderungsniveau zu finden sind. Darüber hinaus zeigt sich, dass Lernende in Ausbildungsberufen mit hohen schulischen Anforderungen durchschnittlich besser im Schreiben sind (β=.53), Lernende in Ausbildungsberufen mit tieferen schulischen Anforderungen sich hingegen stärker entwickeln (β=-.36). Schließlich werden im Modell die Ergebnisse der Varianzanalyse in Bezug auf die Gruppenzugehörigkeit bestätigt. Die Experimentalgruppe weist nämlich eine durchschnittlich höhere Leistung im Schreiben auf (β=.17), und sie verbessert sich auch stärker (β=.34).

Abbildung 6: Latentes Wachstumskurvenmodell – Gesamtstichprobe

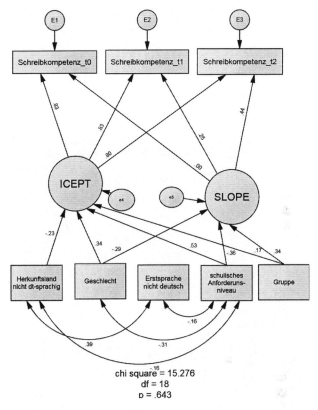

chi square = 15.276
df = 18
p = .643

Auch das Modell für die Experimentalgruppe entspricht der Datenstruktur (χ2=22.402, df=14, p=.071, CFI=.97, RMSEA=.061). Anders als im Modell für die Gesamtstichprobe unterscheiden sich Lernende aus deutsch- und nicht deutschsprachigen Ländern in ihrer durchschnittlichen Schreibleistung nicht. Lernende aus deutschsprachigen Ländern scheinen sich aber viel stärker in ihrer Schreibkompetenz zu verändern (β=-.77) als Lernende aus nicht deutschsprachigen Ländern. Das Geschlecht weist einen starken Einfluss auf die durchschnittliche Schreibleistung auf (β=.26), aber keinen signifikanten Einfluss auf die Veränderung der Schreibkompetenz. Auch hier werden keine Effekte der Erstsprache (nicht Deutsch) auf den Intercept und Slope gefunden, die aber ähnlich wie im Modell für die Gesamtstichprobe positiv mit der Variable *Herkunftsland nicht deutschsprachig* (r=.48) und negativ mit hohem schulischem Anforderungsniveau (r=-.26) korrelieren. Letztlich sind Lernende in Ausbildungsberufen mit hohen schulischen Anforderungen auch in diesem Modell durchschnittlich besser im Schreiben (β=.60), die Entwicklung der Schreibkompetenz für Lernende in Ausbildungsberufen mit tieferen schulischen Anforderungen ist aber stärker ausgeprägt (β=-.65).

Abbildung 7: Latentes Wachstumskurvenmodell – Experimentalgruppe

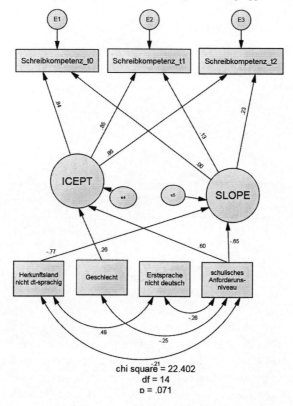

Das Modell für die Kontrollgruppe weist ebenfalls einen guten Fit auf ($\chi2$=16.037, df=15, p=.380, CFI=.99, RMSEA=.021). Ähnlich wie im Modell für die ganze Stichprobe, jedoch anders als im Modell für die Experimentalgruppe, haben die Lernenden aus einem deutschsprachigen Land eine durchschnittlich höhere Leistung im Schreiben (β=-.24). Die Variable *Herkunftsland nicht deutschsprachig* hat aber keinen Effekt auf den Slope. Wie in den zwei oben beschriebenen Modellen verfügen die Mädchen der Kontrollgruppe über eine höhere Schreibkompetenz (β=.43), die Schreibkompetenz der Jungen entwickelt sich dafür stärker über die

Zeit (β=.-31). Das ist anders in der Experimentalgruppe, wo sich keine signifikanten Geschlechtseffekte auf den Slope zeigen. Die Erstsprache (nicht Deutsch) hat wie in den anderen zwei Modellen keine Wirkung auf die durchschnittliche Schreibleistung oder die Veränderung der Schreibkompetenz. Die Erstsprache korreliert allerdings in diesem Modell nur mit dem Herkunftsland (r= .31) und nicht mehr mit dem schulischen Anforderungsniveau des Ausbildungsberufs. Schließlich sind Lernende in Ausbildungsberufen mit hohen schulischen Anforderungen durchschnittlich besser im Schreiben (β=.55), Lernende in Ausbildungsberufen mit tieferen schulischen Anforderungen entwickeln sich aber stärker (β=-.35). Dies entspricht dem Ergebnis in den anderen zwei Modellen, wobei in der Experimentalgruppe der Einfluss der leistungsschwächeren Ausbildungsberufe auf den Slope viel größer ausfällt (β=-.65).

Abbildung 8: Latentes Wachstumskurvenmodell – Kontrollgruppe

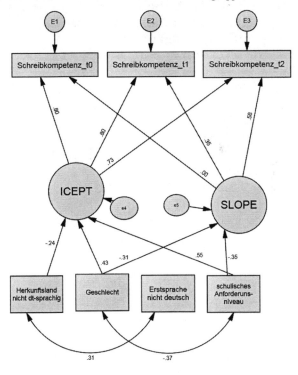

chi square = 16.037
df = 15
p = .380

7. Diskussion und Ausblick

Die Ergebnisse der Studie zeigen, dass das Konzept der prozessorientierten Schreibdidaktik mit ihren DaZ-spezifischen Ansätzen der integrierten Schreib-/Sprachförderung eine positive und nachhaltige Wirkung auf die Schreibkompetenz der Lernenden hat.

Durch die Wachstumskurvenmodelle werden die Effekte der Intervention mit dem Geschlecht, dem Migrations- und dem sprachbiographischen Hintergrund sowie mit dem Ausbildungsberuf in Beziehung gesetzt. Dabei zeigt sich, dass die Berufsschülerinnen besser im Schreiben sind als die Berufsschüler. Von der Intervention jedoch scheinen die weiblichen und die männlichen Jugendlichen ähnlich zu profitieren.

Die Lernenden aus deutschsprachigen Ländern weisen eine stärkere Entwicklung in ihrer Schreibkompetenz auf als die Lernenden mit Migrationshintergrund (ausgenommen Deutschland, Liechtenstein, Österreich). Bemerkenswert ist, dass die Erstsprache keinen unmittelbar erkennbaren Einfluss auf die durchschnittliche Schreibkompetenz und ihre Veränderung über die Zeit hat. Dies mag aber auch mit den Schwierigkeiten der Erfassung der komplexen Sprachbiographien der Lernenden zusammenhängen (s. o.).

Lernende in Ausbildungsberufen mit höherem schulischem Anforderungsniveau sind im Schreiben durchschnittlich besser, während sich Lernende in Ausbildungsberufen mit tieferem schulischem Anforderungsniveau stärker entwickeln. Sehr deutlich zeigt sich dies in der Interventionsgruppe, was möglicherweise darauf zurückzuführen ist, dass die schulisch leistungsschwächeren Lernenden von den DaZ-didaktischen Ansätzen zur Förderung des Schreibens stärker profitieren, da diese ihnen sprachliche Hilfen während des Schreibprozesses zur Verfügung stellen.

Aufgrund der negativen Korrelationen der erklärenden Variablen *Migrationshintergrund* und *nicht deutsche Erstsprache* mit dem schulischen Anforderungsniveau der Ausbildungsberufe kann man annehmen, dass Lernende mit Migrationshintergrund bzw. Deutsch als Zweitsprache stärker in den Ausbildungsberufen mit tieferen schulischen Anforderungsniveaus repräsentiert sind. Dabei gilt wiederum, wie bereits dargestellt, dass die Berufsschülerinnen und -schüler aus einem deutschsprachigen Land größeren Nutzen aus der Intervention ziehen als die Berufsschülerinnen und -schüler aus einem nicht deutschsprachigen Land. Das legt die Schlussfolgerung nahe, dass die Verbindung von Schreib- und Sprachförderung in der beruflichen Bildung für beide Gruppen von Lernenden hilfreich ist, für die mit Deutsch bzw. Schweizerdeutsch als Muttersprache und für diejenigen mit mehrsprachigem (Migrations-)Hintergrund (s. o.).

Der Versuch, die Schreibkompetenz der Lernenden – und hier noch deren Veränderung über die Zeit – durch demographische, sprachbiographische und andere Hintergrundinformationen zu erklären, müsste jedoch weiter untersucht werden. Dabei wäre die Komplexität der Migrationsgeschichten und Sprachbiographien der Lernenden genauer zu erfassen und die vielfältigen und vielschichtigen Zusammenhänge mit der Schreibkompetenz gründlicher zu prüfen und zu verstehen.

Literatur

Ammon, Ulrich/Bickel, Hans/Ebner, Jakob (2004): Variantenwörterbuch des Deutschen: Die Standardsprache in Österreich, der Schweiz und Deutschland sowie in Liechtenstein, Luxemburg, Ostbelgien und Südtirol. Berlin.

Baumann, Katharina (2014): „Man muss schon ein bisschen mit dem Schreiben zurechtkommen!" Eine Studie zu den Schreibfähigkeiten von Auszubildenden im unteren beruflichen Ausbildungssegment im Kontext von Ausbildungsreife. Paderborn.

Becker-Mrotzek, Michael/Böttcher, Ingrid (2012): Schreibkompetenz entwickeln und beurteilen, 4. Aufl. Berlin.

Beese, Melanie et al. (2014): Sprachbildung in allen Fächern. Reihe dll, Bd. 16. München.

Bereiter, Carl (1980): Development in Writing. In: Gregg, Lee W./Steinberg, Erwin R. (Hrsg.): Cognitive Processes in Writing. Hillsdale, N.J., 73–93.

Bortz, Jürgen/Döring, Nicola (2006): Forschungsmethoden und Evaluation für Human- und Sozialwissenschaftler, 4. Aufl. Heidelberg.

Bühner, M. (2006): Einführung in die Test- und Fragebogenkonstruktion, 2. aktual. Aufl. München.

Bühner, Markus/Ziegler, Matthias (2009): Statistik für Psychologen und Sozialwissenschaftler. München.

Efing, Christian (2008): „Aber was halt schon schwer war, war, wo wir es selber schreiben sollten." Defizite und Förderbedarf in der Schreibkompetenz hessischer Berufsschüler. In: Jakobs, Eva-Maria/Lehnen, Katrin (Hrsg.): Berufliches Schreiben. Ausbildung, Training. Frankfurt/M., 17–34.

Feilke, Helmuth (2014): Argumente für eine Didaktik der Textprozeduren. In: Bachmann, Thomas/Feilke, Helmuth (Hrsg.): Werkzeuge des Schreibens. Beiträge zu einer Didaktik der Textprozeduren. Stuttgart, 11–34.

Feilke, Helmut/Augst, Gerhard (1989): Zur Ontogenese der Schreibkompetenz. In: Antos, Gerd/Krings, Hans P. (Hrsg.): Textproduktion. Ein interdisziplinärer Forschungsüberblick. Tübingen, 297–327.

Geiser, Christian (2011): Datenanalysen mit M-Plus: Eine anwendungsorientierte Einführung, 2. durchges. Aufl. Wiesbaden.

Gibbons, Pauline (2002): Scaffolding Language, Scaffolding Learning. Teaching Second Language Learners in the Mainstream Classroom. Portsmouth, NH.

Glaser, Cornelia (2004): Förderung der Schreibkompetenz bei Grundschülern: Effekte einer integrierten Vermittlung kognitiver Schreibstrategien und selbstregulatorischer Fertigkeiten. Unveröffentlichte Dissertation zur Erlangung des Grades Dr. Phil., Humanwissenschaftliche Fakultät der Universität Potsdam. Potsdam.

Goethe Institut (2016): Goethe-Zertifikat A2. Modellsatz Erwachsene. München.

Graham, Steve/Harris Karen R./Manson, Linda H. (2005): Improving the writing performance, knowledge, and self-efficacy of struggling young writers: The effects of self-regulated strategy development. Contemporary Educational Psychology 30, 207–241.

Hägi, Sara/Scharloth, Joachim (2005): „Ist Standarddeutsch für Deutschschweizer eine Fremdsprache?" Untersuchungen zu einem Topos des sprachreflexiven Diskurses. In: Linguistik online 24/3, 19–47.

Heinemann, Wolfgang/Viehweger, Dieter (1991): Textlinguistik. Eine Einführung. Reihe Germanistische Linguistik 115. Tübingen.

Hoefele, Joachim/Konstantinidou, Liana (2015): Förderung der Schreibkompetenz im Unterricht DaZ. In: Clalüna, Monika/Tscharner, Barbara (Hrsg.): Deutsch lohnt sich. DaF/DaZ und Schule, Studium und Beruf. Sondernummer Rundbrief AkDaF, Bern, 101–110.

Hoefele, Joachim/Konstantinidou, Liana (2016): Förderung der allgemeinen Schreibkompetenz an Berufsschulen: Prozessorientierte Schreibdidaktik zwischen DaM (Deutsch als Muttersprache) und DaZ (Deutsch als Zweitsprache). In: Kreyer, Rolf/Güldenring, Barbara/Schaub, Steffen (Hrsg.): Angewandte Linguistik in Schule und Hochschule. Neue Wege für Sprachunterricht und Ausbildung. Frankfurt/M., 135–163.

Koch, Peter/Oesterreicher, Wulf (1994): Schriftlichkeit und Sprache. In: Günther, Hartmut/Ludwig, Otto (Hrsg.): Schrift und Schriftlichkeit. Ein interdisziplinäres Handbuch internationaler Forschung. 1. Halbband. Berlin, 587–604.

Konstantinidou, Liana/Hoefele, Joachim/Kruse, Otto (2016): Assessing Writing in Vocational Education and Training Schools: Results from an intervention study. In: Göpferich, Susanne/Neumann, Imke (Hrsg.): Assessing and Developing Writing Skills F.A.L. Tübingen, 73–102.

Krekeler, Christian (2002): Das Ende der Zweitsprachendidaktik – Zweitsprachendidaktik am Ende? Grenzüberschreitungen im berufsvorbereitenden Deutschunterricht zwischen Muttersprachendidaktik und Zweitsprachendidaktik. In: Josting, Petra/Peyer, Ann (Hrsg.): Deutschdidaktik und berufliche Bildung. Baltmannsweiler, 62–78.

Kruse, Otto/Ruhmann, Gabriela (2006): Prozessorientierte Schreibdidaktik: Eine Einführung. In: Kruse, Otto/Berger, Katja/Ulmi, Marianne (Hrsg.): Prozessorientierte Schreibdidaktik. Schreibtraining für Schule, Studium und Beruf. Bern, 13–35.

Müller, Annette (2003): Deutsch als Zweitsprache in der Berufsausbildung: Sprachsoziologische Überlegungen, pädagogische Positionen und drei Bausteine zur Sprachförderung. Berlin.

Portmann-Tselikas, Paul R./Schmölzer-Eibinger, Sabine (2008): Textkompetenz. Fremdsprache Deutsch, (39). Verfügbar unter http://www.scribd.com/doc/24996544/Fremdsprache-Deutsch (Zugriff am 2.8.2010).

Rijlaarsdam, Gert/Braaksma, Martine (2008): Die Sache mit den „Schlemmy"-Riegeln. Beobachtendes Lernen: Ein Beispiel aus der Unterrichtspraxis. Fremdsprache Deutsch. In: Zeitschrift für die Praxis des Deutschunterrichts Textkompetenz 39, 23–27.

Schindler, Kirsten/Siebert-Ott, Gesa (2014): Schreiben in der Zweitsprache. In: Feilke, Helmuth/Pohl, Thorsten (Hrsg.): Schriftlicher Sprachgebrauch – Texte verfassen. Hohengehren, 195–215.

Schmiedek, Florian/Wolff, Julia K. (2010): Latente Wachstumskurvenmodelle. In: Wolf, Christof/Best, Henning (Hrsg.): Handbuch der sozialwissenschaftlichen Datenanalyse. Wiesbaden, 1017–1029.

Stalder, Barbara E./Schmid, Evi (2006): Lehrvertragsauflösungen, ihre Ursachen und Konsequenzen. Bildungsplanung und Evaluation der Erziehungsdirektion, Bern.

Settelmeyer, Anke/Erbe, Jessica (2010): Migrationshintergrund. Zur Operationalisierung des Begriffs in der Berufsbildungsforschung. In: Schriftenreihe des Bundesinstituts für Berufsbildung, Heft 112, Bonn.

Trim, John u. a. (2001): Gemeinsamer Europäischer Referenzrahmen für Sprachen: lernen, lehren, beurteilen. Hrsg. v. Europarat, Übersetzung v. Quetz, Jürgen/Schiess, Raimund/Skoeries, Ulrike/Schneider, Günther (Skalen). Berlin.

Corinna Peschel (Wuppertal)

Zur Rolle von Textprozeduren bei Schreibaufgaben der beruflichen Bildung

Abstract: In this paper the role of writing and learning to write in vocational training is discussed. Writing tasks should be contextualized and relate to real communication. Writers should be supported in developing writing routines. It will be argued that this can be achieved by focusing on functional elements of the text in question and the linguistic means to realize these functions, the so called "Textprozeduren". This approach is illustrated within the context of vocational training.

Einleitung

Im folgenden Beitrag soll ein didaktisches Konzept zur Schreibförderung für die berufliche Bildung vorgeschlagen und begründet werden, das das Schreiben als durch Routinisierung und den Ausbau schreibbezogener Prozeduren lernbar begreift. Zunächst stehen grundlegende Aspekte des Schreibens in der beruflichen Bildung im Fokus (Kapitel 1), daran anschließend die Frage, welche Schreibkompetenzen in beruflichen Kontexten relevant sein könnten. In diesem Rahmen werden Ideen des *Situierten Schreibens* vorgestellt und auf ihre Eignung für berufliches Schreiben hin befragt (Kapitel 2). In Verbindung mit situierten Schreibsettings wird versucht, das Konzept der Textprozeduren in Kombination mit einer Didaktik literaler Prozeduren für den entsprechenden Kontext zu präzisieren (Kapitel 3). Dafür wird zunächst ein kurzer Blick in berufsbezogene Curricula und Lehrwerke, anschließend auf die wenigen Veröffentlichungen zu Schreibanlässen in beruflichen Kontexten geworfen (4). In Kapitel 5.1 werden exemplarisch einige für die berufliche Bildung relevante Textprozeduren präsentiert, danach wird die Frage nach deren Vermittlung gestellt (5.2). In diesem Zusammenhang werden vor allem Konzeptionen und methodische Vorgehensweisen des Scaffoldings vorgeschlagen. Kapitel 6 schließt den Beitrag mit einem kurzen Fazit und einem Ausblick ab.

1. Schreiben in der beruflichen Bildung

Sprachliche bzw. kommunikative Kompetenzen und deren Förderung werden inzwischen in Kontexten der beruflichen Bildung in der Regel als zentral angesehen (siehe z. B. Grünhage-Monetti 2010; Efing 2015b). Für diese Sichtweise auf die

gestiegenen kommunikativen Anforderungen in Betrieben ist das folgende Zitat
von Grünhage-Monetti charakteristisch:

> „Es reicht heute nicht mehr aus, dass die Beschäftigten Arbeitsaufgaben einfach erfüllen,
> sondern sie müssen die damit in Verbindung stehenden Tätigkeiten auch gegenüber Dritten
> oder in schriftlicher Form kommunizieren können. […] Die Ergebnisse der aktuellen Be-
> fragung bestätigen, dass die Erwartungen an die kommunikativen Kompetenzen aller Mit-
> arbeiter (einschließlich der un- oder angelernten Mitarbeiter) infolge der technologischen
> und strukturellen Veränderungen am Arbeitsplatz stark gewachsen sind" (2010: 29 f.).

Im Beitrag steht das Schreiben in beruflichen Kontexten im Fokus. Auf norma-
tiver Ebene sind durchaus Klagen von Arbeitnehmern bezüglich der schriftsprachlichen Kompetenzen ihrer Auszubildenden dokumentiert. So zeigt eine
Untersuchung von Knapp et al. (2008) deutlich, dass die (künftigen) Arbeitgeber
Wert auf korrekten Sprachgebrauch legen. Einschränkend ist allerdings darauf
hinzuweisen, dass es sich hier um eine Reduktion der Vorstellung schriftsprachlicher Fähigkeiten auf sprachformale Aspekte, v. a. Orthografie und Grammatik,
handelt. Weder Einstellungen noch Aussagen über Kompetenzen können ohne
weiteres auf eher sprachfunktionale Aspekte wie etwa Textsortenangemessenheit
oder Kohärenz eines Textes übertragen werden.

Der Facharbeitskreis *Berufsbezogenes Deutsch* fasst die aktuelle Entwicklung
wie folgt zusammen:

> „Die Bedeutung der schriftlichen Kommunikation (Dokumentation, Arbeitsanweisungen
> etc.) in der Arbeitswelt nimmt zu – auch auf den ‚prekären‘ Arbeitsplätzen; den Text-
> sorten im Arbeitsalltag sind in der Regel sehr präzise berufliche Handlungen zugeordnet"
> (Facharbeitskreis Berufsbezogenes Deutsch 2008: 32).

Jakobs (2008) präzisiert, dass die Fähigkeit zu schriftsprachlicher Kommunikation vor
allem im Kundenverkehr und im Rahmen der „Möglichkeiten des beruflichen Auf-
stiegs" (2008: 2) relevant werde, konstatiert aber insgesamt auch: „In fast allen Berufen
wird relativ viel geschrieben. Das Spektrum beruflich gefragter Schreibkompetenzen
bewegt sich zwischen basalen und hoch elaborierten Fähigkeiten […]" (ebd.: 5).

2. Berufsbezogene Schreibkompetenzen und „Situiertes Schreiben"

Berufsspezifische Textsorten können sich teilweise erheblich von schulischen
unterscheiden (siehe etwa Becker-Mrotzek 2005: 75). Jakobs macht folgerichtig drauf aufmerksam, dass berufsspezifische Textsorten bzw. Schreibaufgaben
nicht einfach als beherrscht (weil in der Schule bereits erworben bzw. vermittelt)
vorausgesetzt werden können (ebd. 2008: 3 f.). Hier ist allerdings empirisch erst

noch genauer herauszuarbeiten, welche Schreibaufgaben tatsächlich in welchen beruflichen Kontexten regelmäßig absolviert werden (müssen). Bislang existieren zu dieser Fragestellung nur einzelne Arbeiten (siehe dazu Kapitel 4.3). Berufsbezogene Textsorten könnten generell als domänenspezifische Kombination und Ausdifferenzierung basalerer, schriftlich realisierter Sprachhandlungen aufgefasst werden. Wünschenswert im Sinne einer konsekutiven Ausbildung von Schreibkompetenzen wäre daher, dass bereits früh angelegtes grundlegendes Textmusterwissen später im Hinblick auf spezifische, im Beruf notwendige Textsorten ausdifferenziert und adaptiert werden kann. So können beispielsweise in der Schule Sachtextzusammenfassungen Aufgabe werden (siehe Berkemeier 2010). Die hier erforderliche Auswahl und Bewertung zentraler Propositionen eines Ausgangstextes und deren kohärente Zusammenstellung ist eine in vielen beruflichen Kontexten wichtige Kompetenz. Hier wären stärkere horizontale Kooperationen zwischen Berufskollegs und Arbeitsplatz wünschenswert, ebenso vertikale Abstimmungen zwischen den verschiedenen chronologischen Bildungsstationen – ganz im Sinne einer *Durchgängigen Schreibbildung*[1].

Versucht man, das Schreiben in beruflichen Kontexten näher zu charakterisieren, könnte man es gut als *Situiertes Schreiben* fassen (etwa im Sinne von Bräuer/ Schindler 2010). Im Fokus dieses Konzepts steht die Forderung nach einer stärkeren Berücksichtigung des Schreibkontextes. Schreibaufgaben sollten weiterhin nicht isoliert, sondern in Form von Schreibarrangements angeboten werden (vgl. Bräuer/Schindler 2010: 4).

Bachmann/Becker-Mrotzek (2010) betonen die Wichtigkeit profilierter Schreibaufgaben. Diese können unter folgenden Bedingungen lernförderliche Schreibprozesse anregen (vgl. ebd.: 195): Die Schülerinnen und Schüler müssen die Möglichkeit haben, die Funktion des zu schreibenden Textes zu erkennen und sich das für das Schreiben des Textes notwendige Wissen anzueignen (Weltwissen/inhaltliches Wissen zum Thema, aber auch Sprachwissen). Das Schreiben sollte in sozialer Interaktion stattfinden und die Verfasser sollten Gelegenheit haben, die Wirkung ihrer Texte zu erleben.

Leisen (2013) betont für das Schreiben im Fach, dass es bezogen auf eine Frage- bzw. Problemstellung den Wissensaufbau und die Wissensorganisation für eine entsprechende Problemlösung ermöglichen müsse. Entsprechende Aufgaben müssten dafür in zumindest quasi-authentische Situationen eingebettet wie auch so umfangreich sein, dass sie tatsächlich Schreibhandeln ermöglichen – sich also nicht auf Stichpunkte, das Ausfüllen von Lücken o. ä. beschränken.

---

1   Der Terminus ist angelehnt an die in der Mehrsprachigkeitsdidaktik in jüngster Zeit häufiger vertretene Forderung nach *Durchgängiger Sprachbildung*.

In der beruflichen Bildung bietet sich nun m. E. ein besonders geeignetes Umfeld für Situiertes Schreiben zur Förderung allgemeiner wie berufsspezifischer (schrift-)sprachlicher Kompetenzen. Ausgangspunkt ist dabei jeweils eine charakteristische und möglichst authentische berufsbezogene Handlungssituation oder Aufgabenstellung mit für diese Situation spezifischen sprachlichen Anforderungen. So ist etwa das Schreiben einer (Produkt-)Präsentation in vielen Berufen typisch, beispielsweise für den Einzelhandel, aber auch für andere Berufe, deren Leistungsspektrum etwa den Gebrauch von Materialien umfasst. Den generellen Merkmalen einer solchen Präsentation kann man sich zunächst branchenübergreifend annähern, um sie dann für einzelne Branchen zu spezifizieren. Genauso ist es – in umgekehrter Reihenfolge – möglich, aus mehreren sehr konkreten und spezifischen Aufgaben und Textexemplaren nach und nach auf allgemeinere, für das Textmuster generell typische Teiltexte und auf diese bezogene Schreibaufgaben zu schließen. Im Sinne einer *Durchgängigen Schreibbildung* müssen in diesem Sinne also sowohl *bottom up-* wie *top down-*Wege beschritten werden.

Das an Berufskollegs mittlerweile verbreitete Lernfeld-Konzept betont die Ausrichtung des Lernens an Handlungsorientierung und Situationsbezug (vgl. Sekretariat der Kultusministerkonferenz, Referat Berufliche Bildung Weiterbildung und Sport 2007: 17). Ausgangspunkt des Lernens sind berufliche Handlungsfelder, die möglichst die dort typischen Arbeits- und Geschäftsprozesse wiedergeben (ebd.). Die genaue Ausprägung der Lernfelder richtet sich nach dem jeweiligen Ausbildungsberuf. Beispiele in den Curricula zeigen, wie sich einzelne schriftliche Aufgaben in Lernfelder einfügen bzw. sich aus ihnen ergeben. So umfasst die Arbeit im Lernfeld „Das Einzelhandelsunternehmen repräsentieren" etwa das Erstellen einer Präsentation eines Betriebes und seiner Produkte (ebd.: 23). Fach- bzw. domänenbezogenes Lernen und (schrift-)sprachliches Lernen gehen im Lernfeldkonzept eine enge Verbindung ein. Der so angestrebte Lernprozess lässt sich durch explizite Unterweisung befördern, eine große Rolle spielt dabei aber auch eine fortschreitende Erfahrung und Routinisierung, gerade wenn es um eine typische Umsetzung von kommunikativen Aspekten des Handlungsumfeldes in schriftliche Teilleistungen geht. Aus diesem Grund wird im nächsten Kapitel der Ansatz der Textprozeduren näher beleuchtet und auf seine Eignung zur Unterstützung berufsbezogenen Schreibens hin untersucht.

3. Textprozeduren im Bereich berufsbezogenen Schreibens

3.1 Definitorisches

Elemente der textuellen Oberfläche werden in diesem Ansatz als Reflexe von, aber auch Indices für Handlungsschemata aufgefasst (siehe Feilke 2012, 2014, 2015). Textprozeduren sind demnach

„sprachlich routinehafte Komponenten des Textaufbaus. Sie liegen als Prozeduren zwischen Prozess und fertigem Produkt und sie koppeln textliche Handlungsschemata semiotisch mit einem konventionell begrenzten Spektrum von Prozedurenausdrücken. [...] Textprozeduren sind komplexe Zeichen, die durch die Einheit von Handlungsschemata [...] und Prozedurenausdruck [...] gebildet werden" (Feilke 2015: 62).

Prozeduren beziehen sich auf Einheiten von Teiltextgröße. Didaktisch bedeutsam ist die Annahme, dass diese Kombinationen durch Routinisierung erwerbbar und lernbar sind.[2] Die folgende Grafik verdeutlicht den Zusammenhang von zu realisierenden Textsorten, diese konstituierenden Texthandlungstypen und Textprozeduren, die wiederum eine Kombination der beiden Bestandteile Handlungsschemata und Prozedurenausdrücke darstellen.

Abbildung 1: Textsorte, Texthandlung, Textprozedur (Feilke 2014: 26)

		Textprozeduren	
A) Textsorte	**B) Texthandlungstyp** (elementar, sortenbezogen)	**C) Handlungsschema**	**D) Prozedurausdrücke**
Privater Brief *(Schulaufsatz)* *(Kommentar)* *(Wiss. Artikel)* *(etc.)*	Argumentieren *(Anrede)* *(Vorstellung)* *(etc.)*	Positionieren	*Ich finde, dass...* *meiner Meinung nach...* *meines Erachtens* *m.E.*
		Begründen & Schließen	*weil...* *deshalb, aus diesen Gründen, infolgedessen, ...*
		Konzedieren	*Zwar ..., aber ...; einerseits ... andererseits ...; wenn auch ..., so doch ...*
		Modalisieren	*möglicherweise, ggf.* *könnte man ja vielleicht ...,* *wäre zu überlegen ob, ...*

Textprozeduren erscheinen hier als domänenspezifisch und können für Schreiber Texthandlungstypen indizieren, Teiltexte und sogar ganze Textsorten in typischer Weise prägen (Feilke 2012). Voraussetzung für ein Erkennen des entsprechenden

---

2 In der Schreibforschung ist der Prozeduren-Begriff zunächst von Baurmann/Weingarten (1995) verwendet worden. Mit Prozeduren bezeichnen sie „stabilere Schreibroutinen oder `Programme´" (ebd.: 8). Es sind „mehr oder weniger stabile kognitive Gegebenheiten (das Schreibwissen), die einzelne Schreibprozesse hervorbringen" (ebd.: 14).

Zusammenhanges ist vor allem „implizites, durch rezeptive Spracherfahrung erworbenes sprachliches Wissen" (Rotter/Schmölzer-Eibinger 2015: 76). Sind Prozeduren erworben, stehen sie „beim Schreiben als Bausteine einer Texthandlung zur Verfügung und bilden ein Gerüst, das Handlungsoptionen selektiert und das Formulieren erleichtert" (ebd.: 77). Eine solche Sichtweise ermöglicht es, den komplexen Schreibprozess entlang der einzelnen einen Gesamttext ausmachenden Handlungsschemata zu *portionieren*. Didaktische Aufgabe ist das Verfügbarmachen von Textprozeduren, da man nicht davon ausgehen kann, dass alle Schülerinnen und Schüler über entsprechende Routinen verfügen. Methodische Vorschläge für eine mehrschrittige explizite Fokussierung von Textprozeduren – und hier besonders der Prozedurenausdrücke – unterbreiten Rotter und Schmölzer-Eibinger (2015). Sie machen auch darauf aufmerksam, dass die entsprechenden sprachlichen Mittel in der Schule nicht nur in geschriebenen Texten, sondern prinzipiell auch in der – zumindest teilweise konzeptionell schriftlichen – Unterrichtskommunikation vorkommen können. Möglichkeiten der Routinisierung von Prozeduren ergeben sich für die Lernenden damit neben dem Umgang mit Texten teilweise auch im Unterrichtsgespräch.

3.2 Textprozeduren in der beruflichen Bildung?

Umfang und genauer Charakter der Textprozeduren müssten für den unterrichtlichen Einsatz noch genauer spezifiziert werden. Nach Feilke können sie „lexikalisch als Kollokationen, syntaktisch als grammatische Konstruktionen und textlich als Makroroutinen auftreten" (ebd. 2012: 11). Eine zentrale Aufgabe ist es, für verschiedene Kontexte jeweils relevante Textprozeduren herauszustellen und genau zu bestimmen. Hier bietet sich vor allem die Herausarbeitung von begrenzten Handlungsschemata in verschiedenen wiederkehrenden Texthandlungstypen an, denen die Schülerinnen und Schüler dann entsprechende Ausdrücke aus ihrer Spracherfahrung, aber auch aus im Unterricht zu besprechenden Beispieltexten zuordnen und diese dann anwenden und transferieren können. Der Vorteil dieser Arbeitsrichtung liegt darin, den Handlungsbezug als Ausgangspunkt zu nehmen und auf diese Weise das Lernen entsprechender (schrift-)sprachlicher Mittel für die Schülerinnen und Schüler zu funktionalisieren (siehe Hoefele/Konstantinidou/Weber, in diesem Band). Im Falle stark standardisierter zu schreibender Texte ist auch der Weg von wiederkehrenden sprachlichen Mitteln zu den Funktionen, die mit ihnen erreicht werden sollen, möglich. Vorteil hierbei ist, dass die Lernenden mit ihnen bislang wenig bekannten sprachlichen Mitteln konfrontiert werden, denen sie in beruflichen Kontexten dann häufig begegnen werden. Die

Beherrschung von Prozeduren bedeutet damit über die einzelne Aufgabe hinaus transferierbare Kompetenzen.

Für die Lehrenden kann der Ansatz einen Orientierungsrahmen für die Auswahl von Schreibaufgaben im Unterricht bieten. Er kann Lehrenden einen domänenspezifischen Blick auf Schreibförderung eröffnen, auch außerhalb des Faches Deutsch/Kommunikation. Prozeduren könnten demnach eine Brückenfunktion einnehmen zwischen einer Beschränkung auf das Antrainieren des „berufsspezifischen Fachjargons" (Grundmann 2008 b: 6) und dem Auf- und Ausbau einer umfassenden sprachlichen Handlungskompetenz.

Textprozeduren sind am besten als Repertoire und offenes System zu begreifen. Um aber nicht beliebig zu werden, sollten die Prozeduren innerhalb der einzelnen Handlungsschemata zum einen danach systematisiert werden, wie ein-eindeutig sie einem bestimmten Schema zugewiesen werden können. Zweitens sollte danach klassifiziert werden, wie deutlich die Mittel das entsprechende Schema indizieren. Dies hängt zum einen mit dem Umfang des sprachlichen Ausdrucks zusammen, zum anderen auch mit einer eventuellen Markiertheit für ein spezielles Register oder eine spezifische Domäne (etwa eine bestimmte Branche). Um eine mechanische Anwendung zur Verfügung gestellter sprachlicher Mittel zu verhindern, müssen gerade solche Aspekte Gegenstand der Diskussion und Reflexion der Lerner werden.

4. Zur Ermittlung relevanter schriftlicher Handlungskontexte und entsprechender Textprozeduren in der beruflichen Bildung

Will man sich nun einer Aufstellung relevanter Handlungstypen und Textprozeduren in Berufskollegs annähern, ist es hilfreich, zunächst einen exemplarischen Blick in Curricula einzelner Berufsfelder zu werfen und zu eruieren, welche Arten von Schreibaufgaben dort regelmäßig vorgesehen sind.

4.1 Schreiben in ausgewählten Curricula des Berufskollegs

Der „Bildungsplan zur Erprobung für Fachklassen des dualen Systems der Berufsausbildung, die zum Berufsschulabschluss und zur Fachoberschulreife führen, Fachbereich: Technik/Naturwissenschaften, Fach Deutsch/Kommunikation" zeigt zunächst die wichtige Rolle schriftlicher Kommunikation, gibt aber auch erste Beispiele für a) eher institutionsspezifische schriftliche Leistungen (Berichtsheft, Bewerbungsmappe) wie auch für b) berufs-, aber noch nicht branchenspezifische Texte (Mitarbeiter-Information). Bei der Führung des Berichtshefts werden vor allem normative Aspekte des Schreibens wie „grundlegende orthografische, syntaktische und semantische Regeln" (ZF 1) betont. Sehr deutlich werden beim Schreiben außerhalb des Berichtshefts aber auch schreibprozessbezogene Komponenten wie das Erstellen eines Schreibplans und einer Stoffsammlung, das bewusste Durchdringen der zu schreibenden Textsorte, das dementsprechende Gliedern des Textes sowie das Anwenden erlernter Schreibstrategien. Diese Aspekte werden exemplarisch auf berufsbezogene Textsorten (z. B. Mitarbeiterinformationen, Bewerbungsmappe) bezogen. Die Funktionalität einzelner Teiltexte und zugehörige Prozeduren rücken hier aber (noch) nicht in den Fokus.

Dies sieht im zweiten Beispiel, einem Ausschnitt aus dem Lehrplan Berufskolleg NRW Einzelhandelskauffrau/-mann, Fach Deutsch/Kommunikation (Ministerium für Schule, Jugend und Kinder des Landes Nordrhein-Westfalen 2004), graduell anders aus: Im Bereich „Texte erstellen und präsentieren" wird gefordert, dass die Lernenden vor allem „Texte sprachlich richtig, sach-, intentions-, situations- und adressatengerecht formulieren" können sollen. Auch hier verdeutlicht ein Hinweis auf das Überarbeiten von Texten eine prozessbezogene Komponente. Im berufsbezogenen Lernbereich werden die folgenden Kompetenzen genannt: „kaufmännische Korrespondenz beherrschen (LF 6, LF 7, LF 14), Gestaltungskriterien für Direktmailings entwickeln und umsetzen (LF 5,LF 12), Projekte dokumentieren und präsentieren (in allen LF)". Gut zu erkennen ist hier, dass der Lernfeldbezug der dualen Ausbildung konkretere Textsorten- und Handlungsbezüge ermöglicht. In der Umsetzung des Lehrplans wäre nun zu präzisieren, welche funktionalen Textbausteine hier anfallen, welche Prozeduren also beispielsweise für das Dokumentieren eines Projekts oder das Präsentieren von Arbeitsergebnissen notwendig sind und welche sprachlichen Mittel dafür charakteristisch sind und benötigt werden.

4.2 Lehrwerke – Beispielanalysen von Schreibaufgaben/ Schreibarrangements

Ein exemplarischer Blick in Lehrwerke der beruflichen Bildung lohnt, um dort Schreibaufgaben, Wege ihrer Situierung und die Zuordbarkeit von Textprozeduren zu untersuchen. Das Beispiel entstammt einem Lehrbuch für Maler und Lackierer aus dem Jahr 2014. Am Ende der Einheit steht eine schriftliche Zusammenstellung für einen Farbentwurf, eine im Bereich Malerei/Lackiererei typische Angebots-Textsorte. Die Aufgabe wird inhaltlich in mehreren Teilschritten vorbereitet und die abschließende Aufgabe damit (zumindest inhaltlich) vorentlastet. Die Lernenden sollen zunächst Farbmuster aussuchen, dann die Kriterien notieren, die die Farbauswahl beeinflussen, und sie begründen, ein Farbmuster anlegen und die Auswahl der Farben begründen, Beschichtungsstoffe wählen und dies wiederum begründen. Diese Zwischenschritte können stichpunktartig von den Lernenden erledigt werden. Am Ende der Einheit sollen nun die Argumente für den Farbentwurf schriftlich zusammengestellt werden. Kriterien, wie eine solche Zusammenstellung sprachlich zu erledigen wäre, gibt es keine.

Abbildung 2: Beermann et al. (2014: 148). Fachbuch Maler/-innen und Lackierer/-innen, S. 148

148 Farbe

KUNDENAUFTRAG Oberflächen von Bauwerken gestalten

passend zu Lernfeld 4: Oberflächen gestalten
Lernfeld 8: Oberflächen und Objekte gestalten
Lernfeld 10: Fassaden gestalten

1. Vorstellung
Für dieses Wohnhaus soll für einen Kunden ein Farbmuster für Fassade, Fenstereinfassungen, Sockel und Treppenhaus erstellt werden. Bei der Gestaltung müssen Wahrnehmung und Wirkung der Farben berücksichtigt werden. Es werden Farbmuster als Vorlagen angelegt. Sie dienen auch als Entscheidungshilfen für den Kunden. Erstellen Sie ein Farbmuster für Fassade, Fenstereinfassungen, Sockel und Treppenhausaufgang.

Zustand der Fassade:
• Altbeschichtung teilweise verschmutzt
• gute Haftfähigkeit der Altbeschichtung
• Putzoberflächenrisse (Haarrisse)

2. Foto

3. Planung
Erstellen Sie ein Farbmuster für Fassade, Fenstereinfassungen, Sockel und Treppenhausaufgang.

4. Informationsbeschaffung
Listen Sie Kriterien auf, die die Farbgestaltung beeinflussen. Begründen Sie Ihre Auswahl.

5. Farbmuster anlegen
Erstellen Sie Farbmuster auf einem DIN-A4-Blatt für die Bereiche Fassade, Fenstereinfassungen, Sockel und Treppenhausaufgang. Begründen Sie Ihre Auswahl.

Fassade	
Fenster-einfassungen	
Treppenhaus-aufgang	
Sockel	

MUSTER

6. Beschichtungsstoffe
Listen Sie auf, welche Beschichtungsstoffe geeignet sind. Wählen Sie ein Beschichtungssystem für diese Oberflächen aus. Begründen Sie Ihre Wahl.

7. Kundenvorschlag
Stellen Sie Argumente für Ihren Farbentwurf schriftlich zusammen.

Vieles des bislang Gesagten lässt sich hier beispielhaft zeigen: Zunächst kann man erkennen, dass Schreiben im Berufsfeld zukünftiger Maler und Lackierer durchaus eine große Rolle spielt: Es muss eine relativ komplexe Textsorte bewältigt werden, die typisch für das alltägliche Berufsleben ist. Ebenso kann man sehen, dass solche Schreibaufgaben in die entsprechende berufliche Ausbildung aufgenommen werden; das Schreiben wird – zumindest laut Lehrwerk – an Berufskollegs eingefordert. Sehr deutlich ist der Handlungsbezug der Schreibaufgaben, auch wenn er in den Aufgabenstellungen expliziter hätte gemacht werden können. Die Situierung der Schreibaufgabe ist zu erkennen, auch wenn es sich um simulierte Kommunikation handelt. Zuletzt ist auch die Zusammenstellung von Teil-Schreibaufgaben in einem Arrangement oder Schreibsetting zu sehen. Texthandlungstypen sind nicht benannt. Neben dem Argumentieren (das dann durch das Begründen in den Aufgaben spezifiziert wird) spielt hier auch das Beschreiben der vorgeschlagenen Produkte eine zentrale Rolle. Von den für die Realisierung der Schreibaufgaben notwendigen Handlungsschemata ist das Begründen genannt, auch wenn ein fertiger Entwurf für einen Kunden sicherlich weitere Schemata enthalten müsste, wie etwa das Positionieren (z. B. auf Seiten einer Farbkombination oder bestimmter Beschichtungsstoffe) oder evtl. das Konzedieren. Sprachliche Mittel zum Realisieren der Schemata fehlen. Im Sinne einer auf Prozeduren ausgerichteten Didaktik hätte hier deutlicher auf die funktionalen Teile eines Farbentwurfs verwiesen werden müssen. Weiter hätten sprachliche Mittel zur Verfügung gestellt werden können. Gerade im Bereich des Begründens gibt es ja bereits einige solcher Zusammenstellungen (s. o.). Inhaltlich ist die Schreibaufgabe am Ende also zwar vorbereitet, auf der textfunktionalen Ebene wie auf der der konkreten sprachlichen Mittel fehlt es hier allerdings an Unterstützung.

Im Sinne des Prozedurenkonzeptes müsste hier also zum einen eine Aufgliederung in Sprachhandlungen erfolgen, die durch die Teiltexte realisiert werden. Zum anderen sollten beispielhaft sprachliche Mittel für die Realisierung der Handlungen mit den Schülerinnen und Schülern zusammengestellt und/oder angeboten werden.

4.3 Schreibbedarfe in beruflichen Kontexten

Um Schreibaufgaben aus Curricula und in Lehrwerken wirklich beurteilen zu können, müsste man wesentlich mehr über tatsächliche, sozusagen *vor Ort* ermittelte schreibbezogene Anforderungen wissen, als es momentan noch der Fall ist. Nach Efing/Häußler (2011) müssen die dort untersuchten Auszubildenden in

Baden-Württemberg rezeptiv und produktiv v. a. mit folgenden Textsorten und Darstellungsformen umgehen können: Berichten, Listen, Tabellen, Zeichnungen, Kurznotizen, Bedienungsanleitungen sowie kleinen Fließtexten in Katalogen, Sicherheitshinweisen, Unterweisungen, Fachbüchern (wie Tabellenbüchern). Die Verwendung dieser Textsorten dient hauptsächlich der Dokumentation von Arbeitsaufträgen und deren Ausführung. Sie stellen keine besonders hohen Anforderungen an die produktive Kompetenz der Auszubildenden, eher an die rezeptive.

Erhebungen an der RWTH Aachen zeigen hingegen ausgesprochen vielfältige und unterschiedliche berufliche Schreibanlässe, dies vor allem in Abhängigkeit von Berufsfeld und Position (Jakobs 2007). Umfangreichere schriftliche Aufgaben scheinen gerade für Führungspositionen charakteristisch. Dies bedeutet umgekehrt, dass mangelnde schriftsprachliche Kompetenzen ein Faktor sein könnten, der beruflichen Aufstieg verhindert. Jakobs macht unter Bezug auf Studien in einzelnen Berufen bzw. Berufssparten deutlich, dass diese auch deutlichen Einfluss auf Menge und Art des zu Schreibenden nehmen. So zeigen sich z. B. bei Ingenieuren und Ärzten sehr hohe Schreibaufkommen (ebd.: 32 f.). Auch die Bandbreite an erforderlichen Textsorten variiert, wie Jakobs an den Beispielen Krankenhausarzt und Polizei zeigt (ebd.).

Insgesamt gibt es erst wenige Erhebungen schriftlicher Anforderungen in Berufskollegs und an Arbeitsplätzen, vor allem auch Untersuchungen zu einer etwaigen Passung der jeweiligen Schreibszenarien in der Ausbildung und tatsächlichen Schreibaufgaben in späteren beruflichen Tätigkeiten. Es gibt ebenfalls wenig systematische Berührungspunkte zwischen der Erhebung von Schreibbedarfen und didaktischen Vorschlägen zu ihrer Vermittlung (Jakobs 2008). Eine didaktische Konzeption zum berufsbezogenen Schreiben ist hier dringend vonnöten, da sich zeigt, dass schriftsprachliche Kompetenzen nicht nur bei der späteren Bewältigung beruflicher Anforderungen notwendig sind, sondern vielfach bereits in den Prüfungen, die zum Abschluss an berufsbildenden Schulen führen. Wie Efing und Janich (2007) zeigen, scheitern viele Berufsschülerinnen und -schüler bereits hier, da ihnen notwendige (auch) sprachliche Qualifikationen fehlen. Die Schulen – auch die Berufskollegs – haben hier also unbedingt eine Aufgabe als eine Instanz innerhalb einer umfassenden *durchgängigen Schreibbildung*. Sinnvoll wären didaktische Konzepte, die die graduelle Ausbildung schriftlicher Teilkompetenzen im Sinne von Modulen funktionalen berufsbezogenen Schreibens vorantreiben können. Hier erscheint das Prozedurenkonzept passend.

5. Förderung von Textprozeduren in beruflichen Kontexten

In einem ersten Schritt werden nun Hinweise zur Ermittlung charakteristischer Textprozeduren in berufs- bzw. branchentypischen Textsorten gegeben (5.1.). Anschließend werden Aspekte der methodischen Vermittlung der ermittelten Prozeduren genannt (5.2.).

5.1 Ermittlung relevanter Textprozeduren

Eine Erhebung von für die berufliche Bildung besonders relevanten Textsorten könnte und müsste einerseits von den tatsächlichen sprachlichen Anforderungen ausgehen, die in den einzelnen Berufen bestehen. Diese liegen allerdings erst in wenigen Einzelfällen vor (siehe Kapitel 4.3). Es hat sich in einigen Arbeiten gezeigt, dass es neben ausgesprochen berufsspezifischen schriftlichen Aufgaben (siehe Jakobs 2007, etwa zu Ärzten) auch branchenübergreifende schriftsprachliche Anforderungen gibt, die typisch sind für a) das Schreiben am Arbeitsplatz oder b) das Schreiben in der berufsbezogenen Ausbildung. So zeigt Efing 2010, dass sich die Schreibanforderungen in den vier von ihm untersuchten beruflichen Ausbildungsfeldern wenig unterscheiden. Für die schulische Ausbildung kommen neben dem konkreten Berufsbezug noch allgemeine Schreibkompetenzen hinzu, wie etwa die Fähigkeit zur Kohärenzerzeugung oder zum Perspektivwechsel (siehe Becker-Mrotzek et al. 2012). Letztere sind vor allem Angelegenheit des Faches Kommunikation/Deutsch bzw. des berufsübergreifenden Lernbereichs. Branchenspezifische Schreibkompetenzen haben ihren vorrangigen Ort im berufsbezogenen Unterricht. Hier spielen stärker fachbezogene Kommunikationsmittel eine Rolle, was sich vor allem, aber nicht nur, auf die Lexik der zu schreibenden Texte bzw. Textsorten und damit auf die spezifische *Füllung* der Prozeduren auswirkt, vermutlich weniger prinzipiell auf eine von anderen Berufen gänzlich verschiedene Auswahl von Texthandlungstypen. So gilt etwa für viele technische Berufe, dass Arbeitsabläufe und/oder -ergebnisse dokumentiert werden müssen. Im kaufmännischen Bereich bzw. im Handel ist es wiederum häufig wichtig, Produkte oder Ideen potentiellen Kunden präsentieren zu können.

Die Präsentation eines Farbvorschlags in Kapitel 4.2 lässt sich schwerpunktmäßig einem Texthandlungstyp wie *Präsentieren* oder *Anbieten* zuordnen. Dem Konzept der Textprozeduren entsprechend käme es jetzt darauf an, diesen Texthandlungstyp in die für ihn konstitutiven Handlungsschemata zu zerlegen und die diesbezüglichen Schreibaufgaben auf diese Weise zu *portionieren*. Hierzu würde etwa das beschreibende Darstellen der präsentierten Produkte gehören, das Begründen der Auswahl der Produkte oder Ideen, aber vermutlich auch das

Konzedieren, um sich gegen mögliche Einwände abzusichern. Diese Handlungs-schemata können innerhalb eines Textes auch mehrfach auftreten, im obigen Fall etwa dann, wenn neben den Farben auch die Auswahl der Beschichtungs-stoffe dargestellt und begründet werden muss. Den einzelnen Handlungsschemata sollten nun Prozedurenausdrücke zugeordnet werden. Für das Konzedieren aus-gesprochen typisch ist eine *zwar, aber*-Konstruktion, die den Lernern angeboten werden kann und die diese dann für unterschiedliche Kontexte und Produkte lexikalisch ergänzen und spezifizieren können. Für das Beispiel des Farbentwurfs könnte eine Variante etwa heißen: „… die vorgeschlagenen Farben etc. sind zwar etwas teurer als xy, sind aber dafür langlebiger …". Für das Begründen im Text benötigen die Lerner sowohl sprachliche Mittel für das Konstruieren eines kausa-len Zusammenhangs (z. B. *weil, deshalb* etc., siehe oben unter 3.1 die Aufstellung von Feilke) wie lexikalische Mittel zu seiner Füllung.[3]

Man sieht schon an diesem Beispiel, dass sich Textprozeduren auf der einen Seite in einem Texthandlungstyp bzw. einer Textsorte auf typische Weise kom-binieren, sie auf der anderen Seite aber wie Bausteine auch in anderen Hand-lungstypen in anderen Kombinationen vorkommen können. So wäre z. B. auch in Gesuchen eine begründende Teilhandlung mit entsprechender sprachlicher Umsetzung nötig etc. Man hätte also einen modular verwendbaren Bestand funk-tionaler Bausteine zur Verfügung, der über eine normative Auflistung (angeb-lich) typischer Textsortenmerkmale hinausgeht und einen flexiblen funktionalen Einsatz sprachlicher Mittel bzw. Bausteine in Schreibaufgaben ermöglicht. Die Lerner erhalten somit Hinweise auf Elemente von Textmustern, die sie als Rah-men für weitere Textproduktionen nutzen und branchen- wie themenspezifisch adaptieren, variieren und mit Inhalten füllen können. Demzufolge sollten Lerner also neben den deutlich branchenspezifischen Bezeichnungen für Materialien vor allem sprachliche Hilfen für die Realisierung einzelner Handlungsschemata erwerben: z. B. Konjunktionen, Adverbien oder Phrasen. Eine solche Vermittlung sollte die sprachlichen Mittel als differenzierte Elemente eines offenen Repertoires behandeln; sie liefert also Form-Funktions-Zusammenhänge bzw. lässt diese von den Schülern entdecken und ihre Grenzen diskutieren. Es muss aber auch deutlich werden, dass nicht alle in einem Text möglichen Handlungsschemata unbedingt mit bestimmten lexikalischen Mitteln ausgedrückt werden müssen, sondern auch implizit bleiben können.

---

3   Die Kombination entspricht in etwa der für den Textwortschatz vorgenommenen Unterscheidung in thematischen und funktionalen Wortschatz (vgl. etwa Steinhoff 2011, in Anlehnung an Gloning).

5.2 Möglichkeiten zur Vermittlung von Prozeduren

Typische Verbindungen von Formen und Funktionen, wie es Textprozeduren sind, erwirbt man einerseits implizit durch Erfahrung und häufigen Gebrauch. Berufsrelevante Texte zu schreiben lernt man demnach am besten, indem man solche Texte möglichst häufig liest und schreibt. Dies gilt besonders für schreib- und lesestarke Schülerinnen und Schüler, die entsprechende literale Erfahrungen gemacht haben und auch schnell in der Lage sind, wiederkehrende Form-Funktions-Zusammenhänge zu erkennen und zu (re)konstruieren. Für andere Schülerinnen und Schüler dürfte jedoch eine stärkere Fokussierung der relevanten Zusammenhänge notwendig sein. In Anlehnung an Ellis legen Rotter/Schmölzer-Eibinger (2015: 80) dar, dass Aufmerksamkeit der entscheidende Faktor sei, der es ermöglicht, sprachlichen Input so zu verarbeiten, dass er in das (implizite) Wissen der Lerner übergeht, da sie dazu führen kann, Form-Funktions-Zusammenhänge handlungsleitend zu fokussieren.

Ein relativ sicherer Weg, die Aufmerksamkeit der Lerner auf sprachliche Phänomene zu lenken, ist, die zu schreibenden Texte in der Lerngruppe oder in Teilen davon zum gemeinsamen Thema zu machen (vgl. auch Rotter/Schmölzer-Eibinger 2015: 85 f.). Auf diese Weise können Aushandlungsprozesse angeregt werden, die die Eignung sprachlicher Mittel für bestimmte kommunikative Aufgaben, Texte und Textteile betreffen. Basis dieser Aushandlungen können fremde Texte (im Sinne von Mustertexten) oder von den Lernenden selbst geschriebene Texte sein. Aus diesen können die Schülerinnen und Schüler in Gruppen herausarbeiten, aus welchen sprachlichen Teilhandlungen der Text zu ihrer Schreibaufgabe bestehen soll und warum. Anschließend kann untersucht werden, in welcher Art und Weise die entsprechenden Handlungsschemata konkret sprachlich realisiert werden können.

Hier setzen Vorschläge des *kooperativen Schreibens* an. Ergiebig für einen Einblick in funktionale Unterschiede zwischen den einzelnen sprachlichen Varianten wäre ein Vergleich der in verschiedenen Gruppen erstellten (Teil-) Textvarianten. So kann für die Schülerinnen und Schüler einsichtig werden, welche sprachliche Realisierung einzelner Prozeduren wann wie wirkt. Eine Gruppe hat etwa die begründenden Teile deutlich länger und expliziter gestaltet als eine andere – und die Schülerinnen und Schüler können den Effekt dieses Unterschieds untersuchen. Eine andere Gruppe hat explizit ein konzedierendes Element eingebaut (s. o.). Neben der Gewichtung der Handlungsschemata kann man, etwa in Verabsolutierungsexperimenten, ebenfalls untersuchen, wie unterschiedliche sprachliche Realisierungen desselben Handlungsmusters wirken. So könnten z. B. in einem Text alle begründenden Passagen explizit kausal mit *weil* oder *da* markiert sein, in einem anderen eher schlussfolgernd mit *deshalb*, in einem dritten bleiben die kausalen Relationen implizit. An den gefundenen Unterschieden lassen sich funktionale Differenzierungen der sprachlichen Mittel im Vergleich erkennen.

Ähnliche Gedanken finden sich in Variationen des *Scaffolding-Konzepts* (vgl. Kniffka 2010 oder Gibbons 2002, 2006). In vielen konkreten Umsetzungsvorschlägen für das Scaffolding ist der Zielpunkt die selbstständige Produktion eines Textes, die in mehreren Schritten systematisch sprachlich unterstützt wird. Ein zentrales didaktisches Element ist dabei die Ko-Konstruktion von Texten zunächst in Lernergruppen (vgl. Gibbons 2002). Auch das Scaffolding sieht eine Kombination aus unkommentierter Präsentation notwendiger sprachlicher Mittel und Bewusstmachung ihrer (aufgabenbezogenen) Leistung vor, über die sich die Lerner austauschen sollen.

Prinzipiell sind im Rahmen des Scaffoldings mehrere Vorgehensweisen denkbar: Zu schriftlichen Realisierungen hinführend kann zunächst von einer mündlichen Bearbeitung von Aufgaben ausgegangen werden. Daran anschließend erstellen die Lernenden erste Teiltexte in kooperativen Schreibsettings. Diese werden dann zwischen den Gruppen verglichen. Zuletzt sollen komplette Textversionen in Einzel- oder Partnerarbeit erstellt werden. Zwischen den Schritten können sprachliche Mittel immer stärker werdender bildungssprachlicher Prägung zur Verfügung gestellt werden. Auf das obige Beispiel des Farbentwurfs übertragen könnte das so aussehen: Die Lernenden überlegen zunächst in Gruppen, wie man einen Farbentwurf für potentielle Kunden erstellen könnte und welche Textelemente dafür nötig sind. In den Gruppen werden dann konstitutive Bestandteile des Entwurfs, wie die Beschreibung der Materialien, die Begründung für eine bestimmte Auswahl, ein etwaiges Konzedieren möglicher (z. B. preislicher) Hürden erstellt. Dabei werden einerseits sprachliche Mittel für die Realisierung der entsprechenden Handlung, andererseits die themengebundenen lexikalischen Elemente zur Verfügung gestellt bzw. gemeinsam gesammelt. In dieser Phase kann dann diskutiert werden, wie die entsprechenden Teile wann und warum am günstigsten sprachlich gestaltet werden müssten. Zum Schluss erstellt jeder Lernende seinen eigenen Text.

Ein zweiter für das Scaffolding typischer Weg zur eigenen Textproduktion geht von Mustertexten und dem folgenden graduellen Abbau sprachlicher Hilfen aus. Mustertexte werden zunächst als typische Exemplare einer Textsorte präsentiert; etwa in aufbereiteter Form, in der die verschiedenen Textteile typografisch voneinander abgesetzt und evtl. auch benannt worden sind. Die Funktionen von Darstellung, Begründung und Konzedierung in unserem Beispiel des Farbentwurfs könnten auch mit Fragen signalisiert werden, z. B.: Welche Materialien werden zum Kauf vorgeschlagen? Aus welchen Gründen? ... Auch lexikalische Mittel für den konkreten Text werden vorgegeben. Eine Schreibaufgabe wird nun in ein Schreibarrangement mit mehreren ähnlichen Texten einer vergleichbaren Textsorte gesetzt. Bei jeder nachfolgenden Aufgabe werden die Vorgaben reduziert, zunächst um die spezifische lexikalische Füllung, dann um die Kommentare zu den Teiltexten und ihren Funktionen, dann um die Prozedurenausdrücke für die einzelnen Teilhandlungen – bis die Lernenden am Schluss einen Entwurf ohne Hilfe schreiben müssen.

Die angebotenen Mittel dürfen nicht als normative Formulierungsvorgaben betrachtet werden, sondern als funktionale sprachliche Versatzstücke. Es muss für die Lernenden möglich sein, die angebotenen Strukturen in ihrer Funktion für Teiltexte zu erkennen und für andere Texte zu adaptieren. Nicht alle sprachlichen Mittel eignen sich als Prozedurenausdrücke in gleicher Weise, da sie unterschiedliche Grade funktionaler Prägung aufweisen. Es bietet sich also an, bei der Bearbeitung mit besonders salienten und funktional recht eindeutig zuordbaren Mitteln einzusteigen. Weiterhin sollte zwischen solchen Mitteln, die Handlungsschemata indizieren (also Prozedurenausdrücken), und solchen, die eher inhaltlich auf das Thema des Textes Bezug nehmen, deutlich unterschieden werden.

6. Zusammenfassung und Ausblick

In diesem Beitrag wurde zunächst für die Wichtigkeit der Ausbildung von Schreibkompetenzen in beruflichen Kontexten plädiert. Um diese bereits in der schulischen und beruflichen Ausbildung zu entwickeln, wurde das Konzept des *Situierten Schreibens* ausgewählt und dessen Eignung für berufliche Kontexte hervorgehoben. Der Situierung wurde das Konzept der Textprozeduren an die Seite gestellt, das auf Grund seines Handlungsbezuges und seiner Möglichkeiten der modularen Adaptierbarkeit auf konkrete Schreibaufgaben eine gute Konkretisierung des *Situierten Schreibens* zu sein scheint. Als didaktisch-methodische Möglichkeit der Umsetzung wurden Elemente der Literalen Didaktik und des Scaffolding-Ansatzes kombiniert, die konkrete Wege der sprachlichen Unterstützung auf dem Weg zu geschriebenen Texten vorsehen. Aufgabe der didaktischen Forschung muss sein, systematisch tatsächliche Schreibanforderungen in beruflichen Kontexten zu eruieren. Auf dieser Basis könnte das Prozedurenkonzept in Richtung auf ein Inventar für berufsbezogene Textsorten präzisiert werden, um dann jeweils ein Repertoire an funktionalen sprachlichen Varianten zu diskutieren. Für die konkrete methodische Umsetzung sollten sowohl eher implizite wie auch stärker bewusstseinsnahe Wege der Vermittlung eine Kombination eingehen.

Literatur

Bachmann, Thomas/Becker-Mrotzek, Michael (2010): Schreibaufgaben situieren und profilieren. In: Pohl, Thorsten/Steinhoff, Torsten (Hrsg.): Textformen als Lernformen. Duisburg, 191–210.

Baurmann, Jürgen/Weingarten, Rüdiger (1995): Schreiben: Prozesse, Prozeduren, Produkte. Opladen.

Becker-Mrotzek, Michael (2005): Das Universum der Textsorten in Schülerperspektive. In: Der Deutschunterricht 57/1, 68–77.

Becker-Mrotzek, Michael/Jost, Jörg/Knopp, Matthias (2012): Guten Appetit! Der Rückgriff auf Textroutinen als Ausdruck von Schreibkompetenz – ein empirischer Zugriff auf literale Prozeduren. Verfügbar unter http://www.schreibkompetenz.com/bmbf/PDF/V_SDD_2012.pdf (Zugriff am 25.06.2016).

Beermann, Werner et al. (2014): Fachbuch Maler/-innen und Lackierer/-innen. Köln.

Berkemeier, Anne (2010): Das Schreiben von Sachtextzusammenfassungen lernen, lehren und testen. In: Pohl, Thorsten/Steinhoff, Thorsten (Hrsg.): Textformen als Lernformen. Köln, 211–232.

Bräuer, Gerd/Schindler, Kirsten (2010): Authentische Schreibaufgaben im schulischen Fachunterricht. In: Zeitschrift Schreiben, Januar 2010, 1–6. Verfügbar unter http://www.zeitschrift-schreiben.eu/Beitraege/braeuer_schindler_Schreibaufgaben.pdf (Zugriff am 12.03.2016).

Eckert-Stauber, Rahel et al. (2014): Deutsch und Kommunikation für berufliche Schulen. Bern.

Efing, Christian (2010): Kommunikative Anforderungen an Auszubildende in der Industrie. In: Fachsprache 1–2, 2–17.

Efing, Christian (Hrsg.) (2015a): Sprache und Kommunikation in der beruflichen Bildung. Modellierung – Anforderungen – Förderung. Frankfurt a. M. u. a.

Efing, Christian (2015b): Aktuelle Themen, Tendenzen und Herausforderungen im Bereich Sprache und Kommunikation in der beruflichen Bildung. Statt eines Vorwortes. In: Ders. (Hrsg.): Sprache und Kommunikation in der beruflichen Bildung. Modellierung – Anforderungen – Förderung. Frankfurt a. M., 7–14.

Efing, Christian/Häußler, Marleen (2011): Was soll der Deutschunterricht an Haupt- und Realschulen vermitteln? Empirisch basierte Vorschläge für eine Ausbildungsvorbereitung zwischen zweckfreier und zweckgerichteter Bildung. In: bwp@ Berufs- und Wirtschaftspädagogik – online, Spezial 5 – HT 2011., 1–19.

Efing, Christian/Janich, Nina (2007): Kommunikative Kompetenz im Beruf. Einführung in das Themenheft. In: Der Deutschunterricht 59/1, 2–9.

Facharbeitskreis Berufsbezogenes Deutsch im Netzwerk Integration durch Qualifizierung (2008): Integration Arbeit Sprache. Qualitätskriterien für den berufsbezogenen Unterricht Deutsch als Zweitsprache. Hamburg. Verfügbar unter: http://www.deutsch-am-arbeitsplatz.de/fileadmin/user_upload/PDF/Qualit%C3%A4tskriterien.pdf. (Zugriff am 13.03.2016).

Feilke, Helmuth (2012): Was sind Textroutinen? Zur Theorie und Methodik des Forschungsfeldes. In: Feilke, Helmuth/Lehnen, Katrin (Hrsg.): Schreib- und Textroutinen: Theorie, Erwerb und didaktisch-mediale Modellierung. Frankfurt a. M., 1–32.

Feilke, Helmuth (2014): Argumente für eine Didaktik der Textprozeduren. In: Bachmann, Thomas/Feilke, Helmuth (Hrsg.): Werkzeuge des Schreibens. Beiträge zu einer Didaktik der Textprozeduren. Stuttgart, 11–34.

Feilke, Helmuth (2015): Text und Lernen – Perspektivenwechsel in der Schreibforschung. In: Schmölzer-Eibinger, Sabine /Thürmann, Eike (Hrsg.): Schreiben als Medium des Lernens. Kompetenzentwicklung durch Schreiben im Fachunterricht. Münster/New York, 47–72.

Gibbons, Pauline (2002): Scaffolding Language, Scaffolding Learning. Teaching Second Language Learners in the Mainstream Classroom. Portsmouth.

Gibbons, Pauline (2006): Unterrichtsgespräche und das Erlernen neuer Register in der Zweitsprache. In: Mecheril, Paul/Quehl, Thomas (Hrsg.): Die Macht der Sprachen. Englische Perspektiven auf die mehrsprachige Schule. Münster/New York, 269–290.

Grundmann, Hilmar (2008a): Die Förderung der Sprachfähigkeit als Beitrag zur Verbesserung der Ausbildungsqualität in Schule und Beruf. In: Bals, Thomas/Hegmann, Kai/Wilbers, Karls (Hrsg.): Tagungsband zu den 15. Hochschultagen Berufliche Bildung. Köln, 110–119.

Grundmann, Hilmar (2008b): Zum Zusammenhang von Sprachfähigkeit und Ausbildungsfähigkeit der Schulabsolventen. bwp@Spezial 4 – HT 2008.

Grünhage-Monetti, Matilde (2010): Sprachlicher Bedarf von Personen mit Deutsch als Zweitsprache in Betrieben. Expertise für das Bundesamt für Migration und Flüchtlinge. Verfügbar unter: http://www.bamf.de/SharedDocs/Anlagen/DE/Publikationen/Expertisen/expertise-sprachlicher-bedarf.pdf;jsessionid=95809EC113FDDD52BB55C2DB96E8AC90.1_cid383?__blob=publicationFile (Zugriff am 11.03.2016).

Jakobs, Eva-Maria (2007): „Das lernt man im Beruf…" – Schreibkompetenz für den Arbeitsplatz. In: Werlen, Erika/Tissot, Fabienne (Hrsg.): Sprachvermittlung in einem mehrsprachigen kommunikationsorientierten Umfeld. Baltmannsweiler, 27–42.

Jakobs, Eva-Maria (2008): Berufliches Schreiben: Ausbildung, Training, Coaching. Überblick zum Gegenstand. In: Jakobs, Eva-Maria/Lehnen, Katrin (Hrsg.): Coaching und berufliches Schreiben. Frankfurt a. M., 1–14.

Kiefer, Karl-Hubert (2013): Kommunikative Kompetenzen im Berufsfeld der internationalen Steuerberatung. Frankfurt a. M.

Knapp, Werner/Pfaff, Harald/Werner, Sybille (2008): Kompetenzen im Lesen und Schreiben von Hauptschülerinnen und Hauptschülern für die Ausbildung – eine Befragung von Handwerksmeistern. In: Schlemmer, Elisabeth /Gerstberger, Herbert (Hrsg.): Ausbildungsfähigkeit im Spannungsfeld zwischen Wissenschaft, Politik und Praxis. Wiesbaden, 191–206.

Kniffka, Gabriele (2010): Scaffolding. Verfügbar unter https://www.uni-due.de/ imperia/md/content/prodaz/scaffolding.pdf (Zugriff am 09.05.2016).

Leisen, Josef (2013): Sprachsensibler Fachunterricht und Sprachförderung im Fachunterricht – ein Weg der Ausbildungsvorbereitung. In: Efing, Christian(Hrsg.): Ausbildungsvorbereitung im Deutschunterricht der Sekundarstufe I. Die sprachlich-kommunikativen Facetten von „Ausbildungsfähigkeit". Frankfurt a. M., 343–368.

Ministerium für Schule, Jugend und Kinder des Landes Nordrhein-Westfalen (2004): Lehrplan zur Erprobung für das Berufskolleg in Nordrhein-Westfalen. Verkäuferin/Verkäufer. Kauffrau im Einzelhandel/Kaufmann im Einzelhandel. Fachklassen des dualen Systems der Berufsausbildung.

Ministerium für Schule und Weiterbildung des Landes Nordrhein-Westfalen (2015): Bildungsplan zur Erprobung. Fachklassen des dualen Systems der Berufsausbildung, die zum Berufsschulabschluss und zur Fachoberschulreife führen. Fachbereich Technik/Naturwissenschaften. Deutsch/Kommunikation.

Rotter, Daniela/Schmölzer-Eibinger, Sabine (2015): Schreiben als Medium des Lernens in der Zweitsprache. Förderung literaler Kompetenz im Fachunterricht durch eine Prozedurenorientierte Didaktik und Focus on Form. In: Schmölzer-Eibinger, Sabine/Thürmann, Eike (Hrsg.): Schreiben als Medium des Lernens. Kompetenzentwicklung durch Schreiben im Fachunterricht. Münster, 73–98.

Sekretariat der Kultusministerkonferenz, Referat Berufliche Bildung Weiterbildung und Sport (Hrsg.) (2007): Handreichung für die Erarbeitung von Rahmenlehrplänen der Kultusministerkonferenz für den berufsbezogenen Unterricht in der Berufsschule und ihre Abstimmung mit Ausbildungsordnungen des Bundes für anerkannte Ausbildungsberufe. Verfügbar unter http://www.kmk.

org/fileadmin/Dateien/veroeffentlichungen_beschluesse/2011/2011_09_23_
GEP-Handreichung.pdf (Zugriff am 15.03.2016).

Steinhoff, Torsten (2011): Unterrichtsideen zur textorientierten Wortschatzarbeit:
Aneignungs- und Gebrauchskontexte lexikalischer Mittel. In: Ulrich, Win-
fried/Pohl, Inge (Hrsg.): Wortschatzarbeit. Baltmannsweiler, 577–591.

Oliver Schoell / Ulrich Carp (Köln)

Kompetenzorientierte Aufgabenformate in Abschlussprüfungen berufsbildender Schulen

Abstract: Creating meaningful tests in language subjects is a particular challenge to the German school system where open forms of essay-writing have traditionally been favoured over standardised forms of student assessment (e.g. multiple choice tasks). At school types such as the increasingly popular *Berufliche Gymnasien*, both general and professional subjects are taught since the courses are designed to prepare students for subsequent academic studies as well as qualified training in the German dual system. The article explores the specific examination approach of vocational colleges in classes leading to university-entry qualifications (*Abitur* and *Fachhochschulreife*). As a result, examinations in all subjects including German are designed to test general writing skills and professional knowledge. This is usually tested in writing assignments that include work-related situations – a claim whose realisation proves difficult for boards and examiners. The authors discuss some trends in the current examination practice by reviewing some current examination examples that are based on competence-orientated curricula and national educational standards.

1. Ausgangssituation

Mit der Wende zur Kompetenzorientierung sind die längerfristigen Wirkungen des Lernens in den Mittelpunkt der didaktisch-methodischen Überlegungen gerückt. Zwischenzeitlich liegen auch an den berufsbildenden Schulen kompetenzorientierte Curricula vor. In diesem Zusammenhang werden trotz der Betonung der langfristigen Lernerträge auch kompetenzorientierte Prüfungsformate benötigt.

Das stellt das berufsbildende System in den vollzeitschulischen Bildungsgängen vor besondere Herausforderungen. Erstens müssen die Prüfungen in ihrem Anspruch vergleichbar mit den Abschlüssen des allgemeinbildenden Schulsystems sein. Diese Anforderung wird besonders deutlich, wenn es auch in einem berufsübergreifenden Fach wie Deutsch bzw. Deutsch/Kommunikation vom allgemeinbildenden System unabhängige Aufgaben gibt, wie es bei den Beruflichen Gymnasien in Nordrhein-Westfalen bei der Abiturprüfung der Fall ist.

Zweitens wird in der Sekundarstufe II an den berufsbildenden Schulen im Gegensatz zu allgemeinbildenden Schulen stets durch eigenständige Abschlussprüfungen über die Vergabe von Abschlüssen entschieden (Fachhochschulreife und Abitur). Diese Prüfungen müssen daher im Niveau untereinander entsprechend abgestuft sein.

Drittens sollten die Abschlussprüfungen der berufsbildenden Schulen auch untereinander anschlussfähig sein, da Schülerinnen und Schüler oft nacheinander unterschiedliche Bildungsgänge besuchen. Es darf zudem nicht vergessen werden, dass die Schülerinnen und Schüler in der Sekundarstufe II ihre Erfahrungen von den Abschlussprüfungen der allgemeinbildenden Schulformen mitbringen; die in den letzten Jahren entstandene Prüfungspraxis der Sekundarstufe I im Fach Deutsch, die Schülerinnen und Schüler beispielsweise aus Zentralen Abschlussprüfungen kennen, muss daher ebenfalls zumindest bedacht werden.

Viertens sollten die Prüfungen möglichst widerspiegeln, dass in den Bildungsgängen der berufsbildenden Schulen nicht nur schulische Abschlüsse, sondern auch berufliche Kompetenzen erworben werden.

Fünftens sind zumindest im Fall der Abiturprüfung weitere externe Vorgaben, darunter die bundesweit gültigen Anforderungen der Nationalen Bildungsstandards, zu berücksichtigen, die nicht originär für die berufliche Bildung konzipiert wurden.

Angesichts dieser Rahmenbedingungen erweist sich die Entwicklung kompetenzorientierter Prüfungsformate im Fach Deutsch bzw. Deutsch/Kommunikation als echte Herausforderung.

Der folgende Betrag betrachtet einige das Fach Deutsch bzw. Deutsch/Kommunikation betreffende Prüfungsbeispiele, die einen beispielhaften Einblick in aktuelle Entwicklungslinien zulassen. Dabei konzentriert sich die Darstellung auf die Bildungsgänge der berufsbildenden Schulen, die z. B. zur Fachhochschulreife und zum Abitur führen; zum Schluss wird aber zumindest noch kurz auf das Verhältnis vollzeitschulischer Prüfungen zur Prüfungspraxis des dualen Berufsschulsystems eingegangen.

2. Prüfungen im Fach Deutsch: Exemplarische Analysen

2.1 Die Prüfung im Fach Deutsch zur Erlangung der Fachhochschulreife

Das Fach Deutsch/Kommunikation ist in Nordrhein-Westfalen in den vollzeitschulischen Bildungsgängen mit Abschlussprüfungen ein obligatorisches Prüfungsfach. Die Bildungs- bzw. Lehrpläne des Fachs weisen eine ausgeprägte berufliche Dimension auf.

Allerdings kann man nicht von einer eigenständigen Prüfungskultur sprechen, zumindest nicht von einer, die der curricularen Selbstständigkeit auch nur ansatzweise gleichkäme. Vielmehr entsprachen in der Vergangenheit die Prüfungsformate des Fachs Deutsch bzw. Deutsch/Kommunikation weitgehend denjenigen an allgemeinbildenden Schulen, standen also in der Tradition von Sachtextanalysen und Erörterungen.

Fiktionale Literatur einschließlich verschiedener Formen des gestaltenden Schreibens hat in den Bildungs- bzw. Lehrplänen zwar immer einen festen Platz gehabt und ist nach wie vor in den Curricula enthalten, der Stellenwert der Beschäftigung mit Literatur ist in der aktuellen Lehrplangeneration Nordrhein-Westfalens allerdings noch einmal eingeschränkt worden. Dennoch sind auch literarische Analysen weiterhin fester Bestandteil der Prüfungsvorschläge und können von den Schülerinnen und Schülern in diesem Rahmen gewählt werden.

Zur Illustration der Entwicklungen bei kompetenzorientierten Deutsch-Abschlussprüfungen sollen aber im Folgenden Aufgaben dienen, die auf pragmatischen Texten bzw. Sachtexten basieren. Erstens gibt es nur hier wesentliche Änderungen bei den Aufgaben und zweitens lässt sich nachweisen, dass zumindest in Nordrhein-Westfalen die Schülerinnen und Schülern Aufgaben zu pragmatischen Texten deutlich häufiger wählen.

2.1.1 Material eines Prüfungsaufgabenbeispiels

Auf die kompetenzorientierten Bildungspläne in Nordrhein-Westfalen, die durchaus einschneidende Änderungen in der Konstruktionsform, im Verhältnis zu den berufsbezogenen Fächern und in den Zielbestimmungen vorsehen, kann hier nicht eingegangen werden. Wichtig ist lediglich die Feststellung, dass die Aufgabenarten als solche im Fach Deutsch/Kommunikation im Wesentlichen unverändert geblieben sind.[1] Die Änderungen, um dies es im Folgenden gehen soll, beziehen sich also im Bereich der Fachhochschulreife-Bildungsgänge nicht auf die Aufgabenarten selbst, sondern vornehmlich auf deren Ausgestaltung.

Das Prüfungsbeispiel stammt aus der zweijährigen Berufsfachschule aus dem großen Fachbereich Wirtschaft und Verwaltung. Dieser Bildungsgang, der zur

---

1   Aufgabenart I: Analyse und Bewertung von Inhalt, Aufbau, sprachlicher Gestaltung, Intention und Wirkungsmöglichkeiten, gattungsspezifischen Strukturmerkmalen;
Aufgabenart II: Analyse und Bewertung von Kernaussagen, Argumentationsstruktur, sprachlicher Gestaltung, Intention und Wirkungsmöglichkeiten;
Aufgabenart III: Erschließung des Textes hinsichtlich der Kernaussagen und der argumentativen Struktur; Entwicklung einer argumentativen Auseinandersetzung und eines begründeten Fazits;
Aufgabenart IV: Gestaltung von Sachtexten (situationsbezogen, adressatengerecht, strukturiert und stilistisch angemessen) auf der Basis materieller, struktureller und situativer Vorgaben.

Fachhochschulreife und zu beruflichen Kenntnissen, Fähigkeiten und Fertigkeiten führt, wird in Nordrhein-Westfalen traditionell als „Höhere Handelsschule" bezeichnet.

In der beispielhaften Prüfungsaufgabe geht es um die Terroranschläge auf das Satiremagazin „Charlie Hebdo". Der Prüfungstext entstammt dem Kölner Stadtanzeiger vom 30.01.2015 und erschien dort unter dem Titel „Heftige Debatte um ‚Charlie'-Rückzug". Im Artikel werden verschiedene Sichtweisen auf die sehr verhaltene Berücksichtigung dieser Anschläge im Kölner Karnevalszug dargestellt.

Kölner Stadt-Anzeiger

Kölner Stadt-Anzeiger | Köln

Rosenmontagszug in Köln: Heftige Debatte um Rückzug des „Charlie Hebdo"-Wagens

Der Entwurf für den „Charlie Hebdo"-Wagen wurde zurückgezogen. Foto: Worring

Oberbürgermeister Jürgen Roters hält die Entscheidung des Festkomitees Kölner Karneval (FK) gegen den „Charlie Hebdo"-Wagen für „klug". Dompropst Norbert Feldhoff sieht das anders: „Es war ein Wagen gegen Gewalt und für Pressefreiheit. Ich verstehe nicht warum man ihn rausnimmt."

Die Entscheidung der FK-Spitze, auf den Motivwagen zum Anschlag auf das Pariser Satiremagazin „Charlie Hebdo" im Rosenmontagszug zu verzichten, bewegt die öffentliche Meinung. Und sie entfacht die Debatte über Meinungsfreiheit und Selbstzensur aufs Neue. „Einen Wagen, der die Freiheit und leichte Art des Karnevals einschränkt, möchten wir nicht", so hatten die Karnevalisten ihre Entscheidung begründet.

Zuvor hatte es Diskussionen gegeben, ob die Sicherheit der Zugteilnehmer und der Zuschauer gefährdet sein könnte. Die Kölnische Karnevalsgesellschaft hatte sich gefreut, auf dem Wagen mitfahren zu können. Einzelne Mitglieder sollen sich allerdings mit sorgenvollen Fragen an den Präsidenten gewandt haben. Nach Informationen aus Polizeikreisen hatten sich weitere Karnevalisten besorgt geäußert, im Zug mitzulaufen. Die Polizei hatte betont, es lägen keine konkreten Hinweise auf eine Gefährdung vor.

Eine Option eines möglichen Sicherheitskonzeptes wäre nach Angaben aus Polizeikreisen unter anderem gewesen, den Wagen von getarnten Spezialkräften begleiten zu lassen. Am Donnerstag wollten sich weder FK noch Polizeiführung zu dem Rückzug des Wagens äußern. „Das Festkomitee hat eine Entscheidung getroffen, die ich gut nachvollziehen kann, aber für hochproblematisch halte", sagt Wolfgang Bosbach, CDU-Bundestagsabgeordneter aus Bergisch Gladbach und Mitglied bei Roten Funken und Ehrengarde.

Schere im Kopf

„Die Aussage des Wagens sollte ja sein, dass wir keine Angst zu haben brauchen vor der Schere im Kopf – aber da ist sie schon längst." Auch NRW-Innenminister Ralf Jäger (SPD) hätte es gut gefunden, wenn sich die breite Beteiligung der Jecken – der Entwurf für den Wagen war als Sieger aus einem Internet-Wettbewerb hervorgegangen – im Zug wiedergefunden hätte. „Wir dürfen uns nicht einschüchtern lassen, dann hätten die Terroristen ihr Ziel erreicht."

Noch schärfer kritisiert Winni Rau vom Ensemble der Stunksitzung die Entscheidung: „Dass das Komitee jetzt bei dem ersten lauen Gegenlüftchen einknickt und den Wagen zurückzieht, wirkt inkonsequent und peinlich", sagt Rau.

Die Zeichnerin des „Charlie"-Entwurfs für den Kölner Zug, die anonym bleiben möchte, spricht indes von einer „gewissen Erleichterung": „Wenn da tatsächlich etwas passiert wäre, hätte ich nur sehr schwer damit leben können."

Jacques Tilly, „Skandalwagen"-Bauer aus Düsseldorf, der sich den Ruf als unerschrockener Querdenker erarbeitet hat, findet die Entscheidung „schade, weil der Wagen ein sehr wichtiges Statement für die Meinungs- und Narrenfreiheit" gewesen wäre. „Aber die Sicherheit hat natürlich Vorrang". Ob er selbst für das „Comitee Düsseldorfer Carneval" einen Wagen zu dem Thema bauen werde, sei noch nicht entschieden – und würde, wenn es so käme, auch nicht vorab verraten. Es gebe aber bereits verschiedene Ideen. „Ein Mohammed fährt auf jeden Fall nicht mit. Ich bin doch nicht lebensmüde", sagt Tilly. Zudem gehe es „auch nicht darum, immer nur draufzuhauen. Es geht um Satire mit Augenmaß." Tilly hatte in den letzten Jahren unter anderem islamistische Selbstmörder mit Fratzengesichtern und einen in Blut badenden Osama bin Laden gezeigt. „So etwas aber würde ich heute sofort wieder machen, wenn es sich anbietet", sagt er.

Kölns SPD-Parteichef Jochen Ott sieht den Rückzug des FK zwiespältig. „Die Meinungsfreiheit, die im Rosenmontagszug dokumentiert wird, ist ein hohes Gut", sagt er. „Aber wenn es um die Sicherheit von Menschen geht, muss das immer Priorität haben." CDU-Parteichef Bernd Petelkau hätte sich gefreut, wenn der Wagen mitgefahren wäre: „Das Motiv verletzt nicht die Gefühle von Muslimen, sondern ist ein Ausdruck der Solidarität mit den Opfern."

Lob für die Entscheidung kam von der Türkisch-Islamischen Union Ditib. Es sei „sehr, sehr respektvoll, dass man so vorgeht", sagte Vorsitzender N. Yasar Asikoglu am Donnerstag in Köln.

Quelle: Kölner Stadtanzeiger vom 30.01.2015, „Heftige Debatte um „Charlie"-Rückzug", S. 25.

2.1.2 Analyse der Prüfungsaufgabe

Zweifelsohne handelt es sich bei dem „Charlie-Hebdo"-Material um einen auch für Schülerinnen und Schüler thematisch wichtigen Gegenstand, der seine Aktualität behalten hat und vermutlich leider auch zukünftig behalten wird. Es werden in dem Text Fragen der Kunst- und Meinungsfreiheit angesprochen, es geht aber auch um die Angst der Bevölkerung vor terroristischen Anschlägen. Weil hier auch die eigene Haltung zur Disposition steht, ist davon auszugehen, dass der Text auch Jugendliche interessiert und grundsätzlich dazu geeignet ist, sie zu einer Stellungnahme anzuregen.

Somit stellt sich die Frage, welcher Schreibauftrag dem sinnvoll ausgewählten Ausgangsmaterial beigefügt wurde. Hier ist daran zu erinnern, dass es bei aktuellen Prüfungsvorgaben in Nordrhein-Westfalen verpflichtend ist, dass die Arbeitsanweisung verbindlich festgelegten *Operatoren* entspricht. Zweck ist es, allen Schülerinnen und Schüler eindeutig klar zu machen, welche Aufgabenschritte von ihnen zu leisten sind. Außerdem wirken diese klar definierten Arbeitsaufträge auf den Unterricht zurück und führen dazu, dass Schreibroutinen eingeübt werden.

Ein mit einem solchermaßen eingeführten Operator versehener Arbeitsauftrag könnte im Fall der Beispielaufgabe in seiner schlichtesten Form lauten: „Analysieren Sie den Text" (als Sachtextanalyse) oder auch „Erörtern Sie auf Grundlage des Texts, wie Sie die Haltung der Kölner Karnevalisten einschätzen" (als textgebundene Erörterung). Eine so knappe Formulierung ist angesichts der geänderten nordrhein-westfälischen Prüfungsvorgaben aber nicht mehr möglich. Mittlerweile müssen sich alle Aufgaben in Nordrhein-Westfalen auf eine Situation beziehen, eine zentrale Änderung, von der nur fiktionale Ausgangstexte ausgenommen sind.

Diese Änderung ist durchaus folgerichtig. Die berufsbildenden Schulen sind generell beruflichen Anwendungszusammenhängen und dem Grundsatz der Handlungsorientierung verpflichtet. In der beruflichen Bildung spielt die „Situierung" von Aufgaben daher von jeher eine wichtige Rolle. Die Einbettung von Aufgaben in Handlungszusammenhänge ist allen Lehrkräften und Schülerinnen und Schülern aus unterschiedlichen Lernaufgaben bzw. Lernsituationen und zumindest teilweise auch aus Prüfungen vertraut.

Nur die Verpflichtung von Prüfungsaufgaben auf einen situativen Rahmen ist neu. Sie erfolgte unter ausdrücklichem Bezug auf die Wende zur Kompetenzorientierung. Die „Einbettung" der Aufgabe ist ein verpflichtender Bestandteil des Arbeitsauftrags. Das Fehlen der Rahmensituation müsste in der Konsequenz zu einer Nichtgenehmigung des Prüfungsvorschlags durch die dafür zuständige obere Schulaufsichtsbehörde führen.

Weil eine zentrale Herausforderung der Schreibdidaktik in der Auswahl von Schreibanlässen und Bestimmung eines geeigneten Handlungsrahmens besteht, ist die praktische Realisierung daher von Interesse. Der Handlungsrahmen lautet im konkreten Beispiel wie folgt:

„In der Redaktion der Schülerzeitung Ihrer Schule wurde nach dem Terroranschlag auf die französische Zeitschrift 'Charlie Hebdo' heftig diskutiert, ob in der Februarausgabe 2015 ein kritischer, vielleicht auch satirischer Text zu den Ereignissen veröffentlicht werden sollte. Da die Zeit aber zu sehr drängte und die Mitglieder der Redaktion lieber vorsichtig mit dem Thema umgehen wollten, entschieden sie sich damals dagegen, einen Text mit möglicherweise heiklem Inhalt zu veröffentlichen.

Viele Leser der Februarausgabe äußerten damals Verständnis, insbesondere, weil die Pressefreiheit natürlich auch beinhaltet, dass eben kein Text veröffentlicht wird. Es gab aber auch deutliche Kritik an der Entscheidung der Redaktion. Gerade eine Schülerzeitung hätte sich nach diesem entsetzlichen Terroranschlag auf die Pressefreiheit sofort positionieren müssen, die schärfsten Kritiker sprachen schlicht von 'Feigheit'.

Während der Vorbereitung der nächsten Ausgabe der Schülerzeitung, die am 1. Juni 2015 veröffentlicht wird, einigten sich die Redaktionsmitglieder darauf, diese Kritik nicht emotional zu erwidern, sondern eine sachliche Erörterung zu verfassen. Sie fanden ein geeignetes Thema – weil auch in diesem Fall die Verantwortlichen vor der Frage standen, ob der Mordanschlag auf die Mitarbeiter von 'Charlie Hebdo' zum Thema gemacht werden sollte oder nicht – und einen passenden Text im Kölner Stadtanzeiger ('Heftige Debatte um 'Charlie'-Rückzug'), den sie zusammen mit einer textgebundenen Erörterung für sich sprechen lassen wollen.“

Nach dieser Hinführung folgt schließlich der Arbeitsauftrag:

„Sie erhalten vom Chefredakteur den Auftrag, für die Juniausgabe der Schülerzeitung die textgebundene Erörterung zu dem vorliegenden Zeitungstext zu verfassen.“

Positiv an der Aufgabe ist sicherlich auf den ersten Blick das Bemühen zu werten, einen Auftraggeber, einen klaren Adressatenkreis und eine tatsächlich begründete Handlungssituation zu finden und die Schülerinnen und Schüler somit zum Schreiben zu motivieren. Erstaunlich hingegen muss erscheinen, dass die Aufgabe in der Konsequenz in eine durchaus traditionelle Arbeitsanweisung mündet. Nach einer aus einer lebensnahen Situation heraus aufgebauten Situation erobert die Aufgabenstellung am Ende vertrautes Terrain, indem von den Schülerinnen und Schülern eine Erörterung verlangt wird.

Es stellt sich die die Frage nach dem Ertrag der langen Herleitung. Das gilt aber nicht nur bezogen auf das hier genannte Beispiel, das im monströs langen Anlauf bis zur Arbeitsanweisung einen Extremfall darstellen dürfte; der Umfang der Hinführung ließe sich ohne großen Aufwand reduzieren. Allerdings geht es im Kern um die viel grundsätzlichere Frage, inwiefern die Erörterung überhaupt ein für diese situative Einbettung verwendbares und in einem wirklichen Sinne adaptierbares Aufgabenformat ist. Wie passen Situation und Schreibprodukt zusammen? Lässt sich die Texterörterung als journalistische Textform verstehen? Wäre ein – womöglich schön dialektisch aufgebauter – argumentierender Text in

einer Schülerzeitung, oder in dessen modernen Nachfahren wie auf einer Home-
page, in einem Blog etc. vorstellbar? Ist das Schreibszenario also zumindest im
Grundzug realistisch?

All dies sind vertraute Fragen, man mag sie mit dem Hinweis auf die Besonderheit von Prüfungssituationen beiseite schieben. Immerhin wissen die
Schülerinnen und Schüler, was von ihnen verlangt wird. Und durch den Handlungsrahmen wird betont, dass Schülertexte auch in Prüfungen „Relevanz" haben
sollten und auch Abschlussprüfungen „Texte für Leser" sein sollten. Dies lässt dies
durchaus als Nachhall einer der Schulform völlig angemessenen kommunikativen
Deutschdidaktik werten. Und es wäre auch in der Tat ein sehr hoher Anspruch,
wenn schulische Schreibformate eine vollständige Entsprechung in der Realität
finden sollten.

Dennoch verbleibt zumindest die Frage, worin nun der eigentliche Zugewinn
liegt. Inwiefern macht die Aufgabe besser als früher erkennbar, dass die Schülerinnen und Schüler in ihren zwei Jahren in der Berufsfachschule etwas gelernt
haben, das über den Tag hinaus anhält und sie zu sprachlich kompetenten Ge-
staltern ihres beruflichen und privaten Lebens macht? Der Prüfstein dafür ist der
Erwartungshorizont. Hier sollte sich feststellen lassen, was die Schülerinnen und
Schüler zur Lösung der Aufgabe leisten müssen, und dies sollte wiederum den
Kompetenzvorstellungen der Bildungs- und Lehrpläne entsprechen.

Der Katalog beschreibt im Beispiel die geforderten Leistungen wie folgt:

– Die SuS benennen die Textsorte und die Funktion des Textes.
– Die SuS verfassen einen Einleitungssatz, der Verfasser, Titel, Thema sowie Er-
  scheinungsort und -datum des Textes enthält.
– Die SuS geben den Inhalt des Textes, also v. a. die im Bericht dargestellte Mei-
  nungsäußerung der erwähnten Personen(gruppen) strukturiert wieder.
– Die SuS verfassen die einzelnen Bestandteile der zu bewältigenden Aufgabe
  in nachvollziehbarer Weise und strukturieren die Ausführungen insgesamt
  sinnvoll.
– Die SuS verwenden die Schriftsprache normgerecht.
– Die SuS zitieren fachgerecht.

Für die **Argumentationsleistung** wird gefordert:

– Die SuS formulieren bezogen auf den vorliegenden Bericht eine geeignete zu
  erörternde Streitfrage (These).
– Die SuS gestalten innerhalb ihrer Stellungnahme überzeugende Argumente
  und stützen sie z. B. auch durch Meinungsäußerungen und Aussagen aus dem
  vorliegenden Text.

- Die SuS ziehen als Ergebnis ihrer ausgewogenen Stellungnahme ein begründetes Fazit, indem innerhalb des benannten Spannungsfeldes oder darüber hinaus gehender erörterter Aspekte gewichtet wird.
- Die SuS beachten für ihre Erörterung den situativen Kontext der Aufgabenstellung auch durch adressatengerechte Formulierungen und erweitern Ihre Ausführungen ggf. um über den Text hinausgehende Aspekte.

Diese Auflistung ist nahezu identisch mit dem klassischen Erwartungshorizont einer Erörterung, es werden übliche Bestandteile wie die einleitende Textwiedergabe und Entwicklung einer Argumentation verlangt. Solche Fertigkeiten als Schülerin und Schüler zu beherrschen ist auf jeden Fall wichtig, und für die Überprüfung dieser Kompetenzen in Prüfungen spricht viel. Doch stellt sich natürlich erneut die Frage nach dem spezifischen Mehrwert der Situationsgebundenheit und der Beigabe eines Handlungsrahmens, wenn nur ein einziger Bewertungsaspekt in der Bewertungspraxis explizit hierauf Bezug nimmt, nämlich der letzte.

Die dort nun eingeforderte Beachtung des situativen Kontexts und die Verwendung von adressatengerechten Formulierungen ergeben sich aus der Aufgabenstellung. Was sich dahinter genau an Textmerkmalen verbirgt, wird nicht verraten, und dies ist möglicherweise ein Stück weit verräterisch. Denn eine genauere Bestimmung der gewünschten Leistungen könnte die der Aufgabe inhärente Problematik noch deutlicher werden lassen. Situation und Arbeitsauftrag passen nicht so recht zusammen. Wenn ein adressatenbezogenes Register beispielsweise wirklich gewünscht wäre (Begriffe aus der Jugendsprache?), wirkte das Schreibformat erst recht paradox, da das Verfassen von Erörterungen in Schülerzeitungen wohl kaum der üblichen Schreibpraxis von Jugendlichen entspricht.

Wie Lehrkräfte mit dem – in Prüfungsvorschlägen faktisch häufig genau so oder ähnlich formulierten – Bewertungskriterien wie dem adressatengerechten oder situationsgerechten Formulieren umgehen, wäre eine eigene Fragestellung, die sich nur empirisch beantworten lässt. Man darf vermuten, dass die Suche nach entsprechenden Merkmalen in Schülertexten quantitativ und qualitativ enttäuschend ausfällt dürfte und sich die Fundstellen weitgehend auf die Anrede und eine gelegentliche direkte Leseransprache erstrecken.

Doch auch aus anderer Richtung stellen sich Fragen, nämlich bezogen auf die beruflichen Kontexte der Aufgabe. Im aktuellen NRW-Bildungsplan heißt es: „Die Texte bzw. Aufgaben müssen einen deutlichen Bezug zum fachlichen Schwerpunkt des *Bildungsganges* und/oder einen Bezug zur Berufs-/Arbeitswelt aufweisen; in Anknüpfung daran kann die Perspektive erweitert werden im Hinblick auf aktuelle gesellschaftliche Aspekte oder die Lebenswirklichkeit der Schülerinnen und Schüler" (MSW 2013: 39).

Das Kriterium ist laut Prüfbogen erfüllt, „wenn im Informationsteil der Aufgabe

- bevorzugt ein berufspraktischer Bezug oder
- ein Bezug zum fachlichen Schwerpunkt des Bildungsgangs oder
- ein lebensweltlicher Bezug hergestellt" wird (Bezirksregierung Köln 2015: 8).

Die gewählte Handlungssituation bietet „lebensweltliche Bezüge", aber finden sich auch berufliche? Besondere Vorkenntnisse aus dem Fachbereich Wirtschaft und Verwaltung sind auf jeden Fall zur Erfüllung des Schreibauftrags nicht erforderlich. Die Aufgabe lässt sich ohne „domänenspezifische" Kompetenzen lösen. Vielmehr genügen Lesekompetenz und Schreiberfahrung im Erörtern und Argumentieren. Das macht die Aufgabe zwar einerseits unproblematisch einsetzbar, andererseits aber auch etwas profillos. Insbesondere aber ist sie trotz der scheinbaren Veränderung auf der Oberfläche im Kern vollkommen traditionell.

2.1.3 Zwischenfazit

Auch wenn sich bestimmt Beispiele aus dem FHR-Bereich finden lassen, in denen die gewünschten Impulse klarere Konturen gewinnen, ist das erwähnte Beispiel durchaus als paradigmatisch für einige Umsetzungsprobleme anzusehen, die bei der Umsetzung einer traditionellen Aufgabenkultur in kompetenzorientierte Formate entstehen.

Es kann zwar konstatiert werden, dass es mit der Umsetzung kompetenzorientierter Bildungspläne eine gewisse Anpassung des Prüfungsformats *Erörterung* gegeben hat, und dies ließe sich auch in ähnlicher Form für die Analyse von Sachtexten zeigen. Aber der „Modernisierungsgewinn" ist bescheiden, weil es bei einer bloßen „Einkleidung" der Aufgaben bleibt, aber in der Tiefenstruktur der Aufgaben kaum Änderungen in Gang gesetzt wurden. Eigentlich entstehen sogar neue Probleme durch die schwer einlösbare Forderung nach einer Situationsgebundenheit der Aufgabe bei einer parallelen Beibehaltung der Aufgabenarten.

Konsequent, wenn auch nicht unproblematisch wäre die Wende zur Kompetenzorientierung umgesetzt, wenn auch in FHR-Prüfungen ähnlich wie am Ende der Sekundarstufe I einzelne Kompetenzbereiche, z. B. das Leseverstehen, isoliert überprüft würden. Dies muss zumindest nicht zwangsläufig mit einem Niveauverlust einhergehen, gibt es doch anspruchsvolle und sogar domänenspezifische Sach- und Fachtexte, bei denen allein schon das Verständnis eine Herausforderung darstellt und die auch als Grundlage für weiterführende Schreibaufträge dienen können. Dann allerdings müsste man sich von vertrauten Aufgabenformaten und insbesondere dem alleinigen Schreibprodukt des langen Zieltexts verabschieden.

Sofern dies nicht gewollt ist, ist zu prüfen, ob es zumindest ergänzende Alternativen zu einer oberflächlichen Aktualisierung der vertrauten Prüfungsformate gibt. Hierzu lohnt sich ein Blick auf die Entwicklungen im Bereich des Beruflichen Gymnasiums.

2.2 Die Prüfung im Fach Deutsch zur Erlangung des Abiturs

2.2.1 Neue Aufgabentypen im Zentralabitur Deutsch des Landes NRW

2017 werden in NRW für das Fach Deutsch neue Aufgabentypen in das Zentralabitur Beruflicher Gymnasien eingeführt. Dazu gehört insbesondere ein ganz neuer Aufgabenbereich: Neben Aufgaben zum „Textbezogenen Schreiben" gibt es nun auch Aufgaben zum „Materialgestützten Schreiben", also dem materialgestützten Verfassen argumentierender bzw. informierender Texte (vgl. MSW 2015: 9).

Eine Besonderheit der Aufgabenform liegt vor allem in der immanenten *Offenheit* ihrer Frage- und Problemstellungen. Dadurch, dass die Aufgaben nicht nur einen Text, sondern mehrere Textmaterialien, Diagramme, Schaubilder, Cartoons zum Gegenstand haben und das Zielprodukt ein zu gestaltender, adressatenorientierter Text ist, muss der Prüfling sich zum einen in einer komplexen Diskussion oder Sachlage orientieren, zum anderen aus mannigfaltigen Gestaltungsmöglichkeiten eines Textes eine sinnvolle auswählen und gekonnt umsetzen.

Aus der Sicht der aufgabenerstellenden Lehrkräfte oder Prüfungskommissionen könnte diese Form damit insbesondere Folgendes ermöglichen:

– die Betonung von konkreten, aktuellen, gesellschaftlich und insbesondere auch beruflich relevanten Bezügen,
– das Prüfen von umfassenderen Schreibkompetenzen im Bereich des Informierens und Argumentierens an Stelle (oder an der Seite) von Aufgabenformen, die als tradierte gymnasiale „Kulturtechniken" betrachtet werden können (so wird im Abitur 2017 das Verfassen einer textgebundenen Erörterung durch das materialgestützte Verfassen argumentierender Texte ersetzt[2]),
– die Überprüfung von überfachlichen, akademisch relevanten Methoden, Operatoren und Verfahrensweisen, z. B. der Gestaltung von längeren Texten zu komplexen Sachverhalten, der Berücksichtigung situativer Vorgaben und der sich daraus ergebenden Adressatenorientierung.

---

2 Weitere neue Aufgabenformen – wie die der sogenannten literarischen Erörterung – könnten nach 2020 im Abitur des Berufskollegs Einzug finden. Es ist noch offen, inwiefern durch eine sinnvolle Umsetzung auch hier der Anspruch erfüllt werden könnte, berufliche Relevanz zu gewährleisten.

Bei den Prüfungsanforderungen im System beruflicher Gymnasien muss auch bedacht werden, dass hier oft nur drei Jahre zur Verfügung stehen, zunächst „fremde" Schülerinnen und Schüler auf Prüfungen vorzubereiten, die aus anderen, in der Praxis oft sehr disparaten schulischen Systemen kommen, während an Gymnasien im Normalfall acht Jahre zur Verfügung stehen, die „eigenen" Schülerinnen und Schüler zu einem erfolgreichen Abschluss zu führen. Sinnvolle Deutsch-Abituraufgaben am Berufskolleg müssten deshalb vermutlich unter anderem dies gewährleisten:

– eine gewisse Standardisierung von Aufgabenstellungen,
– keine Einbuße oder Bevorteilung in Bezug auf das Anforderungsniveau der Allgemeinen Hochschulreife, also Vergleichbarkeit zwischen den Ansprüchen der Berufskollegs und der allgemeinbildenden Schulformen,
– Erwerb von wichtigen Kompetenzen, insbesondere für den späteren Beruf.

2.2.2 Beispiel einer neuen Aufgabenform: Situierung und Problemhaltigkeit

Als besonders zielführend könnte sich die Aufgabenform des *Materialgestützten Verfassens informierender Texte* erweisen, die neben dem *Materialgestützten Verfassen argumentierender Texte* in die Obligatorik zukünftiger Abiturjahrgänge an beruflichen Gymnasien in NRW[3] aufgenommen wurde.[4] Bei dem Materialgestützten Verfassen informierender Texte geht es darum, in einem praktischen, z. B. berufsrelevanten, konkreten Kontext auf der Grundlage von divergentem Textmaterial die zielorientierte Gestaltung eines informierenden und erklärenden Textes vorzunehmen.

Der beispielhafte Versuch einer solchen Aufgabe findet sich in den neuesten Vorgaben für das Abitur an beruflichen Gymnasien in NRW sowie in einer hierzu

---

3   In Bezug auf das Zentralabitur an Gymnasien und Gesamtschulen in NRW ist die Einführung der für diese Schulformen ebenfalls neuen Aufgabenformen aus dem Bereich des materialbezogenen Schreibens („Aufgabenart IV") frühestens (sic!) ab 2020 vorgesehen (vgl. Standardsicherung NRW: 2015).

4   Mit der Einführung des neuen Aufgabenbereichs (Materialgestütztes Verfassen informierender bzw. argumentierender Texte) ab 2017, so die Festlegungen des Ministeriums für Schule und Weiterbildung, NRW, soll in jedem Aufgabensatz des Abiturs für Leistungs- oder Grundkurse im Fach Deutsch obligatorisch eine Aufgabe enthalten sein, in der materialgestützt ein informierender oder ein argumentierender Text verfasst werden muss: „Neu ist, dass die drei Auswahlthemen eines Aufgabensatzes beide Aufgabenbereiche (Textbezogenes sowie Materialgestütztes Schreiben) abdecken müssen" (MSW 2015: 9).

veröffentlichten Handreichung (vgl. MSW 2015: 39–47). Durch die Beschreibung einer konkreten Situation soll in dieser Aufgabe Problemhaltigkeit[5] erzielt werden:

> *„An Ihrer Schule findet eine Projektwoche zum Schwerpunktthema ‚Medien' statt. Dazu soll ein Newsletter gestaltet werden, mit dem die Schulöffentlichkeit wichtige Informationen zu dem Projekt erhalten soll. Sie sind gebeten worden, für den Newsletter einen Beitrag zum Thema ‚Stressfaktor Smartphone' zu verfassen"* (MSW 2015: 39).

Wie lässt sich der Umgang mit dieser „Situierung" später bewerten? In den Erläuterungen zu dem Aufgabentyp finden sich hierzu Hinweise:

> *„Der zu erstellende Text soll die strukturellen, thematischen und kommunikativen Vorgaben der Situierung berücksichtigen und den jeweiligen Sachverhalt adressatenbezogen, zielorientiert und sachangemessen in kohärenter Weise darlegen"* (MSW 2015: 11).

Zwar sind damit klare Hinweise auf mögliche Bewertungsbedingungen formuliert (Berücksichtigung struktureller, thematischer, kommunikativer Vorgaben der Situierung, Adressatenbezug, Zielorientierung und Sachangemessenheit, Kohärenz), jedoch können damit die Texte, die von den Schülerinnen und Schülern erarbeitet werden sollen, durchaus Differenzen aufweisen – je nachdem, welches sinnvolle Ziel ausgewählt wurde, welche Vorgaben als besonders wichtig angesehen werden oder wie der Bezug zu den richtigen Adressaten hergestellt wird. Indem es bei der Lösung einer solchen Aufgabe auch um eine gestalterische Leistung geht, ist die Frage nach einer richtigen und einer falschen Lösung schwieriger zu beantworten als z. B. bei der Analyse eines Sachtextes – vielmehr als um richtig und falsch wird es wohl eher um bessere und schlechtere Lösungen gehen – und Qualität sich vor allem durch Originalität, gestalterische oder konzeptuelle Konsequenz und Urteilskraft erweisen, insbesondere wenn man die Formulierung der eigentlichen Aufgabe hinzuzieht:

> *„Gestalten Sie auf der Basis der Materialien 1–4 einen informierenden Text für einen Newsletter zum Thema ‚Stressfaktor Smartphone?', indem Sie wichtige Argumente und Informationen zu dem Thema wiedergeben sowie Zusammenhänge herausarbeiten. Setzen Sie sich abschließend mit den Auswirkungen auf unsere Gesellschaft auseinander"* (MSW 2015: 45).

---

5   Als Problemhaltigkeit soll im Folgenden verstanden werden, inwiefern eine Aufgabe oder eine Situation einen vieldimensionalen Zugang ermöglicht. Für besonders problemhaltige Aufgaben ist wesentlich, dass sie für eine erfolgreiche Lösung im Vorfeld und während der Erarbeitung insbesondere die differenzierte Planung und kritische Überprüfung von Lösungswegen erfordern.

Hier wird deutlich, dass durch die Konkretisierung der Aufgabe nunmehr versucht wird, innerhalb der vielen Möglichkeiten, die die Situation vorgibt, gewisse Einschränkungen und Vorgaben zu machen. Wenn man dazu die ebenfalls abgedruckten Lösungserwartungen betrachtet, erkennt man, dass diese Vorgaben (der Aufgabenstellung) schon sehr genau auf die Vermittlung dessen abzielen, was bei der Bewertung relevant werden soll. Denn in der Lösungserwartung werden es genau die in der Aufgabenstellung genannten Operatoren sein („gestaltet einen informierenden Text", „gibt wichtige Argumente und Informationen wieder", „arbeitet Zusammenhänge heraus", „setzt sich abschließend mit den Auswirkungen auf unsere Gesellschaft auseinander"; vgl. MSW 2015: 45–46), die mit konkreten Angaben zu Lösungsmöglichkeiten hinterlegt werden.

2.2.3 Kriterien und Transparenz einer offenen Prüfungsaufgabe

Es wird deutlich, dass also, wenn Prüfungserwartungen schon vor Kenntnis der Prüfungsleistungen festgelegt werden sollen (was zu höherer Transparenz und Vergleichbarkeit von Prüfungsergebnissen führt), bei problemhaltigen Aufgabenformen gewisse Lenkungen vorgenommen werden müssen, um die Aufgabe lösbar bzw. verschiedene Lösungsansätze durch die Prüflinge für den Korrigierenden bewertbar zu machen. Bei der Konzeption von Aufgaben mit zunehmenden Anforderungen in Bezug auf die Gestaltung wird damit das Abwägen zwischen dem Wunsch nach konkreter, besonders problemhaltiger Situiertheit einerseits und den Anforderungen der einheitlichen und transparenten Bewertbarkeit zentraler Abiturprüfungen andererseits bedeutsam.

Die Forderung nach Transparenz wird in den genannten Aufgabenbeispielen noch einmal durch „Hinweise zur Lösung" für die Schülerinnen und Schüler aufgegriffen, die der Formulierung der Aufgabe nachfolgen und den Prüflingen weitere obligatorische Handlungsanweisungen geben:

> „Verweisen Sie in Ihrem Text auf die Quellen, denen Sie die Informationen entnommen haben. Sie sollen auch eigenes Wissen über Medien und gesellschaftliche Entwicklungen verwenden und eigene Beispiele zur Verdeutlichung einsetzen" (MSW 2015: 39).

Mit diesen Informationen müsste die genannte Aufgabe erfolgreich gelöst werden können, wenn der Prüfling auf der Ebene der *Verstehensleistung*

- einen an die Schulöffentlichkeit (Lehrer-, Schüler-, Elternschaft, Ausbildungsbetriebe) gerichteten und damit kommunikativ an einen heterogenen Adressatenkreis angepassten Newsletter verfasst,
- sich auf das Thema („Stressfaktor Smartphone") konzentriert,

- wichtige Informationen (und Argumente) aus vorgegebenen Quellen sachrichtig und sinnvoll (im kommunikativen Sinn) wiedergibt,
- wichtige Informationen (und Argumente) sowie Beispiele aus dem eigenen
  bzw. Unterrichtswissen zu Medien und gesellschaftlichen Entwicklungen sachrichtig und sinnvoll ergänzt,
- diesbezüglich Zusammenhänge sachrichtig und sinnvoll herausarbeitet,
- sich abschließend mit den Auswirkungen auf unsere Gesellschaft auseinander-
  setzt.

Auf der Ebene der *Darstellungsleistung* werden in dem Beispiel dezidierte Erwartungen an die Fähigkeiten geknüpft, einen Text sprachlich ansprechend und angemessen zu formulieren. Es besteht für die Deutschprüfungen aller beruflichen
Gymnasien in NRW ein einheitlicher Anforderungskatalog, der zwischen Leis-
tungs- und Grundkursen nur in der Gewichtung differenziert; die Anforderungen
an die Schülerinnen und Schüler sind hier, dass sie

- einen Text schlüssig und gedanklich klar strukturieren und Teilleistungen sinnvoll zueinander in Beziehung setzen,
- Aussagen am Text bzw. an den zugrunde gelegten Materialien belegen (funk-
  tionsgerechtes und korrektes Zitieren, Unterscheidung eigener und fremder
  Aussagen in sprachlich angemessener Weise),
- den Text syntaktisch, pragmatisch und semantisch sicher, variabel und hinreichend komplex formulieren, Analyseergebnisse bzw. Sachverhalte präzise,
  zusammenhängend und differenziert versprachlichen sowie eine fachsprach-
  liche Terminologie korrekt anwenden (vgl. MSW 2015: 14–15).

Obwohl also die Schülerin bzw. der Schüler insgesamt eine komplexe Aufgabe
erhält und viele Lösungen möglich sind, wird angestrebt, dass die Aufgabe nach
klaren Kriterien plan- und umsetzbar sein soll – so entsteht auch Berufsorientierung, da für komplexere berufliche Probleme eben auch eine solche genaue
Analyse von Anforderungs- bzw. Ausgangssituation besonders bedeutsam ist und
es in der tätigen Praxis für ein Problem meistens nur eine oder wenige besonders
geeignete Lösungen gibt.[6]

---

6   Ein besonderer Reiz situativ eingebundener Aufgaben ist allerdings eine grundsätz-
    liche Offenheit der Lösungserwartungen. Auch wenn es bestimmte Bedingungen für
    gute oder sehr gute Lösungen gibt, die vorformulierbar sind, müssen immer auch
    besonders originelle und eigenständige Erarbeitungen möglich und positiv bewertbar
    bleiben.

2.2.4 Komplexität und lebensweltliche Relevanz durch das Material

Die berufliche, oder, einfacher gesprochen, lebensweltliche Relevanz einer Abitur-
aufgabe im Fach Deutsch lässt sich am ehesten durch die Texte oder Materialien
herstellen, die Gegenstand der Aufgabe sind. Bei Aufgaben des materialgestützten
Schreibens können mehrere Materialien als Grundlage gewählt werden. Damit
lassen sich Schülerinnen und Schüler z. B. durch eines der Materialien in ihrer
Lebenswirklichkeit „abholen" – und durch ein anderes Material können ganz
andere, etwa berufliche, Bildungsziele in den Blick genommen werden. Zudem
begegnet ihnen Komplexität – ein aktuell besonders wichtiges Merkmal unserer
Lebenswelt.

Solche Komplexität lässt sich aus den Titeln der vier Textauszüge erkennen,
die in unserem Beispiel als Gegenstand gewählt wurden. Dabei beziehen sich
drei Materialien (zwei Kommentare mit den Titeln „Allzeit vernetzt" und „Das
Handy macht uns nicht zum Opfer" sowie eine Infografik zum „Datenverkehr
im Mobilfunknetz") offensichtlich auf die Lebenswelt der Schülerinnen und
Schüler bzw. allgemeine gesellschaftliche Diskurse, während sich ein vierter Text
über „Die Auswirkungen arbeitsbezogener erweiterter Erreichbarkeit auf Life-
Domain-Balance und Gesundheit" deutlich und bereits durch die Wortwahl auf
berufliche Themen richtet (vgl. MSW 2015: 39–43).

Durch diese beispielhafte Materialzusammenstellung soll offenbar ermöglicht
werden, dass Schülerinnen und Schüler in ihren Abiturklausuren an einem beruflich orientierten Gymnasium sinnvolle Lösungen finden, die die pragmatische
Dimension der Thematik ansprechen.

2.2.5 Problematisierung

Die Aufgabenformen des *materialgestützten Verfassens argumentierender bzw.
informierender Texte* stellen zwar besonders gute Möglichkeiten dar, Kompetenz-
und (auch beruflich bedeutsame) Problemorientierung in Prüfungen (hier zum
Abitur) relevant werden zu lassen, allerdings ergeben sich bei der Konzeption
solcher Aufgaben grundlegende, auch ganz praktische Probleme und Fragen.
Einige sollen hier wenigstens angedeutet werden:

Der Umgang mit restriktiven Zeitvorgaben bei einer Prüfung ist schwierig in
Bezug auf eine Aufgabenform, deren Bearbeitung verschiedene Zugangsweisen,
auch in Bezug auf die Ausführlichkeit des zu produzierenden Textes, ermöglicht.[7]

---

7   Das Problem der Zeitdauer, die den Schülerinnen und Schülern für das materialgestützte Verfassen von informierenden oder argumentierenden Texten zur Verfügung

Bei der Erstellung konkreter Abituraufgaben dürfte weiterhin die Auswahl von geeigneten Materialien schwierig sein in Bezug auf:

- den Anspruch in Bezug auf inhaltliche Komplexität und sprachlich-gedankliche Gestaltung (also so etwas wie eine „innere Komplexität"),
- die Länge (bei kontinuierlichen Texten: Wortzahl) und Anzahl der Materialien (damit die „äußere Komplexität"),
- die formale Kohärenz bzw. Divergenz (Auswahl aus ähnlichen oder unterschiedlichen Textformen, z. B. Kommentar, Leserbrief, Interview, Diagramm, Schaubild, Cartoon usw.)
- die Relevanz (sollen auch Materialien vorgelegt werden, die durch den Prüfling für die Bearbeitung besser nicht ausgewählt werden?)

Ein Problem zentraler Prüfungen ist auch die Vergleichbarkeit von Lösungsmöglichkeiten, insbesondere bei der Konzeption kohärenter, eindeutiger und pragmatisch sinnvoller Lösungserwartungen, die den korrigierenden Fachlehrern einerseits präzise Bewertungsgrundlagen für einzelne fachliche Anforderungen geben, andererseits die Möglichkeit von Differenzen berücksichtigen und zulassen, je nachdem, was die Schülerinnen und Schüler im spezifischen Unterricht, unter anderem durch Fachlehrer, Lerngruppe und Persönliches bestimmt, gelernt haben. Dieses Spannungsfeld zwischen notwendiger Geschlossenheit und gewünschter Offenheit von Lösungserwartungen wird, wie schon angedeutet, besonders bedeutsam bei zu gestaltenden oder argumentierenden, bewertenden, auf der Grundlage eigener Positionen zu entwickelnden Texten. Es wird bei den vorgelegten und bei den zukünftig weiter zu entwickelnden Aufgabentypen, die sich an pragmatischen, beruflich relevanten Kompetenzen orientieren, also darum gehen müssen, mit beispielhaft präsentierten Lösungserwartungen einen Hinweis auf besonders sinnvolle und zielführende Lösungszugänge zu geben, die eine besondere Tragfähigkeit für auch außerschulische, ähnlich gelagerte Probleme im beruflichen, persönlichen oder gesellschaftlichen Bezugsrahmen haben.

Abiturvorgaben, wie sie sich aus den KMK-Bildungsstandards von 2012 ergeben, differenzieren zwischen unterschiedlichen – untereinander kombinier-

---

steht, stellt sich insbesondere, weil in Abiturprüfungen in NRW für den Grundkurs 180 Minuten Bearbeitungszeit vorgesehen sind. Wenn in dieser Zeit nicht nur viel Textmaterial gesichtet und ausgewertet, sondern auch ein auf die Situation und Aufgabe abgerichteter Schreibplan erstellt werden soll, ist das sehr wenig Zeit; insbesondere da z. B. beim Abitur in Bayern für die gleiche Aufgabenform im Fach Deutsch eine deutlich längere Bearbeitungszeit (315 Minuten; vgl. Staatsinstitut für Schulqualität und Bildungsforschung München 2016) eingeplant ist.

baren – Aufgabentypen. In der Praxis kann es oft wichtiger sein, im Sinne einer transparenten Lösungserwartung, durch eine genaue Operationalisierung und Präzisierung der Aufgabenstellung den Schülerinnen und Schülern und den Korrigierenden Hinweise auf zu erwartende Lösungen zu geben. Durch sehr differenzierte Operatoren, so zeigt die Praxis, verwischt jedoch die klare Abgrenzung zwischen Aufgabenformen, z. B. zwischen einer literarischen Erörterung, dem materialgestützten Schreiben argumentierender Texte oder einer literarischen Analyse mit reflexionsorientiertem Schreibauftrag. Hier wird sich noch zeigen müssen, ob der zukünftige „Königsweg" bei der Erstellung von Aufgaben in der Standardisierung von Aufgabentypen oder der stärkeren Operationalisierung von Lösungserwartungen besteht und inwiefern formale curriculare Vorgaben neuer Prüfungsrahmenbedingungen zu tatsächlichen Verbesserungen führen.

3. Zusammenfassung und Schlussfolgerungen

Wie die obigen Ausführungen zeigen, ist bei den Prüfungsformaten im Fach Deutsch bzw. Deutsch/Kommunikation in den vollzeitschulischen Bildungsgängen einige Bewegung entstanden. Es scheint sich abzuzeichnen, dass aus der Sekundarstufe I nun in die Sekundarstufe II überführte Aufgabenarten wie das materialgestützte Schreiben gerade auch an den berufsbildenden Schulen eine interessante Alternative darstellen. Sie könnten den Weg für weitere Innovationen bahnen und stehen zugleich in einer Tradition, wenn man sie zu den aus der früheren Deutschdidaktik bekannten „objektiven" Aufsatzarten zählt.

Das informierende Schreiben lässt sich beispielsweise als eine durchaus zeitgemäße Aktualisierung von klassischen Aufsatzarten wie dem Bericht verstehen. Von den Schülerinnen und Schüler wird auch hier eine nüchterne Auswahl und präzise Darstellung vermittlungswürdiger Fakten verlangt. Im digitalen Zeitalter gewinnt das Extrahieren und Referieren von anspruchsvollen Informationen angesichts der gigantischen Materialfülle, mit der Schülerinnen und Schüler täglich gerade auch in beruflichen Zusammenhängen konfrontiert sind, ganz neues Potenzial. Und dass auch bei informierenden Schreibformen sehr anspruchsvolle Zieltexte möglich sind, versteht sich von selbst; man denke beispielsweise an Forschungsberichte.

Auch die im FHR-Prüfungsbeispiel sehr blasse Forderung eines adressatenbezogenen Schreibens scheint sich beim materialgestützten Schreiben operativ besser umsetzen zu lassen. Qualitätsmerkmale guter Schülertexte wie zum Beispiel die Verständlichkeit lassen sich weitaus besser nachweisen, wenn die Ausgangstexte lang, vielfältig und inhaltlich komplex sind. Durch den Kontext entsteht tatsächlich bei der Schülerin bzw. bei dem Schüler das Bild von einer Zielgruppe, für die es diese Materialien aufzubereiten gilt. Und mit Blick auf diese spezifischen Leserinnen und Leser kann heterogenes Ausgangsmaterial tatsächlich in einer Weise transformiert werden, wie es bei einem durchschnittlichen Zeitungsartikel in dieser Weise gar nicht nötig und erforderlich ist. Zudem kommt ein solches Schreibprodukt einem realistischen Verwendungszusammenhang deutlich näher.

Auch die Nutzung domänenspezifischer Ausgangstexte scheint zumindest beim informierenden Schreiben leicht möglich. Linguisten wie Rudi Keller (Keller 2006) haben in der Vergangenheit beispielhaft gezeigt, dass sich Fachliteratur wie etwa der Geschäftsbericht eines Wirtschaftsunternehmens durchaus mit sprachwissenschaftlichen Kategorien fassen lässt. Auf dieser Basis ließe sich über die Einbeziehung von bislang noch nicht für schulische Zusammenhänge erschlossenen berufsbezogenen Materialien in Unterricht und Prüfungen nachdenken. Zweifellos muss dabei das Anspruchsniveau der Bildungsgänge und der zeitliche Umfang der jeweiligen Prüfungssituationen berücksichtigt werden.

Es gilt nun zunächst Erfahrungen zu sammeln und das Schülerwahlverhalten und die Ergebnisse in den Abiturprüfungen zu evaluieren. Bei ermutigenden Anzeichen sollte die Übertragbarkeit der neuen ergänzenden Formate auf weitere Bildungsgänge geprüft werden. Die Herausforderung wird auch hier wieder darin liegen, praxisrelevante Schreibanlässe zu entwickeln, die mit schulisch umsetzbaren und fachdidaktisch abgesicherten Bewertungskriterien fassbar sind.

Sollte es zu Adaptionen des materialgestützten Schreibens kommen, wird dies allerdings zwangsläufig die Problematik der Niveauabstufung zwischen den unterschiedlichen Bildungsgängen, die an berufsbildenden Schulen zu verschiedenen Formen der Hochschulreife führen, aufwerfen. Die Abstufung zwischen FHR und Abitur ist normativ nicht gut abgesichert, sie basiert vor allem auf individuellen Setzungen der Bildungs- bzw. Lehrpläne und schulischen Traditionen. Bildungsstandards samt Beispielaufgaben liegen ebenfalls nur für das Abitur und nicht für die Fachhochschulreife vor. Operatoren, Anforderungsbereiche und einzelne Textmerkmale wie die Länge oder Schwierigkeiten sind für sich genommen nicht hinreichend für eine Niveaudifferenzierung. Vor dem Hintergrund des komplexen Konstrukts Studierfähigkeit ist eine passgenaue „Skalierung" des jeweiligen Anspruchsniveaus also schwierig.

Abschließend noch einige Gedanken zur dualen Berufsausbildung und der Überprüfung sprachlicher Kompetenzen dort. Hier zeigt sich nun wirklich eine wahre Kluft. Die vollzeitschulischen Bildungsgänge haben – bedingt durch das obligatorische Prüfungsfach Deutsch bzw. Deutsch/Kommunikation – bei allen Einschränkungen zumindest eine etablierte Prüfungspraxis. Die *Berufsabschlussprüfungen* der Kammern beinhalten aber bekanntlich keine eigenständigen

Deutsch-Prüfungen und setzen implizit dennoch vielfältige Kompetenzen im sprachlichen Bereich voraus, insbesondere beim Leseverstehen.

Tatsächlich herrscht in den Berufsabschlussprüfungen nach wie vor die traditionelle *multiple-choice*-Prüfungskultur vor, während offener gehaltene Aufgaben oder gar komplexe Schreibaufträge eine absolute Minderheit darstellen. In der Regel geht es um Schreibroutinen, die im Rahmen von Textsorten wie beispielsweise der Geschäftskorrespondenz bei Kaufleuten für Büromanagement vermittelt und überprüft werden. Wegen des hohen Grads an Normiertheit (immerhin gibt es die DIN 5008 für den Schriftverkehr!) sind solche Textformate zwar gut lehr- und überprüfbar, aber sie entsprechen zunehmend weniger den täglichen Anforderungen einer Berufspraxis, die konzeptionell viel stärker von der Mündlichkeit geprägt ist.

Auf der anderen Seite ergibt es durchaus auch in den Fachklassen des dualen Systems Sinn, wichtige berufliche Anforderungen wie die flexible Handhabung schriftlicher Kommunikationsformen einschließlich der Aufbereitung von Fachliteratur nicht nur dem Unterricht als Aufgabe zu übertragen, sondern auch als solche in Abschlussprüfungen sichtbar zu machen. Das gilt auch angesichts der Bildungsbiographien vieler Jugendlicher, die heutzutage nicht nur vielfach an ihre Berufsausbildung ein Studium anfügen, sondern mitunter auch den umgekehrten Weg gehen und an den Hochschulen vermittelte Techniken wie das Exzerpieren und Referieren bereits gewohnt sind.

Es wäre also sinnvoll, einerseits darüber nachzudenken, wie die Abschlussprüfungen der vollzeitschulischen Bildungsgänge im Fach Deutsch bzw. Deutsch/ Kommunikation weiterentwickelt werden können, andererseits aber auch in den Blick zu nehmen, wie die Wichtigkeit sprachlicher Kompetenzen auch in Berufsabschlussprüfungen des dualen Systems stärker herausgearbeitet werden kann.

Literaturverzeichnis

Bezirksregierung Köln (2015): Handreichung Vorprüfung Technik und Wirtschaft und Wirtschaft und Verwaltung nach Anlage C2 für das Fach Deutsch / Kommunikation. Köln.

Disdorn-Liesen, Varvara (2016): Vergleichbarkeit in der Vielfalt. Leistungsanforderungen und Leistungsfeststellung im Zentralabitur Deutsch. Wiesbaden.

Keller, Rudi (2006): Der Geschäftsbericht: Überzeugende Unternehmenskommunikation durch klare Sprache und gutes Deutsch Taschenbuch. Wiesbaden.

Kölner Stadtanzeiger (2015), „Heftige Debatte um „Charlie"-Rückzug", Ausgabe vom 30.01.2015, S. 25.

Staatsinstitut für Schulqualität und Bildungsforschung München (2016): Hinweise zur bayerischen Abiturprüfung im Fach Deutsch. Verfügbar unter https://www.isb.bayern.de/gymnasium/faecher/sprachen/deutsch/hinweise-abiturpruefung-deutsch/ (Zugriff am 16.05.2017).

Kultusministerkonferenz (2008): Vereinbarung über Einheitliche Prüfungsanforderungen in der Abiturprüfung. Verfügbar unter http://www.kmk.org/fileadmin/Dateien/veroeffentlichungen_beschluesse/2008/2008_10_24-VB-EPA.pdf (Zugriff am 30.01.2017).

MSW (Ministerium für Schule und Weiterbildung des Landes Nordrhein-Westfalen) (Hrsg.) (2015): Ergänzende Handreichung zum Fach Deutsch am Beruflichen Gymnasium. Fachliche Anforderungen für Abiturprüfungen in Grund- und Leistungskursen. Düsseldorf.

MSW (Ministerium für Schule und Weiterbildung des Landes Nordrhein-Westfalen) (Hrsg.) (2013): Bildungsplan zur Erprobung für die zweijährigen Bildungsgänge der Höheren Berufsfachschule, die zu beruflichen Kenntnissen, Fähigkeiten und Fertigkeiten und zum schulischen Teil der Fachhochschulreife führen [Bildungsgänge der Anlage C APO-BK]. Düsseldorf.

Sekretariat der Ständigen Konferenz der Kultusminister (Hrsg.) (2012): Bildungsstandards im Fach Deutsch für die Allgemeine Hochschulreife. Berlin. Verfügbar unter http://www.kmk.org/fileadmin/Dateien/veroeffentlichungen_beschluesse/2012/2012_10_18-Bildungsstandards-Deutsch-Abi.pdf (Zugriff am 16.04.2017).

Standardsicherung NRW (2015): Zentralabitur in der gymnasialen Oberstufe. Verfügbar unter https://www.standardsicherung.schulministerium.nrw.de/cms/zentralabitur-gost/faecher/fach.php?fach=1 (Zugriff am 16.05.2017).

Maik Philipp (Zürich)

Lesekompetenz – empirische Perspektiven auf eine Schlüsselqualifikation und Implikationen für die berufsschulische Leseförderung

Abstract: Much attention has been paid to the reading comprehension of students during the course of primary and secondary school as well as – to a much lesser degree – vocational school and everyday life of adults. In this chapter current (German) large-scale studies with longitudinal design are reviewed in order to estimate the empirical reading competencies and their growth from secondary to vocational school. Findings show systematic and stable influences of family background and attended type of school. Implications for reading instruction in vocational schools are briefly discussed.

Einleitung

Die Lesekompetenz ist seit der ersten PISA-Studie eine vieldiskutierte Basiskompetenz – und auch im Bereich der Berufsschule bzw. der beruflichen Bildung wird über die Fähigkeit, geschriebene Texte zu verstehen und für eigene Ziele zu nutzen, zunehmend intensiver nachgedacht. So gibt es handfeste Bestrebungen, die Leseleistungen von Berufsschülerinnen und -schülern besser zu diagnostizieren und entsprechend zu fördern – mithin systematischer in den Blick zu nehmen (vgl. Rexing/Keimes/Ziegler 2013).

Wenn Bemühungen um eine *ernstlich systematische Leseförderung* Erfolg haben sollen, benötigt man aus einer curricularen Perspektive heraus unter anderem Wissen über die erwartbaren Lesekompetenzen von Jugendlichen zum einen und die Leseaktivitäten im späteren Berufsalltag zum anderen. Es sind also die Übertrittschwellen aus der Regelschule hinein in die Berufsausbildung und aus ihr hinaus in den Berufsalltag, die wichtige Knotenpunkte für eine sinnvolle curriculare Ausgestaltung der Leseförderung bilden.

Vor diesem Hintergrund ist dieses Kapitel zu verorten. Es möchte einen empirischen Blick auf die Lesekompetenz ermöglichen, indem es zunächst die Lesefähigkeiten und den lesebezogenen Alltag von Erwachsenen betrachtet (Abschnitt 2). In einem weiteren Schritt wird die Lesekompetenz von Sekundarschuljugendlichen fokussiert, und zwar in Studien mit einer Großzahl von untersuchten Personen aus Deutschland (Abschnitt 3). Dadurch soll auf breiter empirischer Basis deutlicher werden, wie groß der Förderbedarf ist. Der Buchbeitrag endet mit kursorischen Überlegungen zu lesedidaktischen Implikationen (Abschnitt 4).

1. Lesen und Lesekompetenz bei (berufstätigen) Erwachsenen

1.1 Die hohe Bedeutung des Lesens für berufstätige Erwachsene – Befunde aus „Leo.-Level One" und PIAAC

Eine mit großer öffentlicher Aufmerksamkeit bedachte Studie – „Leo.-Level One" (vgl. Grotlüschen/Rieckmann/Buddeberg 2012) – hat sich mit dem sogenannten (funktionalen) Analphabetismus befasst. Dabei gilt als funktionaler Analphabet, wer die gegenwärtig erforderlichen basalen Lese- und Schreibfähigkeiten nicht erbringt. In der Studie wurde eine für Deutschland repräsentative Stichprobe von ca. 8.400 Personen im Alter von 18 bis 64 Jahren getestet. Insbesondere interessierte man sich für Personen, die von

- *Analphabetismus* (nur einzelne Wörter lesen/schreiben können, aber keine Sätze; Leistungen auf den Leo-Levels 1 und 2) bzw.
- *funktionalem Analphabetismus* (zwar einzelne Sätze lesen bzw. schreiben können, aber keine zusammenhängenden (kurzen) Texte; Leistungen auf Leo-Level 3)

betroffen sind. Den Befunden zufolge sind fast fünf Prozent der Bevölkerung als Analphabeten zu bezeichnen; weitere zehn Prozent erbrachten Leistungen auf Leo-Level 3. Zusammengenommen ist damit jeder siebte Erwachsene lediglich zu unzureichenden Lese- und Schreibleistungen in der Lage. Vertiefende Analysen ergaben:

- Je *älter* die Testpersonen waren, desto schlechter waren tendenziell die Leistungen.
- Noch deutlicher war der Effekt der *Erstsprache:* Personen mit Deutsch als Muttersprache waren mit zehn Prozent auf den Leo-Levels 1–3 viermal seltener zu verorten als Personen mit einer anderen Erstsprache (41 Prozent).
- *Arbeitslose Personen* sind unter den Testpersonen mit Leistungen der Leo-Levels 1–3 fast dreimal so häufig funktionale Analphabeten (32 Prozent) wie Personen mit Erwerbstätigkeit (12 Prozent).

Die der „Leo.-Level-One"-Studie zeitlich nachgelagert durchgeführte Untersuchung „Programme for the *International Assessment of Adult Competencies"* (PIAAC) mit 16- bis 65-Jährigen als Studienteilnehmende gilt als Pendant zu den PISA-Studien mit 15-Jährigen. Wie bei PISA (s. Abschnitt 3.1) wurden in der 2012 durchgeführten Studie Grundkompetenzen von Erwachsenen, darunter im Lesen, in 25 Staaten systematisch erfasst (vgl. Rammstedt 2013). Weltweit wurden 160.000 Erwachsene getestet, in Deutschland waren es rund 5.400. Bei der Lesekompetenz, die inhaltlich recht PISA-nah erfasst wurde, gab es fünf Kompetenzstufen. Als Basisstufe fungierte dabei die Kompetenzstufe I, die es erforderte, kurze Texte zu lesen und darin eine explizit in der Aufgabenstellung genannte Information zu finden, wobei es kaum ablenkende Informationen gab. Wenn man die PIAAC-Studie zur Lesekompetenz systematisch sichtet, so lassen sich einige der Hauptbefunde des „PISA für Erwachsene" schlaglichtartig zusammenfassen (vgl. Rammstedt 2013):

- Bezüglich der *schwach lesenden Erwachsenen* lässt sich festhalten: 14 Prozent der getesteten Erwachsenen erreichten lediglich Leistungen, die den Anforderungen der Stufe I entsprechen. Weitere drei Prozent schaffen nicht einmal das.
- Es gibt einen *Alterseffekt:* 16- bis 44-Jährige sind mit 13 bis 15 Prozent bis maximal Stufe I lesekompetenter als die älteren Getesteten, die mit 21 bis 24 Prozent deutlich stärker höchstens basale Leistungen erzielten.
- Es gibt deutliche Effekte der *Bildungsabschlüsse.* Bei Personen ohne Hauptschulabschluss erreichten nur 75 Prozent Leistungen bis Stufe I. Unter Personen, die zwar einen Hauptschulabschluss aufweisen, aber keine Berufsausbildung, waren es 46 Prozent. Bei ehemaligen Hauptschulbesuchern mit Berufsausbildung waren es 30 Prozent. Beim Realschulabschluss waren die Quoten geringer, und es spielte auch keine Rolle mehr, ob es eine abgeschlossene Ausbildung gab (14 Prozent) oder nicht (15 Prozent). Im Falle des Abiturs war es ähnlich (4 vs. 5 Prozent).
- Die Effekte der *sozialen Herkunft* sind groß. Sie waren in Deutschland sogar am zweithöchsten unter allen teilnehmenden Staaten. Je höher die Bildungsabschlüsse der eigenen Eltern waren, desto höher war auch die Lesekompetenz des erwachsenen Nachwuchses. Die Differenz zwischen den Leistungen des Nachwuchses von Eltern mit dem höchsten und mit dem niedrigsten Bildungsabschluss lag bei mehr als einer Kompetenzstufe.
- Personen mit *Deutsch als Muttersprache* waren mit 15 Prozent deutlich weniger maximal auf Kompetenzstufe I anzutreffen als Personen, die eine andere Sprache als Muttersprache hatten (41 Prozent).
- Der *Erwerbsstatus* hängt mit der Lesekompetenz zusammen. Erwerbstätige haben einen Wert im Leseverstehen, der ungefähr eine halbe Kompetenzstufe über jenem liegt, den Nicht-Erwerbstätige erreichten. Allerdings betrifft diese Differenz eher Personen ab dem 25. Lebensjahr.
- Bei den *lesebezogenen Anforderungen im Beruf* ist das Lesen quasi allgegenwärtig: 95 Prozent der getesteten Deutschen geben an, im Beruf lesen zu müssen, um ihren beruflichen Anforderungen gerecht zu werden. Mehr als ein Viertel gab sogar an, sehr häufig lesen zu müssen.

- Lesekompetenz und *Einkommen* hängen systematisch miteinander zusammen. Mit jeder nächsthöheren Kompetenzstufe steigt das Einkommen um ein Zehntel. Das sind bei einer Vollerwerbstätigkeit geschätzte 250 Euro pro Monat. Faktisch ist die Lesekompetenz sogar einer der wichtigsten Prädiktoren des Einkommens, selbst wenn Variablen wie Geschlecht oder Bildungsabschlüsse berücksichtigt werden.

Damit wird deutlich, dass Lesen faktisch eine alltagsnötige Kompetenz insbesondere bei Berufstätigen ist und mit Bildungsabschlüssen und Einkommen zusammenhängt. Allerdings ist es mit herkunftsbedingten Merkmalen wie den eigenen bzw. elterlichen Bildungsabschlüssen und der Muttersprache verbunden, die anscheinend eine sehr hohe Stabilität für die Lesekompetenz aufweisen – selbst wenn man das anhand der querschnittlichen Anlage von PIAAC nur sehr vorsichtig so interpretieren darf. Jedoch geben Längsschnittstudien darauf Hinweise, dass die Stabilität der familialen Merkmale noch nach über 30 Jahren besteht und dass die Lesefähigkeiten bei der Einschulung mit dem beruflichen Erfolg als 42-jähriger Erwachsener zusammenhängen (vgl. Ritchie/Bates 2013).

1.2 Die vielfältigen Leseaktivitäten von berufstätigen Erwachsenen

Über die gegenwärtigen Leseaktivitäten von Erwachsenen ist wenig bekannt. Zwar wird die Bedeutung des Lesens für den Berufsalltag von den Teilnehmenden der PIAAC-Studie hoch veranschlagt, aber was konkret sie lesen, wurde nicht erfragt. Deshalb lohnt sich ein Blick in eine US-amerikanische Studie, in der 400 Erwachsene im Alter ab 20 Jahren zwei Tage lang (jeweils an einem Arbeitstag und an einem arbeitsfreien Tag) ein Tagebuch über ihre Leseaktivitäten führten (vgl. White/Chen/Forsyth 2010). Die Hauptergebnisse dieser Studie waren:

- Die durchschnittlichen *täglichen Leseaktivitäten* beliefen sich auf 272 Minuten, das sind etwas mehr als viereinhalb Stunden. Pro Tag wurden neun unterschiedliche Leseaktivitäten berichtet, die im Mittel eine halbe Stunde dauerten.
- Es gibt einen *Effekt der beruflichen Tätigkeit*. Zum einen lasen die Teilnehmenden mit beruflichem Anstellungsverhältnis mit 284 Minuten mehr als jene ohne berufliche Anstellung (253 Minuten). Zum anderen fielen an den Arbeitstagen die Leseaktivitäten mit 312 Minuten – also mehr als fünf Stunden – erheblich länger aus als an Nicht-Arbeitstagen (242 Minuten).
- Die Leseaktivitäten divergierten nach *Art des zu lesenden Textes*. Am umfangreichsten war mit 98 Minuten das Lesen von Prosa-Texten (= kontinuierliche Texte mit einer Länge von mindestens einem Satz). Knapp dahinter landeten mit 94 Minuten Texte, bei denen man eine mathematische Operation durch-

führen musste. Hybridformen von kontinuierlichen und diskontinuierlichen Texten bildeten mit 40 Minuten die dritthäufigste Lektüre. Die rein diskontinuierlichen Texte kamen mit 25 Minuten auf Platz 4.

- Bei den *kontinuierlichen Texten* überwogen Periodika (36 min), elektronische Korrespondenz (33 min), Informationsmaterialien (30 min). Bücher bildeten mit 18 Minuten nur einen eher randständigen Lesestoff. Im Falle der *diskontinuierlichen Texte* dominierten Listen (71 min), gefolgt von Rechnungen (37 min), Diagrammen und Formularen (je 25 min) sowie Karten (20 min).

- Bezogen auf den *Zweck der Lektüre* dominierten die Leseaktivitäten, bei denen es darum ging, Textinformationen anzuwenden, d. h. die ursprüngliche Information aktiv zu nutzen (sieben Aktivitäten pro Tag). Es folgten Suchen nach relevanten Informationen in Texten (sechs Aktivitäten) und solche Aktivitäten, bei denen die Teilnehmenden Textinhalte zusammenfassen oder erschließen mussten (drei Aktivitäten).[1]

Aus den Hauptbefunden lässt sich als Muster festhalten, dass die untersuchten Erwachsenen insbesondere im beruflichen Kontext sehr viel lesen müssen. Dabei dominierten eher kurze Texte verschiedener Textsorten und mit unterschiedlichen Funktionen. Und: Die Erwachsenen lesen, um Informationen zu lokalisieren und sie aktiv weiterzubearbeiten. Vor diesem Hintergrund ist der PIAAC-Befund, dass ein Siebtel der getesteten deutschen Erwachsenen mit solchen Lektüren überfordert sein dürfte, ein handfestes Problem.

2. Die Leseleistungen von deutschen Jugendlichen im Übergang von der allgemeinbildenden Schule zur Berufsschule: Befunde aus deutschen Large-Scale-Studien

2.1 PISA

Das „Programme for International Student Assessment" (PISA) erfasst regelmäßig die Lesekompetenz seit dem Jahr 2000 als Haupt- oder Nebendomäne bei 15-jährigen Schülerinnen und Schülern in einem repräsentativen Sample. In den Jahren 2000 und 2009 war Lesen die Hauptdomäne, wurde also am umfassendsten getestet. An dieser Stelle sollen die aktuellsten Befunde zum Lesen als Hauptdomäne aus dem PISA-Zyklus 2012 vorgestellt werden. Sie befinden sich in Tabelle 1 und sind für die einzelnen Schulformen separat ausgewiesen.

---

1   Die Abweichungen in der Summe von den neun Aktivitäten täglich (s. erster Spiegelstrich dieser Aufzählung) hängen damit zusammen, dass die drei Zwecke nicht trennscharf waren, sodass es zu Mischformen kam.

Tabelle 1: Leseleistungsdaten von deutschen 15-Jährigen in der PISA-Studie 2012 (Quelle: eigene Darstellung, basierend auf Hohn et al. (2013))

Schulform (Bildungsbeteiligung)	Mittelwert auf der Lesekompetenzskala (Standardabweichung)	Anteil der Risikogruppe (unter LesekompetenzStufe II)
Hauptschule (11 %)	417 (69)	44 %
Schule mit mehreren Bildungsgängen (15 %)	458 (77)	26 %
Integrierte Gesamtschule (23 %)	477 (67)	14 %
Realschule (9 %)	509 (65)	6 %
Gymnasium (36 %)	579 (59)	–
Gesamtstichprobe (100 %)	508 (91)	15 %

Deutlich erkennbar sind die großen Differenzen im Leseverstehen, die insbesondere im Vergleich von Hauptschul- und Gymnasialjugendlichen auffallen: 162 Skalenpunkte (das entspricht mehr als zwei Kompetenzstufen bei PISA) oder – im Sinne einer Effektstärke[2] – von $d = 2,53$ Standardabweichungen, was eine sehr große Differenz ist. Rechts dargestellt in der Tabelle ist jener Anteil der Jugendlichen, der Leistungen unter der definierten Basisstufe (Kompetenzstufe II) gezeigt hat. Das bedeutet: Diese Jugendlichen schaffen es lediglich, einfache Aufgaben zu bearbeiten, in denen sie bei Texten vertrauter Themen explizit gegebene Information lokalisieren bzw. verknüpfen. Diese Risikogruppe ist an den Schulformen unterschiedlich stark vertreten. In den Hauptschulen ist fast jeder zweite Jugendliche leseschwach, aber auch an Realschulen ist noch jede 16. getestete Person vermutlich unzureichend für die schriftsprachlichen Anforderungen des (Berufs-)Alltags gerüstet. Bezogen auf die Gesamtstichprobe trifft dies auf ein Siebtel zu.

---

2 Die Effektstärke d weist standardisierte Effekte aus, indem Mittelwertdifferenzen zwischen zwei Gruppen durch die gemeinsame Standardabweichung (Standard Deviation in Englisch; Abkürzung: SD) geteilt werden, wobei es unterschiedliche Berechnungsarten gibt. Im Fall des Schulformvergleichs von Hauptschule und Gymnasium berechnet sich im einfachsten Rechenweg der Wert wie folgt: Die Differenz der Mittelwerte beträgt $M_{Gym} = $ 579 minus $M_{HS} = 417 = 162$ Punkte. Die gemeinsame Standardabweichung berechnet sich so: $(SD_{Gym} = 59 + SD_{HS} = 69)/2 = 64$ Punkte. Die Punktedifferenz wird durch die Standardabweichung geteilt: $d = 162/64 = 2,53$. Wenn man den Wert d mit 100 multipliziert, kann man ihn wie PISA-Leistungspunkte interpretieren.

Eines der stabilsten Befundmuster bei PISA betrifft die Effekte der *Familienmerkmale* auf die Leseleistungen:

- Ein Viertel der Jugendlichen bei PISA 2009 hatte einen *Migrationshintergrund*. Die Leistungen im Lesen lagen unter denen der Jugendlichen ohne Zuwanderungshintergrund. Allerdings waren die Differenzen kleiner, wenn im Elternhaus Deutsch gesprochen wurde. Im Vergleich mit dem Jahr 2000 ist der Effekt des Migrationshintergrunds inzwischen erheblich geringer. Am stärksten benachteiligt waren Jugendliche mit türkischem Migrationshintergrund (vgl. Stanat/Rauch/Segeritz 2010).

- Daneben hing die Lesekompetenz der Jugendlichen mit weiteren familialen Merkmalen wie dem *sozioökonomischen Status* zusammen: Je besser die Eltern hinsichtlich Beruf, Einkommen und kulturellem Kapital gestellt waren, desto besser schnitten die Jugendlichen ab (vgl. Ehmke/Jude 2010; Stanat/Rauch/ Segeritz 2010).

2.2 DESI

Die Studie „Deutsch-Englisch-Schülerleistungen *I*nternational" (DESI) wurde im Schuljahr 2003/2004 mit einem für Deutschland repräsentativen Sample mit Jugendlichen der neunten Jahrgangsstufe durchgeführt. Die Schülerinnen und Schüler wurden in diversen sprachlichen Kompetenzen getestet. Eine weitere Besonderheit neben der angesprochenen Breite der erfassten Kompetenzen besteht darin, dass es zwei Testungen jeweils zum Schuljahresbeginn und -ende gab; es handelt sich mithin um eine echte Längsschnittstudie. Bei DESI wurden ebenfalls Kompetenzstufen gebildet, aber nach einer anderen Logik als bei PISA (vgl. Gailberger/Willenberg 2008). Als basale Lesekompetenz wurde das Niveau A gesetzt, bei dem man maximal eine explizit gegebene Information lokalisieren musste. Dazu waren 64 Prozent der Schülerinnen und Schüler in der Lage, vier Prozent schafften dies nicht. Es gab zudem *Schulformunterschiede,* die in die gleiche Richtung wiesen wie bei PISA. Die Längsschnittentwicklungen fielen unterschiedlich aus: Am Gymnasium vollzogen sich deutliche Zuwächse, die in der Realschule abgeschwächt auftraten. Jugendliche aus der Hauptschule und aus der Integrierten Gesamtschule zeigten am Schuljahresende sogar schlechtere Leistungen als bei der ersten Testung.

Analog zu PISA zeigten sich *Effekte des familialen Hintergrunds.* So erwies sich ein Migrationshintergrund negativ für die Lesekompetenz – insbesondere in der Hauptschule und in der Integrierten Gesamtschule (vgl. Gailberger/Willenberg 2008). Außerdem gab es Effekte des sozioökonomischen Status der Eltern bei den sprachlichen Kompetenzen: Schülerinnen und Schüler, deren Eltern einen hohen sozioökonomischen Status aufwiesen, lagen bei ihren Deutschleistungen um rund 100 Punkte höher als ihre Peers mit Eltern, die einen niedrigen sozio-ökonomischen Status hatten. Selbiges gilt für den Besitz von kulturellen Gütern im Elternhaus. Etwas weniger ausgeprägt, aber immer noch sehr deutlich war die Verbindung von höchstem elterlichen Bildungsabschluss und den Deutschleistungen des Nachwuchses (vgl. Rolff/Leucht/Rösner 2008).

2.3 KESS

Die Hamburger Studie zu den „Kompetenzen und Einstellungen von Schülerinnen und Schülern" (KESS) ist eine Längsschnittstudie, bei der ein gesamter Schülerjahrgang von Klasse 4 (im Jahr 2003) bis Klasse 13 mehrfach getestet wurde. Diese Vollerhebung in Hamburg lieferte umfassende Daten. An dieser Stelle soll ein Teil der Längsschnittergebnisse präsentiert werden, nämlich die Entwicklung des Leseverstehens von Klassenstufe 4 bis zum Ende der zehnten Klasse bzw. im Falle des Gymnasiums bis zum Anfang der elften Klasse. Leider wurde in den beiden Bezugspublikationen eine jeweils unterschiedliche Metrik verwendet, sodass man die Werte nicht ohne Transformation direkt aufeinander beziehen kann. Zudem ergaben sich bei Versuchen, mittels Normwertrechnern inhaltliche Widersprüche zwischen dem neu errechneten und dem in der jeweiligen Bezugspublikation veröffentlichten Wert in Klasse 8 zu klären, erhebliche Probleme. Daher wurden für die Zwecke dieses Kapitels die Daten mit den verschiedenen Metriken in Tabelle 2 zusammengestellt. Als deutliches Befundmuster lässt sich feststellen, dass sich ab Klassenstufe 7 die größten Zuwächse verzeichnen lassen, und dies vor allem jenseits des Gymnasiums. Der Blick auf die Mittelwerte verdeutlicht jedoch, dass anfängliche Schulformdifferenzen in der Regel bestehen bleiben.

Die Daten aus den KESS-Publikationen legen im Vergleich zu den DESI-Ergebnissen eine andere Entwicklungsdynamik in den verschiedenen Schulformen nahe. Hinzu kommen – das zeigen die Ergebnisse von Nikolova (2012) für Schulformwechsler und -verbleiber – unterschiedliche Dynamiken für Auf- und Absteiger. Insofern ist eine uniforme Entwicklung anscheinend nicht der Normalfall.

Daneben machten sich auch bei KESS die *familialen Merkmale* in Klasse 10 bemerkbar. Wer beispielsweise in der Familie eine andere Sprache als Deutsch sprach, hatte am Ende der zehnten Klasse erheblich geringere Leseverstehensleistungen (d = -0,61). Der Bildungsabschluss der Eltern korrelierte ebenso mit den Leseleistungen, und der Zusammenhang von Leseleistungen und Buchbesitz im Elternhaus als Indikator kulturellen Kapitals war sogar noch ausgeprägter.

Der Beruf der Eltern hing zudem mit den Ergebnissen in Klasse 10 zusammen, allerdings war er nicht für die Leistungszuwächse von der achten bis zur zehnten Klasse bedeutsam (vgl. Nikolova 2012).

Tabelle 2: Mittelwerte, Standardabweichungen und Zuwächse im Leseverstehen von Klassenstufe 4 bis 10 in den KESS-Zyklen, ausgedrückt in Effektstärken d *(Quelle: Zusammenstellung der (im Falle der Leseverstehenswerte gerundeten) Werte aus Wendt et al. (2010: 28) sowie Nikolova (2012: 50); Legende: ° die doppelten Angaben in den Klassenstufen 7 und 8 stammen im Falle der Klassenstufe 7 aus den beiden Tabellen 2.3 und 2.4 bei Wendt et al. (2010: 28) und im Falle der Klassenstufe 8 aus der Tabelle 2.4 von Wendt et al. (2010: 28) sowie der Tabelle 3.12 von Nikolova (2012: 50);* * *Werte von Haupt- und Realschule wurden für das erste Intervall zusammengefasst;* # *zusammengefasste Mittelwerte für zwei unterschiedliche Niveaustufen)*

Schulform	Mittelwerte Lesekompetenz (Standardabweichungen)						Zuwächse Lesekompetenz (d)		
	Kl. 4	Kl. 7°	Kl. 8°		Kl. 10		Kl. 4–7	Kl. 7–8	Kl. 8–10
Hauptschule	385* (76)*	447* (82)*	408 (76)	491 (71)	113 (21)	139 (22)	0,78*	1,13	1,22
Realschule			480 (73)	563 (70)	133 (19)	143 (22)		1,15	0,47
Integrierte Gesamtschule	406 (84)	473 (90)	474# (81)#	552# (75)#	131 (22)	146 (23)	0,76	1,00#	0,67
Gymnasium	495 (73)	563 (82)	565 (82)	641 (71)	155 (19)	168 (19)	0,88	0,99	0,71
Gesamtstich-probe	440 (91)	506 (99)	506 (99)	584 (92)	143 (23)	156 (24)	0,69	0,82	0,57

2.4 LAU

Die Studie zu den „Aspekten der Lernausgangslage und der Lernentwicklung" (LAU) ist die Vorgängerin der KESS-Studie. Es handelte sich ebenfalls um eine der raren Vollerhebungen (zumindest im Regelschulbereich) im Bundesland Hamburg, bei der ab Klassenstufe 5 im Zwei-Jahres-Intervall beginnend Mitte der 1990er Jahre die Lesekompetenz getestet wurde. Diese Testungen wurden bis zur Klassenstufe 13 durchgeführt, allerdings war im letzten Zyklus das Leseverstehen Deutsch nicht mehr Gegenstand der Testungen. Daher liegen für insgesamt vier Messzeitpunkte (Beginn Kl. 5, Ende Kl. 6, Ende Kl. 8, Beginn Kl. 11) Daten zu den Leseleistungen vor, die in Tabelle 3 für die verschiedenen Schulformen und die gesamte Längsschnittstichprobe ausgewiesen sind. Die Darstellung folgt dem Aufbau, der bereits in Tabelle 2 im Abschnitt 3.3 zur Anwendung kam.

Tabelle 3: Mittelwerte, Standardabweichungen und Zuwächse im Leseverstehen von Klassenstufe 5 bis 11 in den LAU-Zyklen, ausgedrückt in Effektstärken d (Quelle: Zusammenstellung der (im Falle der Leseverstehenswerte gerundeten) Werte aus vgl. Behörde für Schule und Berufsbildung [BSBB] (2011: 221, 383) sowie BSBB (2012: 88, 91); Legende: * Werte wurden für das erste Intervall zusammengefasst; ° Werte für die Schulform Integrierte Haupt- und Realschule; # zusammengefasste Mittelwerte für zwei unterschiedliche Gesamtschulformen; gestrichelte Linien bei den Spalten „Ende Kl. 6/Beginn Kl. 7" sowie „Ende Kl. 8/Beginn Kl. 9" verdeutlichen, dass es sich um einen Messzeitpunkt handelt)

Schulform	Mittelwerte Lesekompetenz (Standardabweichungen)						Zuwächse Lese-kompetenz (d)		
	Beginn Kl. 5	Ende Kl. 6	Beginn Kl. 7	Ende Kl. 8	Beginn Kl. 9	Beginn Kl. 11	Kl. 5–6	Kl. 7–8	Kl. 9–11
Hauptschule	78* (21)*	98* (18)*	91 (16)	104 (19)	123° (16)°	134° (19)°	0,79*	0,83	0,67°
Realschule			109 (17)	121 (16)	123 (17)	137 (16)		0,70	0,85
Gesamtschule	83 (24)	104 (20)	106# (18)#	117# (18)#	128 (17)	143 (15)	0,81	0,60#	0,88
Gymnasium	107 (21)	124 (18)	126 (16)	134 (13)	134 (13)	147 (15)	0,65	0,53	0,95
Gesamtstich-probe	92 (26)	110 (22)	112 (21)	123 (19)	133 (14)	146 (15)	0,73	0,49	0,90

Die Daten bei den beiden Messzeitpunkten Ende Kl. 6/Beginn Kl. 7 bzw. Ende Kl. 8/Kl. 9 weisen die Besonderheit auf, dass hier jeweils zwei voneinander abweichende Werte angegeben wurden. Das hat damit zu tun, dass Studienteilnehmer ausgeschieden waren und dadurch das echte Längsschnittsample veränderte Werte aufweist. Dies erklärt auch, warum in Klassenstufe 11 die Werte der Haupt-, Real- und Gesamtschuljugendlichen so hoch sind: Es handelt sich um eine Positivauswahl, nämlich um jene Jugendliche, die von einer formal niederen Schulform auf das Gymnasium gewechselt haben.

Wendet man sich den Mittelwerten in Tabelle 3 genauer zu, so fällt auf, dass – analog zu den PISA-, DESI- und KESS-Befunden – Schulformdifferenzen bestehen. In der Entwicklung bleiben diese Unterschiede bis zum Ende der achten Klasse bestehen und gleichen sich – s. o. zur Positivauswahl – erst zum Ende der

Sekundarstufe I etwas unter jenen Jugendlichen an, die das Gymnasium besuchen. Dieser Trend, der sich insbesondere in der Sekundarstufe II zeigt, betrifft primär ehemalige Gesamtschülerinnen und -schüler, während ehemalige Haupt- und Realschuljugendliche immer noch unter den Leseleistungen ihrer Peers liegen. Ein Blick auf die in Effektstärken ausgedrückten Zuwächse zeigt zweierlei: Erstens zeigen sich im Vergleich mit den KESS-Daten aus Abschnitt 3.3 andere Muster. So finden sich im Intervall von Klasse 7 bis 8 deutlich geringere Zuwächse; bei KESS war dies der Zeitraum mit den stärksten Leistungssteigerungen. Zweitens ist in den ersten beiden Intervallen eine Parallele zwischen KESS und LAU zu verzeichnen: Die größten relativen Zuwächse vollziehen sich in den Schulformen jenseits des Gymnasiums. Dieses Muster wird allerdings im letzten Intervall durchbrochen: Nun sind es nämlich die Gymnasialschülerinnen und -schüler, die ihre Vorsprünge weiter ausbauen. Bei alldem gilt: Die früh angelegten Schulformdifferenzen werden in aller Regel nicht überwunden – die Gymnasialschülerinnen und -schüler starten gewissermaßen mit einem mehrjährigen Vorsprung, wenn man die Entwicklungstrends bei den Peers betrachtet.

Bei den *familialen Merkmalen* ist in den LAU-Auswertungen vor allem der Migrationsstatus in den Blick geraten. Schon in Klasse 5 gibt es deutliche Unterschiede im allgemeinen Leseverständnis ($d = 0,74$) bzw. im Verständnis diskontinuierlicher Texte ($d = 0,65$) zugunsten jener Schülerinnen und Schüler mit Deutsch als Muttersprache. Die Effekte des Migrationsstatus bleiben bis zum Ende der Klassenstufe 8 erhalten. Bei den Effekten weiterer familialer Merkmale wie Bildungsabschlüssen von Mutter und Vater sind die vorgenommenen Analysen zu uneinheitlich, wodurch sich keine belastbaren Muster berichten lassen.

2.5 ULME

Die Studie „Untersuchung der *L*eistungen, *M*otivation und *E*instellungen der Schüler in den teilqualifizierenden Berufsfachschulen" (ULME) aus Hamburg ist eine Paralleluntersuchung von LAU 11–13, in welcher die Jugendlichen untersucht wurden, die nicht die gymnasiale Sekundarstufe II besucht haben. Als einzige der hier referierten Studien widmete sie sich dezidiert exklusiv den Berufsschülerinnen und -schülern. Das ist deshalb so bemerkenswert, weil die Berufsschuljugendlichen abgesehen von kleineren Studien bislang kaum in den Blick geraten sind (vgl. Rexing/Keimes/Ziegler 2013).

Die Studie ULME startete mit *ULME I*, um die Lesekompetenz zu Beginn der beruflichen Ausbildung zu ermitteln. Dabei zeigte sich, dass die schon zum Ende der Sekundarstufe I vorgefundenen Differenzen im Leseverstehen erhalten blieben: Ehemalige Haupt- und Realschuljugendliche blieben in ihren Testleistungen unter jenen der ehemaligen Gymnasiastinnen und Gymnasiasten. Daneben zeigten sich Differenzen in den einzelnen Berufsschulformen: Die Leseleistungen in der teilqualifizierenden Berufsfachschule waren deutlich geringer als in der vollqualifizierenden Berufsfachschule und der Berufsschule (Tabelle 4). Dafür dürfte mitverantwortlich sein, dass in der erstgenannten Schulform nahezu ausschließlich ehemalige Hauptschülerinnen und -schüler anzutreffen waren. Die vollqualifizierende Berufsfachschule besuchten primär ehemalige Realschülerinnen und -schüler. In der Berufsschule dominierten die ehemaligen Angehörigen der Realschule und des Gymnasiums.

Tabelle 4: Mittelwerte und Standardabweichungen im Leseverstehen von Berufsschülerinnen und -schülern zu Beginn der beruflichen Ausbildung laut ULME I (Quelle: BSBB (2013a: 42, 220))

Schulform	Mittelwerte Leseverstehen (Standardabweichungen)	Vorgängige Schulform der Berufsschülerinnen und -schüler	Mittelwerte Leseverstehen (Standardabweichungen)
Berufsfachschule teilqualifizierend	122 (18)	Hauptschule	123 (19)
Berufsfachschule vollqualifizierend	134 (17)	Realschule	135 (17)
Berufsschule	135 (17)	Gymnasium	142 (12)
Gesamtstichprobe	132 (18)		

In den teilqualifizierenden Berufsfachschulen wurden im Rahmen von *ULME II* nach zwei Jahren die Schülerinnen und Schüler erneut im Leseverstehen getestet. Dabei wurden die Befunde nach verschiedenen Bildungsgängen ausgewiesen (Tabelle 5). Hier zeigt sich bei den Zuwächsen eine erhebliche Variabilität – das gilt übrigens ebenso für die einzelnen untersuchten Schulklassen der einzelnen Bildungsgänge. Die Bildungsgänge mit den stärksten Zuwächsen sind Berufsschülerinnen und -schüler aus Berufsfachschulen für Metall- und Elektrotechnik sowie für Gesundheit. Die Zuwächse der anderen drei Bildungsgänge fallen – wie auch im Gesamtsample – eher gering aus. Das deutliche Muster trotz unterschiedlicher Zuwächse: Die Bildungsgänge glichen sich an, denn die Mittelwerte lagen am Ende der Zeit an der teilqualifizierenden Berufsfachschule sehr dicht beieinander, und jene Jugendlichen mit den anfänglich geringsten Leseleistungen holten auf.

Tabelle 5: Mittelwerte, Standardabweichungen und Zuwächse im Leseverstehen vom Beginn bis zum Ende der teilqualifizierenden Berufsfachschule gemäß ULME II, ausgedrückt in Effektstärken d (Zusammenstellung der (im Falle der Leseverstehenswerte gerundeten) Werte; Quelle: BSBB (2013a: 227); Legende: ^ Die Effektstärken wurden nicht übernommen, sondern anhand der Mittelwertdifferenzen geteilt durch die gepoolte Standardabweichung eigens berechnet)

Bildungsgang	Mittelwerte Lesekompetenz (Standardabweichungen)		Zuwächse Lesekompetenz (d)^
	Beginn	Ende	
Berufsfachschule für Gesundheit	123 (17)	130 (17)	0,38
Berufsfachschule für Ernährung und Hauswirtschaft	123 (16)	127 (16)	0,22
Berufsfachschule für Sozialwesen	126 (14)	129 (19)	0,18
Handelsschule	125 (16)	128 (17)	0,22
Berufsfachschule für Elektrotechnik	123 (19)	130 (16)	0,40
Berufsfachschule für Metalltechnik	117 (17)	129 (17)	0,73
Gesamtstichprobe	124 (17)	129 (17)	0,29

Im dritten Teil von ULME, *ULME III*, sind nur jene Personen aus insgesamt 17 Ausbildungsberufen untersucht worden, die an einer Berufsschule in der dualen Ausbildung einen Beruf erlernten. Anders als in ULME I und II wurde kein eigener Leseverstehenstest mehr eingesetzt, sondern ein allgemeiner Fachleistungstest namens *Texte und Tabellen*, der sowohl Rechenfähigkeiten als auch das Verständnis von kontinuierlichen und diskontinuierlichen Texten erfasste (vgl. BSBB 2013b). Hier ergaben sich ausbildungsberufsspezifische Muster insofern, als beispielsweise angehende Bankkaufleute die besten Leistungen erbrachten und relativ leistungshomogen waren, während die Tischler die niedrigsten Testleistungen demonstrierten und ihrerseits sehr heterogene Testwerte aufwiesen. Bezogen auf die genuinen Leseleistungen im Fachleistungstest bereiteten den jungen Erwachsenen jene Testaufgaben, die das Auffinden von explizit gegebenen Informationen verlangten, kaum noch Schwierigkeiten. Allerdings erwiesen sich jene Aufgaben als anspruchsvoller, bei denen mehrere Informationen aufeinander zu beziehen waren.

Gesondert analysiert wurde noch das in ULME III neu getestete *Verständnis diskontinuierlicher Texte*, für das man in Anlehnung an eine ältere Studie zur Lesekompetenz von Erwachsenen („International Adult Literacy Survey") ein eigenes

Kompetenzstufenmodell zugrunde legte. Hierin wurden fünf Kompetenzniveaus definiert. Auf Niveau 1 musste man leicht identifizierbare Informationen finden, z. B. Öffnungszeiten. Auf Niveau 2 war es erforderlich, zwei Informationen miteinander zu verknüpfen. Nur Leistungen des Niveaus 1 zeigten rund 33 Prozent, und Leistungen des Niveaus 2 nur rund 44 Prozent. Damit sind drei Viertel der Studienteilnehmerinnen und -nehmer zu allenfalls basalen Leseleistungen in der Lage. Zudem ergaben sich Schulformeffekte in Form des Schulabschlusses (Tabelle 6). Ebenfalls ließen sich je nach Ausbildungsberuf spezifische Profile nachweisen. So lagen etwa von den Tischlern, Anlagenmechanikern, Friseuren, Zahnmedizinischen Fachangestellten, Fluggerätemechanikern sowie Kaufleuten im Einzelhandel rund zwei Fünftel der Testpersonen lediglich auf dem Niveau 1.

Tabelle 6: Anteile von deutschen Berufsschülerinnen und -schülern auf den beiden ersten Kompetenzstufen im Lesetest Diskontinuierliche Texte bei ULME III (Quelle: eigene Darstellung, basierend auf BSBB (2013b: 124); Prozentangaben sind gerundet)

Schulabschluss	Anteil auf Niveau 1	Anteil auf Niveau 2
Hauptschulabschluss	59 %	37 %
Realschulabschluss	33 %	50 %
Fachhochschulreife	19 %	53 %
Hochschulreife/Abitur	6 %	37 %
Gesamtstichprobe	33 %	44 %

Familiale Merkmale wurden – bezogen auf das Leseverstehen – in den ULME-Studien uneinheitlich ausgewertet, weshalb hier nur einzelne Befunde vorgestellt werden können. Bei ULME II zeigten sich beispielsweise leicht unterschiedliche Zuwächse im Leseverstehen bei unterschiedlichen Gruppen in puncto *Migrationshintergrund*. Die stärksten Entwicklungen machten Deutsche ohne Migrationshintergrund ($d = 0,35$), gefolgt von ausländischen Personen ($d = 0,31$). Deutsche Berufsschülerinnen und -schüler mit Migrationshintergrund hatten die geringsten Zuwächse ($d = 0,25$). In ULME III bestanden ebenfalls noch Leistungsdifferenzen zugunsten der Nicht-Migranten. Ebenfalls in ULME III wurde ermittelt, dass der höchste Schulabschluss der jungen Erwachsenen und der elterliche Buchbesitz mit dem Leseverstehen diskontinuierlicher Texte zusammenhingen. Das bedeutet, dass selbst bei jungen Erwachsenen lesesozialisatorisch wichtige Strukturmerkmale der Familie noch wirkmächtig sind.

2.6 Drei studienübergreifende Muster

Die bislang in diesem Abschnitt berichteten empirischen Befunde zur Entwicklung von Lesekompetenz vom Beginn der Sekundarstufe I bis hinein in die Sekundarstufe II bzw. in die Berufsausbildung weisen drei Hauptmuster auf. Diese Muster sind:

- Es gibt *stabile herkunftsbedingte Disparitäten* in den Leseverstehensleistungen. So sind der geringe sozioökonomische Status auf der einen Seite und der Migrationshintergrund auf der anderen Seite jeweils hartnäckige Indikatoren für eine schlechter ausgeprägte Lesekompetenz. Diese Effekte zeigen sich, wo sie in den Studien erhoben und ausgewertet wurden, relativ durchgängig. Die Effekte dieser beiden unveränderlichen soziodemografischen Merkmale bestehen bis in das Erwachsenenalter – auch bei PIAAC (s. Abschnitt 2.1).
- Daneben – und eng mit dem ersten Befundmuster verquickt – unterscheiden sich je nach *Schulform* in der Sekundarstufe die Leseleistungen. Dabei haben Heranwachsende, die das Gymnasium besuchen, in der Regel einen Leistungsvorsprung von zum Teil mehreren Jahren. Selbst wenn Heranwachsende aus Schulformen jenseits des Gymnasiums je nach Studie stärkere Entwicklungen durchlaufen: Die anfänglichen Differenzen bleiben mehrheitlich bestehen – eine Ausnahme bilden lediglich die (wenigen) Bildungsaufsteiger.
- Die *Entwicklungstrends in der Sekundarstufe I unterscheiden sich je nach Studie*, sodass sich jeweils andere Wachstumskurven für unterschiedliche Schülergruppen (hier: Angehörige verschiedener Schulformen) ergeben. Damit ist uneindeutig, ob es einen Matthäus-Effekt gibt, bei dem sich anfängliche Leistungsdifferenzen verstärken. Dieses unklare Muster besteht ebenfalls bei jüngeren Schülerinnen und Schülern mit unterschiedlicher Leistungsfähigkeit (vgl. Pfost u. a. 2014).

In der Essenz bleiben früh angelegte Differenzen bestehen, die ihrerseits Ergebnis der stark von der familialen Herkunft geprägten Lesesozialisation sind. Diese herkunftsbedingten Unterschiede werden gegenwärtig vom Schulsystem noch zu wenig ausgeglichen, was dann den betroffenen Heranwachsenden zum Nachteil gereicht.

3. Fazit und Ausblick: Implikationen für die berufsschulbezogene Leseförderung

Angesichts der Stabilität von herkunftsbedingten Disparitäten in der Lesekompetenz erscheinen insbesondere jene Berufsschülerinnen und -schüler förderbedürftig, die aus Familien mit niedrigem sozioökonomischen Status stammen

und/oder einen Migrationshintergrund aufweisen. Grundsätzlich kennt die Lese-
förderung diverse Förderbereiche und zahlreiche Fördermaßnahmen. Für den
Berufsschulkontext wird insbesondere die Vermittlung von *Lesestrategien* em-
pfohlen (vgl. Rexing/Keimes/Ziegler 2013). Angesichts der Defizite, die sich bei
ULME III bei der Verknüpfung von Einzelinformationen in diskontinuierlichen
Texten gezeigt haben, kann dies tatsächlich nur befürwortet werden. Gleichwohl
ist Strategievermittlung ein aufwändiges Geschäft, das hohe Anforderungen an
Lehrpersonen stellt und eine entsprechende Übungsdauer erfordert (vgl. Philipp
2013, 2015). Allerdings hat sich schon in der Zweit- und Fremdsprachförderung
gezeigt, dass selbst relativ kurze Strategiefördermaßnahmen Erfolg bei einer
großen Anzahl von sprachlichen Fähigkeiten versprechen (vgl. Plonsky 2011).
Zudem scheinen Förderansätze, die sich dem Bilden von Inferenzen, also dem
vorwissensbasierten Schlussfolgern zum Zusammenhang von einzelnen Informationen in Texten, widmen, gerade bei schwach lesenden Personen sehr erfolgreich
zu sein (vgl. Hall 2015).

Mit Blick auf die Personen, die Deutsch nicht als Muttersprache sprechen,
ist die *(Fach-)Wortschatzförderung* ein weiteres wichtiges Handlungsfeld, damit
Leserinnen und Leser nicht schon auf der Wortebene scheitern. Hier hat sich in
einer Vielzahl von Studien gezeigt, dass das Leseverstehen unter drei Bedingungen
besonders profitiert. Erstens ist es hilfreich, wenn neue Wörter explizit definiert
werden und Lernende sie im Kontext betrachten können. Zweitens ist es effektiv,
wenn die Lernenden die Wortbedeutung aktiv weiterverarbeiten, statt nur die
Bedeutung auswendig zu lernen. Schließlich ist es drittens effektiv, wenn das
zu lernende Zielwort bei vielen Gelegenheiten in verschiedenen (Kon-)Texten
auftaucht (vgl. Stahl/Fairbanks 1986). Der Wortschatz selbst profitiert von einer
vierten Bedingung: Wenn viel über Wortbedeutungen gesprochen wird, führt das
zu einem breiteren Wortschatz (vgl. Elleman et al. 2009).

Abschließend lässt sich damit sagen, dass Fördermaßnahmen, die die kognitiven Prozesse des Lesens adressieren, besonders zu empfehlen sind. Gleichwohl
bildet die große Heterogenität der Berufsschülerschaft hinsichtlich der Lesekompetenzen, aber auch hinsichtlich der berufsbezogenen Leseanforderungen einen
limitierenden Faktor, der die Erarbeitung möglichst massenkompatibler und
breit aufgestellter Lesefördermaßnahmen erschwert (vgl. Rexing/Keimes/Ziegler
2013). Hier ist die interdisziplinäre Lesedidaktik gefragt, passende Konzepte für
den Berufsschulkontext zu erarbeiten und zu evaluieren.

Literatur

Behörde für Schule und Berufsbildung (Hrsg.) (2011): LAU – Aspekte der Lernausgangslage und der Lernentwicklung. Klassenstufe 5, 7 und 9. Münster.

Behörde für Schule und Berufsbildung (Hrsg.) (2012): LAU – Aspekte der Lernausgangslage und der Lernentwicklung. Klassenstufen 11 und 13. Münster.

Behörde für Schule und Berufsbildung (Hrsg.) (2013a): ULME I und II – Untersuchung der Leistungen, Motivation und Einstellungen zu Beginn der beruflichen Ausbildung und in den Abschlussklassen der teilqualifizierenden Berufsfachschulen. Münster.

Behörde für Schule und Berufsbildung (Hrsg.) (2013b): ULME III. Untersuchung von Leistungen, Motivation und Einstellungen der Schülerinnen und Schüler in den Abschlussklassen der Berufsschulen. Münster.

Ehmke, Timo/Jude, Nina (2010): Soziale Herkunft und Kompetenzerwerb. In: Klieme, Eckhard et al. (Hrsg.): PISA 2009. Bilanz nach einem Jahrzehnt. Münster, 231–254.

Elleman, Amy M. et al. (2009): The Impact of Vocabulary Instruction on Passage-Level Comprehension of School-Age Children: A Meta-Analysis. In: Journal of Research on Educational Effectiveness 2/1, 1–44.

Gailberger, Steffen/Willenberg, Heiner (2008): Leseverstehen Deutsch. In: DESI-Konsortium (Hrsg.): Unterricht und Kompetenzerwerb in Deutsch und Englisch. Ergebnisse der DESI-Studie. Weinheim, 60–71.

Grotlüschen, Anke/Riekmann, Wibke/Buddeberg, Klaus (2012): Hauptergebnisse der leo.-Level-One Studie. In: Grotlüschen, Anke/Riekmann, Wibke (Hrsg.): Funktionaler Analphabetismus in Deutschland. Ergebnisse der ersten leo.-Level-One-Studie. Münster, 13–53.

Hall, Colby S. (2015): Inference Instruction for Struggling Readers: A Synthesis of Intervention Research. In: Educational Psychology Review 28/1, 1–22.

Hohn, Katharina et al. (2013): Lesekompetenz in PISA 2012: Veränderungen und Perspektiven. In: Prenzel, Manfred et al. (Hrsg.): PISA 2012. Fortschritte und Herausforderungen in Deutschland. Münster, 217–244.

Nikolova, Roumiana (2012): Lesekompetenz und Einstellungen zum Deutschunterricht. In: Vieluf, Ulrich/Ivanov, Stanislav/Nikolova, Roumiana (Hrsg.): KESS 10/11. Kompetenzen und Einstellungen von Schülerinnen und Schülern an Hamburger Schulen am Ende der Sekundarstufe I und zu Beginn der gymnasialen Oberstufe. Münster, 31–73.

Pfost, Maximilian et al. (2014): Individual Differences in Reading Development: A Review of 25 Years of Empirical Research on Matthew Effects in Reading. In: Review of Educational Research 84/2, 203–244.

Philipp, Maik (2013): Lese- und Schreibunterricht. Tübingen.

Philipp, Maik (2015): Lesestrategien. Bedeutung, Formen und Vermittlung. Weinheim.

Plonsky, Luke (2011): The Effectiveness of Second Language Strategy Instruction: A Meta-Analysis. In: Language Learning 61/4, 993–1038.

Rammstedt, Beatrice (Hrsg.) (2013): Grundlegende Kompetenzen Erwachsener im internationalen Vergleich. Ergebnisse von PIAAC 2012. Münster.

Rexing, Volker/Keimes, Christina/Ziegler, Birgit (2013): Lesekompetenz von BerufsschülerInnen – Befunde und Konsequenzen. In: Efing, Christian (Hrsg.): Ausbildungsvorbereitung im Deutschunterricht der Sekundarstufe I. Die sprachlich-kommunikativen Facetten von Ausbildungsfähigkeit. Frankfurt, 41–63.

Ritchie, Stuart J./Bates, Timothy C. (2013): Enduring Links from Childhood Mathematics and Reading Achievement to Adult Socioeconomic Status. In: Psychological Science 24/7, 1301–1308.

Rolff, Hans-Günter/Leucht, Michael/Rösner, Ernst (2008): Sozialer und familialer Hintergrund. In: DESI-Konsortium (Hrsg.): Unterricht und Kompetenzerwerb in Deutsch und Englisch. Ergebnisse der DESI-Studie. Weinheim, 283–300.

Stahl, Steven A./Fairbanks, Marilyn M. (1986): The Effects of Vocabulary Instruction: A Model-Based Meta-Analysis. In: Review of Educational Research 56/1, 72–110.

Stanat, Petra/Rauch, Dominique/Segeritz, Michael (2010): Schülerinnen und Schüler mit Migrationshintergrund. In: Klieme, Eckhard et al. (Hrsg.): PISA 2009. Bilanz nach einem Jahrzehnt. Münster, 200–230.

Wendt, Heike et al. (2010): Die Kompetenzen der Schülerinnen und Schüler im Leseverständnis. In: Bos, Wilfried/Gröhlich, Carola (Hrsg.): KESS 8 – Kompetenzen und Einstellungen von Schülerinnen und Schülern am Ende der Jahrgangsstufe 8. Münster, 21–36.

White, Sheida/Chen, Jing/Forsyth, Barbara (2010): Reading-Related Literacy Activities of American Adults: Time Spent, Task Types, and Cognitive Skills Used. In: Journal of Literacy Research 42/3, 276–307.

Nicole Kimmelmann (Paderborn) /
Michael Seyfarth (Tomsk, Russland)

Aufgaben in Fachkunde- und Arbeitsbüchern der beruflichen Bildung – Herausforderungen für die Entwicklung berufsbezogener sprachlich-kommunikativer Kompetenz

Abstract: The discussion about competencies in vocational training needs to take more emphasize on language competencies when it comes to formats of vocational adaptation and requalification trainings for migrant workers. Textbooks, workbooks and the containing tasks are central didactical tools to develop these language competencies. The paper describes results of a frequency analysis of 3.078 tasks in textbooks and workbooks used in migrant qualification programs in the fields of metal processing and bakery trade in order to demonstrate whether the integrated task types, operators, social forms and language activities are helpful to develop relevant vocational language competencies.

Einleitung

Die Entwicklung berufsbezogener Handlungskompetenz ist zentrales Anliegen der beruflichen Bildung (Sloane 2008). Erst in jüngerer Vergangenheit wurde der Fokus auf die Rolle der Sprache gelegt (vgl. Siemon/Kimmelmann/ Ziegler 2016). Dabei ist „[f]achliches Lernen und Handeln [...] ohne Sprache undenkbar. Dies gilt sowohl für die Aneignung von Fachwissen, Routinen und Konventionen fachlichen Handelns [...] als auch für das spätere Handeln im Beruf" (Bethscheider et al. 2010: 5). Aktuelle Kompetenzmodelle für den Kontext der beruflichen Bildung versuchen deshalb stärker den Umstand zu berücksichtigen, dass die erfolgreiche Bewältigung beruflicher Handlungssituationen auch voraussetzt, dass in entsprechenden Situationen sprachlich adäquat agiert wird (u. a. KMK 2011: 16). Die Schaffung von Möglichkeiten zur Entwicklung dieser berufsbezogenen sprachlich-kommunikativen Kompetenz[1] gewinnt im Zuge einer Internationalisierung des Arbeits- und Ausbildungsmarktes sowie

---

1   Der in diesem Artikel verwendete Begriff der sprachlich-kommunikativen Kompetenz betont, dass es nicht nur um die Einhaltung der Vorgaben von Sprachsystem und Sprachnorm geht, sondern um einen angemessenen, effizienten und zielführenden Sprachgebrauch. Dieser nimmt insbesondere auch die situationsspezifische Anwen-

der Berücksichtigung individueller Lernvoraussetzungen von Zugewanderten an Bedeutung. Für eine erfolgreiche berufliche Integration im Rahmen von Maßnahmen der beruflichen Anpassungs- und Nachqualifizierung[2] müssen fachliche und sprachlich-kommunikative Kompetenzen auf einem hohen berufsrelevanten Niveau parallel vermittelt werden. Dies bedingt Lernsettings, die gezielt auf die sprachliche Heterogenität der Lernenden proaktiv eingehen, d. h. sprachliche Schwierigkeiten bei der Vermittlung fachlicher Inhalte didaktisch berücksichtigen sowie sprachliche Ressourcen der Teilnehmenden weiterentwickeln.

Eine besondere Stellung kommt hierbei den Fachkunde- und Arbeitsbüchern zu. Sie bilden den Kanon berufsrelevanter Themen ab und „ermöglichen [...] selbstgesteuertes Lernen, dienen als Nachschlagewerk, werden zur Prüfungsvorbereitung eingesetzt und für das Nachholen von versäumten Unterrichtsstunden genutzt" (Niederhaus 2011: 11). Neben Informationen vermittelnden Lehrtexten sind die Aufgaben, mit denen in Fachkunde- und Arbeitsbüchern versucht wird, Lernprozesse zu unterstützen und einen Wissenstransfer zu ermöglichen, von besonderer didaktischer Bedeutung. Der Beitrag stellt – dies aufgreifend – zunächst die sprachlichen Anforderungen in entsprechenden Qualifizierungsmaßnahmen vor und präsentiert anschließend die Ergebnisse einer Frequenzanalyse von 3.078 Aufgaben in Fachkunde- und Arbeitsbüchern aus den Berufsfeldern *Metallverarbeitung* und *Bäckereihandwerk*. Die Ausführungen sollen zeigen, inwiefern aktuell in entsprechenden Qualifizierungsmaßnahmen eingesetzte Medien bzw. Aufgaben Lernende tatsächlich dabei unterstützen, relevante berufsbezogene sprachliche Kompetenz zu entwickeln. Auf Basis der Ergebnisse werden abschließend Implikationen für die didaktische Praxis von Lehrenden aufgezeigt.

---

dung sprachlicher Fähigkeiten in einem konkreten Kontext, gegenüber Kommunikationspartnern und unter Einhaltung sozialer Normen als Mittel zur (außersprachlichen) Zweckrealisierung in den Fokus (vgl. Efing 2012).

2   Anpassungsqualifizierung meint hier Maßnahmen, die im Zuge des Gesetzes zur Verbesserung der Feststellung und Anerkennung im Ausland erworbener Berufsqualifikationen seit April 2012 angeboten werden. Ziel ist es die Gleichwertigkeit der deutschen und ausländischen Berufsqualifikationen herzustellen, um damit eine Ausübung des Berufes in Deutschland überhaupt zu erlauben (reglementierte Berufe) oder durch einen als gleichwertig anerkannten deutschen Abschluss zu erleichtern (nicht reglementierte Berufe) (vgl. Fandrey 2014). Nachqualifizierung richtet sich an formal nicht oder nur gering qualifizierte Personen, denen Wege der Weiterbildung offeriert werden sollen, um Kompetenzen auf einem höheren und damit für Tätigkeiten als Fachkräfte relevanten Niveau zu erreichen (vgl. Beathge/Severing 2015).

1. Worauf Lehrmaterialien vorbereiten sollten: Sprachliches Handeln im Beruf

Kommunikative Anforderungen im beruflichen Handeln werden zunehmend komplex (u. a. Grünhage-Monetti/Svet 2014; Kimmelmann 2010: 446). Eine Förderung zu ihrer Bewältigung bedarf einer differenzierten Betrachtung der sprachlichen Anforderungen, welche Bildungssprache (vgl. Gogolin 2010) sowie unterschiedliche Facetten der Berufs- und Fachsprache (vgl. Jung 2014) gleichermaßen aufgreift. Dies lässt sich am Beispiel eines – fiktiven – Verkaufsgesprächs im Bäckereifach beschreiben:

> Eine Kundin betritt eine Bäckerei. Freundlich wird sie von der dort arbeitenden Fachkraft begrüßt. Nachdem sie die Begrüßung erwidert, erkundigt sich die Fachkraft nach den Wünschen der Kundin. Diese erklärt, dass sie gern ein Brot hätte, das für Menschen mit Glutenunverträglichkeit geeignet sei. Die Fachkraft klärt darüber auf, dass sie leider über keine glutenfreien Brote verfügen, empfiehlt der Kundin aber, sich an das Reformhaus in der Nähe zu wenden und erklärt ihr den Weg dorthin. Die Kundin bedankt sich und erklärt, dass sie aber dennoch ins Geschäft komme, da sie Gäste erwarte und Kuchen brauche. Die Fachangestellte erklärt, welche Kuchen sie aktuell verkaufen und beantwortet Nachfragen der Kundin zu den Zutaten. Nachdem die Kundin gewählt hat, fasst die Fachkraft die einzelnen Artikel zusammen und bittet um den Zahlungsbetrag. Die Kundin reicht das Geld, die Fachkraft nennt den Betrag des Wechselgeldes, reicht dieses an die Kundin und wünscht der Kundin noch einen schönen Tag. Diese erwidert die Verabschiedung und erinnert sich im Gehen noch an eine Frage, die sie der Fachkraft stellen wollte. Sie erklärt, dass sie im Schaufenster ein Brot mit DLG-Prämierung gesehen habe und sich schon immer gefragt habe, was das bedeute. Die Fachkraft erklärt, dass dies eine Prämierung der Deutschen Landwirtschafts-Gesellschaft sei, die infolge von Qualitätstests vergeben werde, und nennt die einzelnen Bewertungskriterien. Die Kundin bedankt und verabschiedet sich.

Eine effektive Bewältigung der Kommunikationssituation setzt voraus, dass der Fachkraft die Anforderungen ebendieser Situation umfassend bewusst sind. Sie muss bereits bei der Begrüßung durch verbale und nonverbale Mittel eine für die deutschsprachigen Länder übliche Freundlichkeit zum Ausdruck bringen und verwendet typische Begrüßungsformeln. Der in mehreren Sätzen formulierten kontextuellen Einbettung der Kundenwünsche folgt sie aufmerksam und geduldig, um sich der an sie gestellten Erwartungen bewusst zu werden. Das Fehlen entsprechender Angebote drückt sie in höflichen und ihr Bedauern zu verstehen gebenden Formulierungen aus. Den weiteren Wünschen der Kundin folgt die Fachkraft wiederum aufmerksam, um im Anschluss in einem kohärenten und für die Kundin nachvollziehbar strukturierten Text die einzelnen Produkte zu nennen und über ihre Zutaten zu informieren. Die in kurzen Nennungen formulierten Wünsche der Kundin setzt die Fachkraft um und bittet in Form eines kurzen Satzes, in dem wiederum die üblichen Höflichkeitskonventionen berücksichtigt werden, um den Zahlungsbetrag, der ihr von der Kundin gereicht wird. Die Nachfrage zur DLG-Prämie beantwortet die Fachkraft in mehreren Sätzen, die logisch verknüpft sind und berücksichtigen, dass es der Kundin an der Fachkraft bekanntem Vorwissen fehlt. Sie definiert daher DLG, nennt die verschiedenen Prämien und erklärt, welche Kriterien zur Prämierung erfüllt werden müssen. Der Abschiedsformel der Kundin begegnet die Fachkraft ihrerseits mit einer Abschiedsformel.

Für das skizzierte Gespräch ist ein umfassendes Verständnis soziolinguistischer Rahmenbedingungen (Sprachvarietäten, Höflichkeitsfloskeln und sprachliche Register[3]) und des diskursiven Charakters des Gespräches notwendig.[4] So kann man nur dann in adäquater Form an diesem Gespräch teilnehmen, wenn man sich typischer Konventionen, Erwartungshaltungen an die Interaktionspartner und der entsprechenden Interaktionsmuster (explizit) bewusst ist (vgl. den Begriff der soziolinguistischen Kompetenz bei Nodari 2002).

Dies lässt sich durch das Konzept eines sprachsensiblen Fachunterrichts (vgl. Leisen 2010) bzw. eines integrierten Fach- und Sprachlernens (vgl. Breidbach/ Viebrock 2013) aufgreifen. Die Voraussetzung hierfür ist jedoch, dass der Unterricht – entsprechend auch dem zugrunde gelegten Anspruch der Handlungsorientierung in beruflichen Lernkontexten (z. B. Kremer/Sloane 2001) – authentischen sprachlichen Input bereitstellt, der zur Bewusstmachung sprachlicher Strukturen und Konventionen und hierüber zur Entwicklung berufsbezogener sprachlich-kommunikativer Kompetenz nutzbar gemacht werden kann. Dies führt zu der Frage, welche Grundlage aktuelle Lehrmaterialien dafür bieten, Lernende in entsprechenden berufsbildenden Maßnahmen auf authentische berufsbezogene Kommunikationssituationen vorzubereiten.

---

3 Sprachliche Register beschreiben die Anpassung der eigenen Sprachverwendung an einen bestimmten sozialen Kontext und die damit verbundenen Rollen, die durch die Interaktionspartner eingenommen werden. Dies geschieht unter anderem im Hinblick auf verwendeten Wortschatz und Stimmführung. Zu einer differenzierten Auseinandersetzung mit dem Begriff s. Dittmar (2004).

4 An dieser Stelle sei auf Pothmann (1997) hingewiesen, der in einer linguistischen Diskursanalyse zu Verkaufsgesprächen latente Regeln offenlegt, die für diese typisch sind.

2. Was Lehrmaterialien bieten: Die Untersuchung

2.1 Forschungsfrage

Ihren Ursprung fand die hier vorgestellte Untersuchung im Projekt *Sprachsensibilisierung in der Beruflichen Qualifizierung (SpraSiBeQ)*.[5] In dessen Kontext wurde u. a. untersucht, mit welchen Aufgabentypen und Textsorten Lernende in beruflichen Anpassungs- oder Nachqualifizierungsmaßnahmen konfrontiert werden, wie diese hinsichtlich ihrer sprachlichen Eigenschaften beschaffen sind und welche Herausforderungen sich daraus für die Lernenden ergeben (vgl. Birnbaum et al. 2016). Die punktuellen Ergebnisse deuteten darauf hin, dass Aufgaben in der beruflichen Bildung didaktisch zu unzureichend konzipiert sind, um parallel zum fachlichen Lernen stattfindende Lernprozesse hinsichtlich der Kommunikation in beruflichen Kontexten zu unterstützen (vgl. Birnbaum et al. 2016). Es schien daher notwendig, eine Folgestudie mit einem umfangreicheren Korpus durchzuführen, um die Frage beantworten zu können, welche Potentiale Aufgaben in der beruflichen Bildung für die Entwicklung berufsbezogener sprachlich-kommunikativer Kompetenz bieten und welche methodisch-didaktischen Herausforderungen sich für Lehrwerkautorinnen und -autoren mit Blick auf die bewusste Gestaltung und Einbindung von Aufgabenstellungen in ihre Lehrwerke sowie für Lehrende hinsichtlich einer sinnvollen Auswahl, Zusammenstellung und ggf. Erweiterung von Aufgabenstellungen innerhalb des eigenen Unterrichts ergeben. Im vorliegenden Kontext war eine Fokussierung von exemplarischen Berufen notwendig. Die Wahl fiel auf die Bereiche Industriemechanik und Bäckereihandwerk, wodurch ein sehr stark technisch orientierter und ein in den Materialien tendenziell kaufmännisch orientierter Beruf Berücksichtigung finden sollten.

2.2 Operationalisierung

Im Projekt *SpraSiBeQ* wurden Aufgaben mit Blick auf vier Kriterien untersucht: Aufgabentyp, Operator, kommunikative Sprachaktivität, Sozialform (vgl. Birnbaum et al. 2016). Diese Kriterien lassen sich als Einzelaspekte bei der Gestaltung von Aufgaben verstehen, die maßgeblich Einfluss darauf haben, welche Form sprachlich-kommunikativen Handelns im Zuge der Bearbeitung der Aufgabe initiiert wird und welche Qualität diese damit für die Entwicklung der berufsbezogenen sprachlich-kommunikativen Kompetenz hat. Die Kriterien wurden

---

5   Informationen zur Zielsetzung und zu den Inhalten des Projekts finden sich auf der Projektseite (vgl. passage 2016).

für die hier vorgestellte Analyse übernommen und sollen im Folgenden nachvollziehbar gemacht werden.

Aufgabentyp

Um die Frage nach den Potentialen und Defiziten zu beantworten, die sich im Zuge der Bearbeitung von Aufgaben im Kontext der beruflichen Bildung ergeben, ist es zunächst wichtig, sich dessen bewusst zu werden, welche Rolle Sprache bei der Bearbeitung von Aufgaben spielt. Hilfreich ist die Klassifizierung von Aufgaben zu Aufgabentypen. Obgleich entsprechende Aufgabentypen sowohl im allgemeinen Sprachgebrauch als auch im wissenschaftlichen Diskurs durchaus vorkommen, fehlt es bislang an Aufgabentypologien, die auf einer belastbaren Grundlage klar voneinander abgrenzbare Klassifizierungen vornehmen. Für den Kontext der hier vorgestellten Untersuchung erwies sich eine Übersicht zur *Differenzierung von Aufgabentypen* der *Zentralstelle für Prüfungsaufgaben Nord-West* als hilfreich, die Aufgaben für Zwischen- und Abschlussprüfungen von Industrie- und Handelskammern erstellt (vgl. ZPA Köln 2013). Jedoch sind auch dort aufgeführte Typenbildungen nicht immer trennscharf und in genügendem Umfang ausdifferenziert. Besonders mit Blick auf die Beschreibung sprachlich-kommunikativer Anforderungen im Bearbeitungsprozess war daher eine Restrukturierung und Erweiterung dieser praxisdienlichen Vorlage notwendig. Anhang 1 stellt die Aufgabentypen vor, die als Kategorien im Zuge der Analyse verwendet wurden.

Operator

Das Thüringer Institut für Lehrerfortbildung, Lehrplanentwicklung und Medien (2005: 17) definiert Operatoren als

> „Handlungsaufforderungen (in der Regel Verben), die Schülertätigkeiten initiieren, lenken und strukturieren können. Sie bestimmen die Mittel und Methoden, die ein Schüler wählt, um eine Aufgabenstellung zu bearbeiten. Wie erfolgreich diese bewältigt wird, hängt maßgeblich davon ab, ob der Schüler den Operator entschlüsseln kann. Das ist besonders bei komplexen Operatoren (wie z. B. erörtern) wichtig und bedarf der genauen Analyse des Operators durch den Schüler. Der dafür notwendige Denkprozess kann nur dann erfolgreich sein, wenn Lehrerinnen und Lehrer sowie Schülerinnen und Schüler ein gemeinsames Verständnis vom Kerninhalt eines Operators (der Definition) und der für seine Umsetzung sinnvollen Schrittfolge (der Methode) haben.“

Damit sind Operatoren ein zentraler Indikator für sprachliche Handlungen, die im Zusammenhang mit dem Lösungsprozess stattfinden. Obgleich derartige Leitfäden zur Gestaltung von Aufgaben in aller Regel von Formulierungen sprechen, denen ein Verb zugrunde liegt, ist dies in der Praxis sehr häufig nicht gegeben. Vielmehr lassen sich in Fachkunde- und Arbeitsbüchern Aufgaben finden, denen eine Frage zugrunde liegt und folglich kein Operator im eigentlichen Sinne verwendet wird. Es erscheint daher sinnvoll, bei der Analyse von Aufgaben einerseits von *expliziten Operatoren* zu sprechen, die mit Hilfe eines Verbes konkrete Handlungsanweisungen formulieren. Als Beispiel sei die folgende bei Loderbauer (2014: 20) zu findende Aufgabe genannt: „Tragen Sie die Kohlenhydratarten ein, die in den Lebensmittelbeispielen enthalten sind [sic!] und geben Sie den Geschmack dieser Lebensmittel mit folgenden Geschmacksangaben an: süß – kaum süß – nicht süß". Andererseits ist von *impliziten Operatoren* zu sprechen, die sich aus einer Handlungsanweisung ergeben, denen ein Interrogativpronomen, also ein Fragewort, zugrunde liegt. Ein Beispiel hierfür findet sich bei Loderbauer (2014: 20) mit der Formulierung „Welche Kohlenhydrate schmecken nicht süß?"

Operatoren sollten so formuliert sein, dass die Handlungsaufforderung klar formuliert ist, d. h. sie unmissverständlich sind, also möglichst eindeutig zeigen, ob das erwartete Arbeitsprodukt in Stichpunkten oder in Textform vorliegen soll. Dabei sollten sie als Handlungsanweisungen ebensolche Handlungen initiieren, die dem sprachlich-kommunikativen Handeln im Berufsalltag entsprechen. Definieren kann dabei, wie das Beispiel in Abschnitt 2 zeigte, ebenso eine Berechtigung haben wie das Verfassen längerer analytischer Texte zur Vorbereitung auf berufliche Kontexte, in denen verschiedene Arten von Berichten zu schreiben sind. Deutlich macht dies bereits, dass eine Vielfalt von Operatoren in verwendeten Aufgaben zwecks einer umfassenden Vorbereitung auf den Berufsalltag wünschenswert ist. Im Zuge der Analyse von Fachkunde- und Arbeitsbüchern ist der Frage nachzugehen, inwiefern die dort abgebildeten Operatoren den Kriterien von Unmissverständlichkeit und Realitätsbezug gerecht werden.

Sozialform

„Sozialformen regeln die Beziehungsstruktur des Unterrichts" (Meyer 2009: 136). Dabei kann man typischerweise zwischen Plenum, Gruppen-, Partner- und Einzelarbeit differenzieren. Kommunikation ist in zahlreichen beruflichen Kontexten an die Interaktion zwischen zwei oder mehr Personen geknüpft. Monologisches Sprechen oder Schreiben von Texten, die nicht der Korrespondenz dienen, sind in der Berufsrealität damit eher die Ausnahme und finden vor allem dann statt, wenn etwa Arbeitsergebnisse zu präsentieren oder Berichte zu verfassen sind. Dies soll allerdings nicht leugnen, dass an diesen Stellen dann häufig besondere sprachliche Schwierigkeiten auftreten können und auch Prüfungssituationen in Vorbereitung auf die Berufstätigkeit gerade von derartigen Situationsmustern maßgeblich geprägt sind. Im vorliegenden Beitrag wird jedoch der Fokus auf sprachliche Muster in der Berufsrealität gelegt, was durchaus auch zu einer kritischen Reflexion geforderter sprachlicher Anforderungen in der Ausbildungsrealität beitragen soll.

Aufgaben, die dieser Vorstellung einer Vorbereitung auf die berufliche Wirklichkeit dienen, sollten also zunächst den Sozialformen Platz einräumen, die auf die Interaktion zwischen mehreren Individuen vorbereiten. Einzelarbeit bietet hier keinen Raum, um eine Bewusstheit für Register, Interaktionsmuster sowie situationsadäquate Konventionen zu trainieren. Bei der Partnerarbeit können interaktiv schriftliche und mündliche Arbeitsaufträge formuliert werden, sodass neben den fachlichen und sprachlichen Kompetenzen auch die Sozialkompetenzen gefördert werden. Sprachliches Handeln der einzelnen Teilnehmenden ist bei Partnerarbeit von anderen geprägt. Diese Sozialform ist also typischer für authentische berufliche Kommunikation und der Interaktionspartner dient häufig als potentieller Sprachmittler. Im Falle der Gruppenarbeit lassen sich im Hinblick auf kommunikative Prozesse weitestgehend Parallelen zur Partnerarbeit festhalten. Eine vierte Arbeitsform ist die des gemeinsamen Erarbeitens von Ergebnissen im Klassenverband. Lehrende nehmen dabei in der Regel gesprächskoordinierende Funktionen wahr und stehen damit in den kommunikativen Prozessen hierarchisch höher als die Teilnehmenden.

Kommunikative Sprachaktivitäten

Kommunikative Sprachaktivitäten stehen in engem Zusammenhang zu den Kriterien Sozialform, Aufgabentyp und Operator. Sie umfassen „Rezeption, Produktion, Interaktion und Sprachmittlung […], wobei jeder dieser Typen von Aktivitäten in mündlicher oder schriftlicher Form oder in beiden vorkommen kann" (Europarat 2001: 25 f.).

– Rezeption

Rezeption meint dabei sämtliche Prozesse der auditiven und visuellen Wahrnehmung. Im unterrichtlichen Kontext betrifft dies sowohl das Lesen von Texten in Lehrbüchern, Präsentationsfolien und durch Lehrende erstellten Übersichten als auch das Anhören von Vorträgen oder anderen Formen des akustischen Inputs.

– Produktion

Produktive Aktivitäten liegen hingegen vor, wenn Lernende selbst sprechen oder schreiben. Dies betrifft sowohl das Anfertigen von Notizen und die schriftliche Bearbeitung von Aufgaben als auch die Präsentation von selbst ausgearbeiteten Vorträgen.

– Interaktion

Interaktion wiederum beschreibt der Gemeinsame europäische Referenzrahmen für Sprachen wie folgt: „In der mündlichen oder schriftlichen [Interaktion] tauschen sich mindestens zwei Personen aus, wobei sie abwechselnd Produzierende oder Rezipierende sind, bei mündlicher Interaktion manchmal beides überlappend" (Europarat 2001: 26). Interaktion beschränkt sich dabei nicht nur auf das bloße Produzieren und Rezipieren. Eine aktive Beteiligung an interaktiven Prozessen setzt es voraus, während des Hörens eigene Gesprächsbeiträge auf das Gehörte hin logisch und sprachlich zu planen (vgl. ebd.).

– Sprachmittlung

Sprachmittlung beschreibt in Abgrenzung zu den genannten Sprechaktivitäten die Interaktionen zwischen mindestens drei Gesprächsteilnehmenden, von denen zwei nicht direkt miteinander kommunizieren können. „Übersetzung oder Dolmetschen, die Zusammenfassung oder der Bericht ergeben eine (Neu-)Fassung eines Ausgangstexts für Dritte, die keinen unmittelbaren Zugriff darauf haben" (vgl. ebd.). Der Europarat (ebd.) hebt die Bedeutung von Sprachmittlung für die alltägliche gesellschaftliche Kommunikation hervor – eine Beobachtung, die auch auf den Kontext der beruflichen Bildung zutrifft.[6]

Rezeption und Produktion sind insbesondere für den Kontext des Lernens von zentraler Bedeutung. Im Zuge des beruflichen Handelns spielt jedoch vor allem die Interaktion eine dominierende Rolle und sollte daher in Lehr- und Lernmaterialien in entsprechend großem Umfang Berücksichtigung finden. Sprachmittlung ist vor allem in Arbeitskontexten wichtig, in denen Hilfsarbeiten durch sprachlich nur wenig qualifizierte Beschäftigte mit Migrationshintergrund anzutreffen sind und die personelle Konstellation den Rückgriff auf die Erstsprache entsprechender Beschäftigter zulässt oder sogar bewusst zu nutzen versucht.

2.3 Datenerhebung

Grundlage für die Datenerhebung waren jene Daten, die bereits im Zuge des Projekts *SpraSiBeQ* zusammengetragen worden sind (vgl. Birnbaum et al. 2016). Zur Beantwortung der hier gestellten Frage wurde das bestehende Korpus für die untersuchten Berufe (Bäckereihandwerk und Industriemechanik) systema-

---

6   Beobachtungen im Zusammenhang mit dem bereits genannten Projekt *SpraSiBeQ* zeigten hier etwa, dass im Falle nicht verstandener Instruktionen Mitauszubildende um zusätzliche Erklärungen gebeten werden.

tisch angereichert, um für jedes Berufsfeld typische Aufgabenformate möglichst vollständig zu erfassen. Auf diese Weise entstand ein neues Korpus, das 3.078 Aufgaben aus den Bereichen Metallverarbeitung (1.748 Aufgaben) und Bäckerei-handwerk (1.330 Aufgaben) berücksichtigt. Die Anzahl leitet sich aus der Anzahl registrierter Operatoren ab.

2.4 Datenauswertung

Die Auswertung der Daten erfolgte in Form einer Frequenzanalyse nach Mayring (2010: 13–15). Sie verfolgte das Ziel, die Aufgaben im Hinblick auf die im Abschnitt *Operationalisierung* vorgestellten Merkmale zu untersuchen. Als Hilfsmittel wurde auf die Software MAXQDA zurückgegriffen. Besagte Merkmale und deren Ausprägung spiegeln sich im Kategoriensystem wider. Dessen Generierung kombinierte die deduktive mit der induktiven Kategorien-bildung (Kuckartz 2010: 58). So liegen für *Sozialformen* traditionelle und eta-blierte Merkmalsausprägungen vor, die ohne Weiteres auf das Datenmaterial bezogen werden konnten. Ähnlich verhielt es sich mit den *Kommunikativen Sprachaktivitäten*, deren Ausprägungen sich auf die theoretische Grundlage des Gemeinsamen europäischen Referenzrahmens für Sprachen (Europarat 2001) beziehen. Die Entwicklung von Subkategorien zu *Aufgabentypen* erfolgte zunächst ebenfalls deduktiv, auf der Grundlage einer Reflexion und Adaption der Einteilung der ZPA Köln (2013). Im Zuge der Analyse wurden jedoch Sub-kategorien ergänzt, da das deduktiv entwickelte Kategoriensystem nicht alle tatsächlich vorkommenden Aufgabentypen berücksichtigt. Ein rein induktives Verfahren der Kategorienbildung wurde im Falle der *Operatoren* genutzt. Hierzu wurden in einem zirkulären Teamcodierungsprozess von Mitarbeiterinnen und Mitarbeitern sowie wissenschaftlichen Hilfskräften explizite Operatoren und implizite Operatoren aus dem Datenmaterial abgeleitet und in Kategorien über-führt. Zur Steigerung der Intercoder-Reliabilität (Kuckarz 2010: 61) wurden zu Beginn Einweisungen durchgeführt, Übersichten bereitgestellt und dem Kodesystem Memos mit Ankerbeispielen und Kodierhinweisen hinzugefügt. Teammeetings zum sich entwickelnden Kategoriensystems wurden zur inter-personellen Sensibilisierung, Diskussion von Problemfällen und ggfs. Korrektur der Kodierung genutzt. Abschließend wurde das Material noch einmal voll-ständig im Hinblick auf eine kohärente Anwendung des Kategoriensystems überprüft

2.5 Ergebnisse

Operatoren

Tabelle 1 zeigt die 20 expliziten und impliziten Operatoren, die am häufigsten identifiziert werden konnten und Bearbeitungsprozesse initiieren, die mit sprachlichem Handeln verbunden sind.[7]

Tabelle 1: Absolute Häufigkeiten expliziter und impliziter Operatoren

explizite Operatoren		implizite Operatoren	
Operator	absolute Häufigkeit	Operator	absolute Häufigkeit
benennen	277	Welche?	594
beschreiben	212	Wie?	210
erklären	182	Warum?/Weshalb?	118
angeben	112	Wie viel?	66
erstellen	101	Was?	53
erläutern	99	Wodurch?	34
eintragen	91	Wofür?	19
ergänzen	47	Worin?	18
begründen	28	Um wie viel?	13
zusammenstellen	22	Wovon?	9
	Σ=1171		Σ=1134

Die Auswertung der häufigsten expliziten und impliziten Operatoren deutet darauf hin, dass es im Zuge der Bearbeitung der analysierten Aufgaben vor allem zu sprachlichem Handeln kommt, das sich als *nicht* oder allenfalls *gering komplex* in dem Sinne charakterisieren lässt, dass Antworten lediglich auf Wortebene bzw. in Form von Wortgruppen zu formulieren sind. Dabei handelt es sich um 63 % der 20 häufigsten Operatoren, die in der Tabelle grau unterlegt wurden. Die farblich nicht hinterlegten Operatoren deuten auf eine *mittlere bis hohe sprachli-*

---

7   Praktische Aufgaben wie das Aufbauen eines Versuches oder mathematische Aufgaben wie das Berechnen bestimmter Größen bleiben daher trotz ihres häufigen Vorkommens unberücksichtigt, da der Fokus auf dem sprachlichen Handeln beim *Bearbeiten* der Aufgaben liegt und potenzielles sprachlich-kommunikatives Handeln etwa im Rahmen eines Versuchsaufbaus oder einer mathematischen Berechnung empirisch nicht untersucht worden sind.

che Komplexität im intendierten Bearbeitungsverhalten hin, also auf Antworten, die in Form von Sätzen oder Texten (miteinander sinnvoll verknüpften Sätzen) formuliert werden. Jedoch ist dieser Wert zu relativieren, da Operatoren zwar bisweilen darauf hindeuten, dass im Zuge der Bearbeitung der Aufgabe eine komplexe Antwort zu verfassen ist (z. B. *beschreiben*). Vorgegebene Felder, in denen etwa bei Fachfragen eine Antwort zu notieren ist, und die Beispiellösungen, die in den analysierten Materialien zu finden sind, zeigen jedoch, dass die Erwartungshaltungen der Autorinnen und Autoren ggf. eine andere ist (vgl. Abbildung 1).

Abbildung 1: Beispiel zur Diskrepanz zwischen Operator und Erwartungshaltung des Lehrbuchautors (vgl. Loderbauer 2014: 62)

Sozialform und Fertigkeit

Die dominierende Sozialform in den analysierten Aufgaben ist mit einer relativen Häufigkeit von 99 % die Einzelarbeit (vgl. Abbildung 2). Vor diesem Hintergrund sind auch die Ergebnisse der vorkommenden Fertigkeiten zu interpretieren (vgl. Abbildung 2).

Abbildung 2: Absolute Häufigkeiten von Sozialformen (links) und kommunikativen Handlungen (rechts)

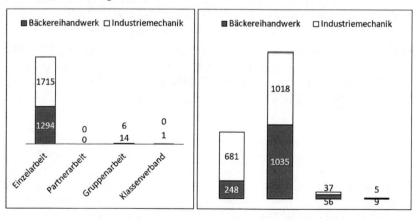

Interaktives sprachlich-kommunikatives Handeln ist in Einzelarbeit nicht möglich und die dominierende Fertigkeit liegt im Bereich des produktiv Schriftlichen. Aufgabenstellungen werden gelesen, Lösungen notiert. Produktiv mündliches Handeln wird durch die Aufgabenstellungen nicht intendiert. Jedoch ist es naheliegend, dass in der Unterrichtspraxis auch dies anzutreffen ist, wenn etwa Fachfragen im Zusammenhang mit Lehrgesprächen durch Lehrende gestellt werden und im Klassenverband eine Beantwortung erfolgt. Rezeptives sprachliches Handeln beschränkt sich in den analysierten Aufgaben auf den schriftlichen Bereich. So sind im Zuge von Rechercheaufgaben konkrete Informationen aufzufinden. Die anzutreffenden Textsorten sind häufig Tabellen, in denen Werte ermittelt werden müssen, seltener umfangreichere informative Texte, die im Zusammenhang mit der Erarbeitung neuen Wissens zu lesen sind. Für den Bereich der Sozialformen und Fertigkeiten ergibt sich damit ein Bild, wonach Aufgaben vor allem schriftlich und im Zuge eines individuellen Arbeitsprozesses zu bearbeiten sind.

Aufgabentyp

Die Auswertung der Aufgabentypen zeigt eine ähnlich begrenzte Ausdifferenziertheit. Mit deutlich über 900 Kodierungen ist der dominierende Aufgabentyp branchenübergreifend die Fachfrage. Mit bereits weit weniger als 100 Belegen folgen Vervollständigungsaufgaben und Aufgaben, in deren Bearbeitungsprozess Informationsmaterialien oder Übersichten zu erstellen sind (vgl. Tabelle 2).

Tabelle 2: Aufgabentypen mit einer absoluten Häufigkeit von >10

Aufgabentyp	Bäckereihandwerk	Industriemechanik
Fachfrage	934	982
Informationsmaterialien bzw. eine Übersicht erstellen	58	22
Vervollständigungsaufgabe	42	39

Während Vervollständigungsaufgaben sowie Aufgaben, zu deren Lösung Informationsmaterialien oder Übersichten zu erstellen sind, abgesehen von wenigen Ausnahmen ein Antwortverhalten auf der Ebene von einzelnen Wörtern oder Wortgruppen intendieren, ist die Fachfrage als häufigster Aufgabentyp differenziert zu betrachten. Abhängig vom jeweiligen Operator sind Antworten auf allen Ebenen sprachlicher Komplexität denkbar. Eine differenzierte Betrachtung der Belege spiegelt jedoch die Befunde aus der Analyse der Operatoren wider: der überwiegende Anteil an Aufgaben initiiert ein Bearbeitungsverhalten auf der Ebene von einzelnen Wörtern oder Wortgruppen.

3. Zusammenfassung und Implikationen für die Praxis

Sprache als Lern- und Arbeitsinstrument

Bisherige Betrachtungen einer Förderung von sprachlicher Handlungskompetenz in Aus- und Weiterbildung fokussieren vor allem die Herausforderungen, die sich durch Sprache als Instrument bei der Erarbeitung fachlicher Inhalte im Lernkontext ergeben. Kommunikation im späteren beruflichen Handeln ist jedoch häufig grundlegend anders beschaffen. Hier dient Sprache nicht mehr als Instrument zur Erarbeitung fachlicher Inhalte. Vielmehr als das Lesen von informierenden Lehrbuchtexten steht hier reale Kommunikation mit Kundinnen und Kunden sowie Kolleginnen und Kollegen im Vordergrund. Aufgaben, die etwa nach dem Schema des Beispiels in Abbildung 3 aufgebaut sind, erfüllen im Zuge der Erarbeitung von Wissen zwar durchaus einen – wenn auch begrenzten – Zweck, bilden jedoch Situationen kommunikativen Handelns nur in Ausschnitten ab. Sie liefern damit allerdings keine authentische und umfassende Grundlage, die im Unterricht dafür genutzt werden kann, Lernende für die Beschaffenheit entsprechender beruflicher Kommunikation zu sensibilisieren und den Unterricht für eine Vorbereitung auf sprachliches Handeln im Beruf zu nutzen, obwohl anzunehmen ist, dass dies durch ein Lehrwerk angestoßen werden sollte.

Abbildung 3: Beispiel für eine kommunikationsarme Aufgabe (Loderbauer 2014: 42)

1 Die Gewürzindustrie bietet Gewürzmischungen an. Erklären Sie „Gewürzmischungen".
Mehrere Gewürze werden für bestimmte Erzeugnisse gemischt.
Nennen Sie Gewürzmischungen, die nach ihrem Verwendungszweck benannt werden.
Brotgewürz, Lebkuchengewürz, Stollengewürz, Pizzagewürz

Kommunikatives Handeln im Beruf

Eine gezielte, an den Bedarfen realer Anforderungen orientierte Entwicklung der sprachlich-kommunikativen Kompetenz von Lernenden im Kontext der beruflichen Aus- und Weiterbildung setzt idealerweise eine empirische Auseinandersetzung mit der Kommunikation im Beruf voraus. Entsprechenden Bemühungen liegt häufig eine Erhebung der sprachlich-kommunikativen Anforderungen zugrunde. Diese stützt sich auf die Analyse von Gesprächsmitschnitten oder im Zuge des beruflichen Handelns vorkommenden schriftlichen Dokumente und der Gespräche mit unterschiedlichen Akteuren des zu betrachtenden Kontexts (vgl.

u. a. Efing 2014 sowie Seyfarth in diesem Band). Für die kurz- und mittelfristige Bewältigung der Herausforderung, realberufliche Kommunikation im Unterricht vorzubereiten, ist folglich ein reflektierter Umgang Lehrender mit den Angeboten der verwendeten Materialien notwendig – und eine bewusste Öffnung des eigenen Unterrichts zugunsten ebendieser kommunikativen Situationen.

Didaktische Implikationen

Fachkunde- und Arbeitsbücher in der beruflichen Bildung bieten – wie gezeigt – für die Entwicklung einer berufsbezogenen sprachlich-kommunikativen Kompetenz nur begrenzte Impulse. Ein Ausgleich dieser Defizite durch die Bemühungen von Lehrkräften findet in der Praxis nicht automatisch statt (vgl. Birnbaum et al. 2016). Dass die Kommunikation im täglichen beruflichen Handeln weniger in Form von aneinander gereihten Fachfragen stattfindet als vielmehr in Form längerer Dialoge, die berufsspezifischen Mustern und Konventionen unterliegen, liegt auf der Hand. Eine gezielte Öffnung des Unterrichts zugunsten des Erwerbs berufsbezogener sprachlich-kommunikativer Kompetenz führt folglich in einem ersten Schritt über eine kritische Auseinandersetzung mit den vorkommenden Aufgaben und eine in aller Regel nur mit wenig Aufwand zu realisierenden Adaption derselben.

Der kommunikative Charakter von Aufgaben lässt sich zum Beispiel verändern, indem *Einzelarbeit* als Sozialform interaktionsförderlichen Sozialformen (Partnerarbeit, Gruppenarbeit) weicht, Operatoren wie *nennen* durch Operatoren, die umfangreichere sprachliche Äußerungen initiieren, ersetzt werden und eine Aufgabe in einen realen Handlungskontext eingebettet und damit zwangsläufig kommunikativ umfangreicher wird. Dies spiegeln auch die zentralen Kriterien bei der Implementierung von Lernfeldern in der beruflichen Bildung wider (vgl. Kremer/Sloane 2001).

4. Ausblick

Der Beitrag zeigt, dass Aufgaben in existierenden Lehrwerken oft nur unzureichend sprachlich-kommunikative Anforderungen fokussieren und damit einen methodisch-didaktischen Diskurs um die Entwicklung entsprechender Handlungskompetenz unzureichend evozieren. Daraus ergibt sich für Lehrende die Herausforderung, für den Unterricht Möglichkeiten zu schaffen, dennoch entsprechende Lernprozesse anzuregen. Grundlage hierfür ist eine Umgestaltung der Aufgaben zugunsten umfangreicherer kommunikativer Prozesse durch einfache Mittel wie *situative Einbettung, Veränderung des Aufgabentyps* und damit *Veränderung von Sozialform und Operator.*

Lehrwerkautoren sind aufgefordert, die in beruflichen Kompetenzmodellen geforderte Handlungsorientierung durch entsprechende Situationen in Lehrbüchern abzubilden, die zugleich auch realistische kommunikative Strategien von den Lernenden einfordern. Für die Wissenschaft ergibt sich die Aufgabe zu einer stärkeren Vernetzung zwischen Zweitsprachenforschung und Wirtschafts-/Berufspädagogik. Dies sollte einerseits zu weiteren Forschungsbemühungen führen, die belastbare Erkenntnisse zum sprachlich-kommunikativen Handeln in den verschiedenen beruflichen Kontexten schaffen. Andererseits besteht eine Notwendigkeit zur kritischen Auseinandersetzung und Erweiterung aktueller Qualifizierungskonzepte für das pädagogische Personal mit Blick auf ein integriertes Fach- und Sprachlernen, das auch die Reflexion und den sprachsensiblen Einsatz von Aufgaben und Lehrwerken umfasst.

Literatur

Beathge, Martin/Severing, Eckart (2015): Sicherung des Fachkräftepotenzials durch Nachqualifizierung. In: Beathge, Martin/Severing, Eckart (Hrsg.) Sicherung des Fachkräftepotenzials durch Nachqualifizierung. Befunde-Konzepte-Forschungsbedarf. Berichte zur Beruflichen Bildung. Bielefeld, 7–16.

Bethscheider, Monika/Dimpl, Ulrike/Ohm, Udo/Vogt, Wolfgang (2010): Positionspapier Weiterbildungsbegleitende Hilfen als zentraler Bestandteil adressatenorientierter beruflicher Weiterbildung. Zur Relevanz von Deutsch als Zweitsprache und Bildungssprache in der beruflichen Weiterbildung. Frankfurt am Main.

Birnbaum, Theresa/Dippold-Schenk, Katja/Hirsch, Désirée/Kupke, Juana/Seyfarth, Michael/Wernicke, Anne (2016): Die Rolle des Schreibens in Angeboten der beruflichen Qualifizierung. Methodisches Vorgehen bei der Bedarfserhebung und ausgewählte Ergebnisse des Verbundprojektes SpraSiBeQ. In: Zeitschrift für Berufs- und Wirtschaftspädagogik (ZBW), Beiheft 28, 101–121.

Breidbach, Stephan/Viebrock, Britta (Hrsg.) (2013). Content and language integrated learning (CLIL) in Europe: research perspectives on policy and practice. Frankfurt am Main.

Dittmar, Norbert (2004): Register. In: Ammon, Ullrich (Hrsg.): Sociolinguistics/Soziolinguistik. 2. Aufl. Berlin, 216–226.

Efing, Christian (2012): Sprachliche oder kommunikative Fähigkeiten – was ist der Unterschied und was wird in der Ausbildung verlangt? In: BWP 2/2012, 6–9.

Efing, Christian (2014): Theoretische und methodische Anmerkungen zur Erhebung und Analyse kommunikativer Anforderungen im Beruf. In: Kiefer,

Karl-Hubert/Efing, Christian/Jung, Matthias/Middeke, Annegret (Hrsg.): Berufsfeld-Kommunikation: Deutsch. Frankfurt a. M., 11–34.

Fandrey, Natascha (2014): Qualifizierungswege im Kontext des Anerkennungsgesetzes: Umsetzungshilfen für Qualifizierungsberaterinnen und Qualifizierungsberater. Bielefeld.

Gogolin, Ingrid (2010): Was ist Bildungssprache? In: Grundschulunterricht Deutsch 4, 4–5.

Grünhage-Monetti, Matilde/Svet, Anna (2014): „…also ich glaube, das Reden ist das Allerwichtigste". Kommunikation und berufliche Handlungskompetenz im Migrationskontext. In: Kiefer, Karl-Hubert/Efing, Christian/Jung, Matthias/Middeke, Annegret (Hrsg.): Berufsfeld-Kommunikation: Deutsch. Frankfurt a. M., 177–198.

Jung, Matthias (2014): Materialentwicklung zwischen Fach- und Berufsbezug, Generalisierung und Spezialisierung. In: Kiefer, Karl-Hubert/Efing, Christian/Jung, Matthias/Middeke, Annegret (Hrsg.): Berufsfeld-Kommunikation: Deutsch. Frankfurt a. M., 35–48.

Kimmelmann, Nicole (2010): Cultural Diversity als Herausforderung der beruflichen Bildung. Standards für die Aus- und Weiterbildung von pädagogischen Professionals als Bestandteil von Diversity Management. Aachen.

KMK (2011): Handreichung für die Erarbeitung von Rahmenlehrplänen der Kultusministerkonferenz für den berufsbezogenen Unterricht in der Berufsschule und ihre Abstimmung mit Ausbildungsordnungen des Bundes für anerkannte Ausbildungsberufe. Verfügbar unter http://www.kmk.org/fileadmin/veroeffentlichungen_beschluesse/2011/2011_09_23_GEP-Handreichung.pdf (Zugriff am 05.05.2016).

Kremer, H. Hugo/Sloane Peter F. E. (2001): Lernfelder implementieren. Paderborn.

Kuckartz, Udo (2010): Einführung in die computergestützte Analyse qualitativer Daten. 3., aktual. Aufl. Wiesbaden.

Leisen, Josef (2010): Handbuch Sprachförderung im Fach. Sprachsensibler Fachunterricht in der Praxis. Bonn.

Loderbauer, Joseph (2014): Bäckerei – Konditorei – Verkauf. Arbeitsheft. 1. Ausbildungsjahr. 3. Aktual. Aufl. Hamburg. Verfügbar unter http://www.handwerk-technik.de/produktdetail-20-20/baeckerei_konditorei_verkauf-1814-82/ (Zugriff am 05.05.2016).

Mayring, Philipp (2010): Qualitative Inhaltsanalyse. Grundlagen und Techniken. 11., aktual., überarb. Aufl. Weinheim.

Meyer, Hilbert (2009): Unterrichtsmethoden I. Theorieband. Berlin.

Niederhaus, Constanze (2011): Fachsprachlichkeit in Lehrbüchern. Korpuslinguistische Analysen von Fachtexten der beruflichen Bildung. Münster.

Nodari, Claudio. (2002): Was heisst eigentlich Sprachkompetenz? In: Barriere Sprachkompetenz. Dokumentation zur Impulstagung vom 2. Nov. 01 im Volkshaus Zürich, SIBP Schriftenreihe Nummer 18, 9–14.

passage (2016): Das Projekt SpraSiBeQ (Sprachsensibilisierung in der beruflichen Qualifizierung). Verfügbar unter http://www.deutsch-am-arbeitsplatz. de/projekt_sprasibeq.html (Zugriff am 29.01.2017).

Pothmann, Achim (1997): Diskursanalyse von Verkaufsgesprächen. Opladen.

Siemon, Jens/Kimmelmann, Nicole/Ziegler, Birgit (2016): Sprache in der beruflichen Bildung – Bedeutung, Forschungsstand und Desiderata. In: Zeitschrift für Berufs- und Wirtschaftspädagogik (ZBW), Beiheft 28, S. 7–34.

Sloane, Peter F. E. (2008): Zu den Grundlagen eines Deutschen Qualifikationsrahmens (DQR). Konzeptionen, Kategorien, Konstruktionsprinzipien. Bielefeld.

Thüringer Institut für Lehrerfortbildung, Lehrplanentwicklung und Medien (Thillm) (2005): Lass es mich selbst tun. Materialien für die Entwicklung von Lernkompetenz. (Materialien, Heft 113). Bad Berka.

ZPA Köln (2013): Differenzierung von Aufgabentypen. Verfügbar unter http:// www.ihk-zpa.de/opencms/pages/Pruefungsmethoden/Aufgabentypen.html (Zugriff am 25.10.2013).

Anhang 1: Aufgabentypen und deren sprachliche Anforderungen (gekürzt)

Alternativantwortaufgabe	Alternativantwortaufgaben bestehen in der Regel aus zwei Teilen. In einem ersten Teil wird eine Frage oder Aufforderung formuliert; ein zweiter Teil stellt zwei Antwortalternativen vor, von denen eine als korrekt zu identifizieren ist (vgl. ZPA Köln 2013). Maßgeblich für die Bearbeitung entsprechender Aufgaben ist es, die Antwortalternativen zu lesen und zu verstehen. Entsprechend der Gestaltung dieser Antwortalternativen sind hierbei einzelne Wörter, Wortgruppen oder Sätze zu lesen.
Fachbericht	„In einem Fachbericht ist vom Prüfungsteilnehmer ein berufsbezogenes Thema seiner Sachstruktur entsprechend möglichst umfassend, sachlich richtig, logisch aufgebaut, sprachlich-stilistisch gewandt und in leserlicher, ordentlicher äußerer Form schriftlich abzuhandeln. [...]" (ZPA Köln 2013). Aus sprachlicher Sicht handelt es sich um einen komplexen Vorgang. In der Regel sind sprachliche Äußerungen hier nicht auf der Ebene einzelner Wörter oder Wortgruppen zu formulieren, sondern in Form kohärenter Texte.

Fachfrage	Angeregt durch eine Frage oder Aufforderung sind bei einer Fachfrage zentrale Inhalte in Form einer kurzen Antwort zusammenzufassen. [...] Das Antwortverhalten ist bei der Bearbeitung von Fachfragen vor allem vom Operator (z. B. *nennen, beschreiben, ...*) abhängig. Hierdurch begründet ist entweder in einzelnen Wörtern, Wortgruppen, Sätzen oder in Textform zu antworten. [...]
Fallbearbeitung	„In Fallbearbeitungen [...] sind in der Regel problemhafte berufliche Situationen systematisch zu bearbeiten [...]. Die Fallbearbeitung beginnt mit der Analyse des im Szenario des Falls enthaltenen beruflichen Problems. Daran anschließend sind die problemrelevanten Informationen zu sammeln und zu strukturieren und auf deren Grundlage eine Problemlösung zu erarbeiten. Abschließend sind dann Kriterien zur Beurteilung der gefundenen Lösung zu entwickeln und das Arbeitsergebnis in einer Zusammenfassung darzustellen. [...]" (ZPA Köln 2013) Die sprachlich-kommunikativen Handlungen, die im Zusammenhang mit der Bearbeitung von Aufgaben dieses Typs vorkommen, hängen von der entsprechenden problemhaften beruflichen Situation und den jeweiligen Handlungsschritten ab, die im Zuge dessen zu bearbeiten sind.
Gruppendiskussion	Bei einer Gruppendiskussion handelt es sich um eine Aufgabe, in deren Lösungsprozess mehrere Teilnehmende ein Thema interaktiv und kontrovers diskutieren, sich im Zuge dessen mit ihrer eigenen Meinung in das Gespräch einbringen und diese begründen. Sprachlich sind Diskussionen von einer hohen Komplexität geprägt. Gesprächsbeiträge anderer sind zu verstehen und ohne Vorbereitungszeit ist den Gesprächsbeiträgen anderer zu entgegnen. Die Formulierung eigener Beiträge erfolgt nicht auf der Ebene von Wörtern oder Wortgruppen, sondern in Form von Sätzen.
Erstellung von Informationsmaterialien /schriftlichen Übersichten	Die Erstellung von Informationsmaterialien/schriftlichen Übersichten ist ein Aufgabentyp, bei dessen Bearbeitungen schriftliche Dokumente zu erstellen sind, die komplexe Informationen übersichtlich zusammenfassen. Dies kann die Unterstützung des eigenen Lernprozesses betreffen, wenn etwa Informationen in Tabellenform zusammengetragen werden sollen, oder auch berufsbezogene Textsorten wie Angebotstafeln im Einzelhandel. Die sprachliche Komplexität steht dabei in Abhängigkeit zum Arbeitsgegenstand. [...]

Mehrfachwahlaufgabe	Eine Mehrfachwahlaufgabe ist meist ähnlich der Alternativantwortaufgabe aufgebaut […] und lässt neben einer (Single-Choice-Aufgaben) auch die Konzeption von Aufgaben mit mehreren korrekten Antworten (Multiple-Choice-Aufgaben) zu. Maßgeblich für die Bearbeitung entsprechender Aufgaben ist hier, die Antwortalternativen zu lesen und zu verstehen. Entsprechend der Gestaltung dieser Antwortalternativen handelt es sich dabei um einzelne Wörter, Wortgruppen oder Sätze.
Präsentationaufgabe	In Präsentationsaufgabe sind Informationen in strukturierter Weise vorzustellen. Dabei kann es sich um Arbeitsergebnisse handeln, die zuvor im Zusammenhang mit einer anderen Aufgabe erstellt worden sind. Dies betrifft etwa das Vorstellen von Rechercheergebnissen oder erstellten Informationsmaterialien und schriftlichen Übersichten. […] In der Regel sind sprachliche Äußerungen hier nicht auf der Ebene einzelner Wörter oder Wortgruppen zu formulieren, sondern in Form kohärenter Texte. Verbunden mit der Erwartung, dass entsprechende Beiträge, wenn auch unter Verwendung von Hilfsmitteln, möglichst frei zu formulieren sind.
Rechercheaufgabe	Rechercheaufgaben sind Aufgaben, im Rahmen deren Bearbeitung auf der Grundlage einer Fragestellung konkrete Informationen zu einem Sachverhalt zusammenzutragen sind. Als Grundlage hierfür dienen häufig Nachschlagewerke, Tabellensammlungen und informierende Texte in Online- und Printpublikationen. Zur Bearbeitung entsprechender Aufgaben ist meist rezeptiv-schriftliches Sprachhandeln erforderlich. Die verwendeten Materialien werden auf der Grundlage der Fragestellungen erschlossen, wobei der sprachliche Input von sehr geringer Komplexität (z. B. im Falle von Zahlen in Tabellenwerken) bis hin zu einer großen Komplexität (im Falle von informierenden Texten) reichen kann.
Rätselaufgabe	Rätselaufgaben sind Aufgaben, die in der Regel das Format von Kreuzworträtseln haben. Umschreibungen oder Fragen weisen auf die gesuchten und in entsprechende Felder einzutragenden Wörter hin. Bei der Bearbeitung entsprechender Aufgaben müssen zunächst die Umschreibungen und Fragen, die auf der Ebene von Wörtern, Wortgruppen oder Sätzen liegen, verstanden werden. Anschließend ist ein einzelnes Wort zu schreiben.

Umordnungsaufgabe	In Umordnungsaufgaben sind vorgegebene Elemente zur Beantwortung der Aufgabenstellung in einen neuen Zusammenhang einzuordnen. Im Zuge der Bearbeitung sind die vorgegebenen Elemente, die in der Regel aus einzelnen Wörtern, seltener aus einzelnen Sätzen bestehen, zu verstehen.
Vervollständigungs-aufgabe	In einer Vervollständigungsaufgabe sind unvollständige Darstellungen und Texte durch nicht vorgegebene Elemente richtig zu ergänzen. Dabei sind zunächst die unvollständigen Darstellungen und Texte zu verstehen. Das Spektrum an Komplexität führt vom Nichtvorhandensein sprachlichen Inputs im Falle von Grafiken bis hin zu hoher Komplexität im Falle zu vervollständigender Texte. Selbst zu formulierende Elemente sind zumeist in Form einzelner Wörter oder Wortgruppen zu realisieren.
Zuordnungsaufgabe	„In einer Zuordnungsaufgabe sind zwei Reihen von Elementen, Auswahlantworten und Prämissen (Aussagen, Begriffe, usw.) [...] zueinander in Beziehung zu setzen [...]" (ZPA Köln 2013). Dabei sind zunächst die einzelnen Elemente der Aufgabe zu verstehen. Das Spektrum an Komplexität führt vom Nichtvorhandensein sprachlichen Inputs im Falle von Grafiken bis hin zu hoher Komplexität im Falle zu Zuordnung von Textabschnitten. Eine produktive Leistung ist im Zuge der Aufgabenbearbeitung nicht zu erbringen.

Karl-Hubert Kiefer (Wuppertal)

Sprach- und kommunikationsbezogener Wissenstransfer über kapiteleinführende Erklärtexte

Abstract: The present paper deals with the text-type "explanatory text" at the beginning of chapters in textbooks for preparing and accompanying German lessons in vocational schools. Explanatory texts of this kind have the task to introduce into the topic of the chapter and to provide knowledge that is needed in the work on the tasks and exercises. The aim of the analysis of selected study texts is to find out how such explanatory texts should be designed to convey relevant knowledge to the target group.

1. Vorbemerkungen zur Textsorte „kapiteleinführender (didaktischer) Erklärtext"

Der vorliegende Beitrag wirft ein Schlaglicht auf den sprach- und kommunikationsbezogenen Wissenstransfer von kapiteleinführenden Erklärtexten in Lehrbüchern für den berufsvorbereitenden und -begleitenden Deutschunterricht. Kapiteleinführende Erklärtexte stehen in mehr oder weniger enger Korrelation zu Aufgaben und Übungen, indem sie leitlinienartig – informierend und/oder instruierend – jenes (neue) Wissen umreißen, das hier später angewendet werden soll. Funktional-pragmatisch betrachtet dienen sie also sowohl einer Einführung ins Kapitel als auch dem Ausgleich von Wissensdefiziten beim Lerner zum im betreffenden Kapitel behandelten Thema – etwa mit Blick auf dessen fachliche Verortung und Bedeutung für die Lerner. Der Erklärcharakter dieser Texte ergibt sich, wie bei Erklärungen generell, durch sprachliche Handlungen, die im Wesentlichen dazu dienen, „den Zweck eines Gegenstands darzulegen, indem dessen innere Systematik herausgearbeitet wird" (Redder/Guckelsberger/Graßer, 2013: 57). Während Aufgaben, aus Perspektive der Kompetenzorientierung, die Übertragung und Anwendung von Wissen auf bzw. in neue(n) Zusammenhänge(n) ermöglichen sollen, stellen kapiteleinführende Erklärtexte den thematischen Rahmen her, in dem dies zu erfolgen hat. Oder anders: Kapiteleinführende Erklärtexte sind Wissen-präsentierend, propädeutisch – Aufgaben bzw. Übungen Wissen-transferierend ausgerichtet.

Klassifikatorisch betrachtet lassen sich kapiteleinführende Erklärtexte im mannigfaltigen Spektrum von Lehrbuch- Kapiteleinstiegen[1] einerseits als (von dem/der/den Autor(in/n)en[2]) frei verfasste „Hinführungstexte" betrachten und im Sinne der Ordnungssystematik von Lehrbuchtexten nach Sujew (1986: 220) der dem Lehrervortrag entsprechenden Subkategorie „Grundtexte" zuordnen, andererseits aber auch als Bestandteile des „Apparats zur Aneignung von Wissen" (ebd.: 220) verstehen, zu dem neben den Aufgaben auch die so genannten „Merksätze" zählen, denen häufig am Ende von Lehrbuch-Kapiteln die Aufgabe zukommt, vermitteltes Wissen kompakt und formelhaft zu resümieren bzw. zu festigen.

Erklärtexte der hier diskutierten Art in Lehrbüchern für den berufsvorbereitenden bzw. -begleitenden Deutschunterricht stellen, inhaltlich betrachtet, deklaratives und prozedurales Wissen über Erfahrungen, Praktiken, Maximen, Normen des Sprachgebrauchs und kommunikativen Handelns, über spezifische Merkmale, Inhalt, Struktur und die formale Gestaltung von Texten bzw. Textsorten sowie ihre mediale Aufbereitung bereit. Formal-strukturell betrachtet stehen sie, wie bereits erwähnt, am Anfang von Kapiteln bzw. Teilkapiteln, unmittelbar nach der Kapitelüberschrift, im Vorfeld von Aufgaben und Übungen und sind von unterschiedlicher Länge. Mitunter erscheinen sie eigens gerahmt, werden um sachvertiefende Rubriken wie „Basiswissen" oder „Gut zu wissen" ergänzt und mit bestimmten Layoutelementen (z. B. Fettdruck) zur besseren Memorierung von Einzelinformationen unterlegt.

Was die sprachliche Form von kapiteleinleitenden Erklärtexten in Lehrbüchern für den berufsvorbereitenden bzw. -begleitenden Deutschunterricht betrifft, können wir aufgrund ihres freien Autorentext- bzw. Hinführungscharakters vermuten, dass sie im Wesentlichen alltagssprachlich geprägt und aufgrund ihrer Nähe zum Lernraum bzw. zur mündlichen Textsorte Lehrervortrag, bildungssprachlich geformt sind. Das sprachliche Register der Bildungssprache, nach Gogolin/Lange

---

1   Alternative Einstiegsvarianten, die ähnlich wie Erklärtexte in ein Kapitel einführen, Vorwissen aktivieren und neues Wissen zur Bearbeitung der sich anschließenden Übungen und Aufgaben vermitteln sollen sind beispielsweise themenbezogene Texte, Szenarien, Gespräche (z. B. in Form von Sprechblasen), Reflexionsaufgaben etc.

2   Aus textökonomischen Gründen wird im weiteren Verlauf dieses Beitrags auf die Nennung der weiblichen Form verzichtet und soweit möglich eine geschlechtsneutrale Formulierung gewählt. Nur wenn keine geschlechtsneutrale Formulierung existiert, wird auf die männliche Form zurückgegriffen, wobei stets beide Geschlechter gemeint sind.

(2011: 111) dasjenige Register, dessen Beherrschung von erfolgreichen Schülerinnen und Schülern erwartet wird bzw. das mit Schmölzer-Eibinger (2013: 25) „sowohl die sozialen und kulturellen Praktiken der Sprachverwendung als auch die Formen der Vermittlung und des Erwerbs von Wissen in einer Gesellschaft bestimmt", ermöglicht, so Feilke (2013: 118), „die Darstellung komplexer Sachverhalte und stützt damit auch das Lernen" in unterschiedlichen Bildungskontexten. Bildungssprache weist mit Efing (2014: 431) bestimmte morphologische und syntaktische Besonderheiten auf, die grundsätzlich auch bei Fachsprachen anzutreffen sind (komplexe Wortbildungsformen, Partizipial- und Infinitivkonstruktionen, mehrgliedrige Sätze mit Konnektoren, unpersönliche Konstruktionen, Nominalisierungen, komplexe Attributionen in der Nominalphrase, Präpositionalphrasen), ohne dabei jedoch fachspezifisch zu sein. Als typische Sprachhandlungen gelten laut Efing (ebd.) darüber hinaus sprachlich-kognitive Operationen wie das Benennen, Beschreiben, Erklären, Argumentieren.

2. Analyse von Erklärtexten in ausgewählten Lehrbüchern

Im Folgenden sollen ausgewählte Beispiele von kapiteleinführenden Erklärtexten aus berufsvorbereitenden und -begleitenden Deutschlehrbüchern näher betrachtet werden. Dabei richtet sich das Augenmerk auf Sprache und Kommunikation als (inhaltlicher, thematischer) Gegenstand dieser Erklärtexte wie auch auf die sprachlich-kommunikative Form ihrer Realisierung.

Folgende Fragen richte ich hierbei an das zu untersuchende Korpus:

1) Welches sprach- und kommunikationsbezogene Wissen wird inhaltlich vermittelt, in welchen syntaktischen, textuellen Strukturen, in welchen sprachlichen Mitteln geht es auf?
2) Mit welchem „Wissenshabitus" tritt das Lehrbuch in Gestalt der kapiteleinführenden Erklärtexte auf?
3) Wie sind kapiteleinführende Erklärtexte und Aufgaben bzw. Übungen inhaltlich-formal miteinander verknüpft?
4) Inwieweit werden in der Formulierung der kapiteleinführenden Erklärtexte Faktoren berücksichtigt, die jugendlichen bzw. heranwachsenden Schülerinnen und Schülern beim Zugang zu Sachtexten häufiger Schwierigkeiten bereiten, wie: wenig vertrauter, ansprechender thematischer Hintergrund, Fachvokabular, die spezifische Bedeutung von Fachbegriffen, die auch alltagssprachlich verwendet werden, komplexe Satzstrukturen (z. B. Attribute, Passivbildungen, Nominalisierungen), die Erschließung von Zusammenhängen zwischen einzelnen Textteilen, das Nachvollziehen argumentativer Strukturen in Texten etc.

(Aufzählung nach Neuland/Peschel (2013: 175, 176); für den berufsschulischen Bereich insbesondere auch Rexing/Keimes/Ziegler (2013: 41–63))?

Der textlinguistischen Analyse von ausgewählten kapiteleinführenden Erklärtexten liegt eine überschaubare Stichprobe von 7 Lehrwerken zugrunde. Es soll jeweils zunächst skizziert werden, wie die jeweiligen Lehrbücher aufgebaut und wie die Erklärtexte in die Konzeption der Lehrbücher eingebettet sind. Dann erfolgt die interpretative Ausdeutung der Erklärtexte mit Blick auf die oben gestellten Fragen.

1. Das Lehrbuch: **deutsch. sicher** ist ein Lehrbuch zur Berufsvorbereitung, zwei Ausgaben werden in die Analyse einbezogen, eine davon ist für den Hauptschulabschluss konzipiert.

Aufbau des Lehrwerks: Den roten Faden in der Kapitelsystematik beider Lehrbuchteile bilden im Wesentlichen kommunikative Praktiken (d. h. „gesellschaftlich herausgebildete konventionalisierte Verfahren zur Bearbeitung rekurrenter kommunikativer Zwecke" – Fiehler: 2004: 16), die in Schule und beruflichen Kommunikationsräumen eine Rolle spielen: Erzählen, Berichten, Beschreiben, Kommentieren, Zusammenfassen, Argumentieren, Präsentieren, Werben etc. Jedes Kapitel steigt zunächst mit einem Versuch ein, die jeweilige kommunikative Praktik unmittelbar auf die (Kommunikations-)Welt der Lerner zu beziehen (z. B. „Was Erzählen mit mir zu tun hat"; „Was berichten mit mir zu tun hat" etc.). Es folgen dann Wissen-vermittelnde Teilkapitel, die Erklärtexte enthalten und jeweils mit W-Fragen überschrieben sind (z. B. „Wie man eine Erzählung aufbaut und anschaulich gestaltet"; „Wie man die Zeitform richtig wählt"; „Wie man aus verschiedenen Perspektiven erzählt" etc.). Anschließend findet sich in jedem Kapitel ein selbst-reflexiver Abschnitt („Was ich kann und noch besser machen möchte") mit Checklisten, Tests und Vorschlägen, bevor das Kapitel mit Mustern und Übungen abschließt. Wie bereits die Systematik zeigt, bemühen sich die Autoren, die zur Realisierung der kommunikativen Praktiken benötigten Kernkompetenzen zu fördern.

Einbettung der Erklärtexte: Die zwei-maximal sechszeiligen Erklärtexte sind farbig gerahmt. Sie werden abwechselnd von insgesamt fünf Avataren bzw. Paten (Jugendliche, so genannte „Begleiter", abgebildet durch kleine Fotos), eingeführt. Deren Rolle erläutert das Lehrbuch (es kommt ohne Vorwort aus) in seinen einführenden Hinweisen auf der Umschlaginnenseite wie folgt: „Die **Begleiter** sagen Ihnen, was wichtig ist, um eine Aufgabe lösen zu können. Sie helfen Ihnen auch, sich auf Prüfungen, Tests und Abfragen vorzubereiten. Was die Begleiter Ihnen sagen, ist das, was Sie wissen sollten". Hier wird als unmittelbar auf die Kompetenzanforderungen der Bildungsstandards hingewiesen.

Beispiel 1: Wie man partnerschaftlich kommuniziert

Abbildung 1: Erklärtext aus: deutsch. sicher. Berufsvorbereitung, S. 106

Wie man partnerschaftlich kommuniziert

/// Sich partnerschaftlich und respektvoll äußern ///

Äußere dich so, dass der andere nicht erniedrigt wird. Schaffe eine Atmosphäre, in der man sich wohlfühlt, das heißt, dass du beispielsweise nicht brüllst oder drohst. /
Verhalte dich so, dass der andere – ob das ein Kollege oder Vorgesetzter ist – immer in seiner Würde geachtet wird. /

Die Erklärtexte der Teilkapitel des Lehrbuchs *deutsch. sicher* sind sämtlich merksatzartig gerahmt, vorwiegend in Form einfacher Objektsätze verfasst und adressierten die Lerner in der pronominalen Anrede des „Du" (obgleich die Arbeitsaufträge sonst in der „Sie"-Form stehen). Der hier ausgewählte Text informiert über eine grundlegende ethische Maxime – den partnerschaftlich-respektvollen Umgang mit seinen Mitmenschen –, die sich im Kommunikationsverhalten widerspiegeln sollte. Die Schlüsselgedanken der Maxime kommen in Verben und Substantiven zum Ausdruck und sind semantisch kontrastiv aufeinander bezogen: *erniedrigen, drohen, brüllen* vs. *wohlfühlen, Würde.*

Beispiel 2: Wie man die Gestaltung und Wirkung von Werbung untersucht

Abbildung 2: Erklärtext aus: deutsch. sicher. Berufsvorbereitung, S. 134

Wie man die Gestaltung und Wirkung von Werbung untersucht

/// Wirkung ///

Werbung will mit bedeutungsvollen Farben, auffallenden Bildern, ungewöhnlichen Texten und mit Ton aufmerksam machen, dein Interesse am Beworbenen wecken, auf deine Gefühle und deinen Verstand einwirken und dich zu etwas bewegen (z.B. Kauf, Einstellung). /
Deshalb solltest du die Wirkung prüfen und beschreiben, damit du vernünftig entscheiden kannst. /

Auch dieser kapiteleinführende Erklärtext richtet sich direkt an den Lerner und informiert mithilfe einfacher Satzkonstruktionen über das Ursache-Wirkungs-Verhältnis von Gestaltungsmitteln der Werbung. Dieser Zusammenhang wird auch sprachlich plastisch durch die Auswahl und Aufzählung von Substantiven und (mehrgliedrigen) Adjektivattributen einerseits *(bedeutungsvolle Farben, auffallende Farben, ungewöhnliche Texte)*, andererseits in Verbindung mit den Abstrakta *Gefühl* und *Verstand* sowie der semantischen Steigerung, die in den Kollokationen *Interesse wecken, auf Gefühle* und *Verstand einwirken* sowie dem Verb *zu etwas bewegen* angelegt ist. Davon wiederum inhaltlich und zugleich typographisch abgesetzt ist die dreischrittige Handlungsempfehlung des Prüfens und Beschreibens der Wirkung zum Zwecke einer vernünftigen Entscheidung. Die anschließende Aufgabe bezieht sich unmittelbar auf den im Erklärtext skizzierten Ursache-Wirkungs-Zusammenhang und die bei der Rezeption von Werbung zu reflektierenden Entscheidungsvariablen.

Beispiel 3: Wie man höflich telefoniert

Abbildung 3: Erklärtext aus: deutsch. sicher. Berufsvorbereitung. Für den Hauptschulabschluss, S. 90–91

Wie man höflich telefoniert

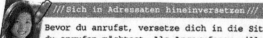

/// Sich in Adressaten hineinversetzen ///

Bevor du anrufst, versetze dich in die Situation der Person, die du anrufen möchtest: Als Angerufener willst du höflich behandelt (z. B. begrüßt, mit Namen angesprochen) werden und gleich wissen, warum du angerufen wirst. /

Sich in Adressaten (hier wäre sicherlich besser die Formulierung: *Gesprächs-partner*) hineinversetzen ist eine wichtige Kompetenz für ein zielführendes Telefonat. Die Autoren des kapiteleinführenden Erklärtextes bringen diese Voraussetzung auf die einfache und verständliche Formel, dass Höflichkeit und die Nennung des Telefonanlasses vom Gesprächspartner erwartet werden und wie man höflich kommuniziert (begrüßen, mit Namen ansprechen). Die Empfehlung ist hilfreich, wenngleich hier auch die Einführung sprachlicher Mittel etwa zur Überleitung von der Begrüßung zum Gesprächsanlass sinnvoll wären (z. B. „Ich habe eine Bitte/Frage/ein Anliegen, und zwar…") und auch nicht in jedem Telefonat der Ansprechpartner bekannt ist. Diese Aspekte werden auch in den folgenden Aufgaben nicht berücksichtigt. Das in der folgenden Aufgabe formulierte Beispiel eines schriftlich abgefassten Telefonats stellt einen sachlogischen Transfer zu den im Erklärtext genannten sprachlichen Verhaltensempfehlungen her, indem es für Probleme sensibilisiert, die durch mangelndes sich Hineinversetzen in den Gesprächspartner entstehen können.

Beispiel 4: Medien als Informationsquelle

Abbildungen 4–6: Erklärtexte aus: deutsch. sicher. Berufsvorbereitung. Für den Hauptschulabschluss, S. 110–111

Medien als Informationsquelle

/// Medien als Informationsquelle ///

Wenn du Informationen benötigst, überlege, woher du sie am schnellsten und am zuverlässigsten erhältst. /
Um die Zuverlässigkeit zu überprüfen, benutze immer mehrere Quellen (z. B. Fachbuch, Internet, Zeitungsartikel). /

Überprüfe, ob bei der Internetseite ein Urheber oder Verantwortlicher mit Adresse (Impressum) genannt ist und ob die Seite von einer Universität oder einem anerkannten Wissenschaftler stammt. /
Kontrolliere die Glaubwürdigkeit auch dadurch, dass du die Aussagen mit denen in anderen Quellen (z. B. Fachbüchern) vergleichst. /

/// Quellen angeben ///

Wenn du Texte oder Gedankengut von anderen Autoren übernimmst, musst du die Quelle genau angeben (siehe Muster unten). /

Die drei hier zur Veranschaulichung des Bauprinzips im Verbund präsentierten Erklärtexte (die Texte 6/7 treten im Mittelfeld auf) dienen der Bewusstmachung der Bedeutung kritischer Auseinandersetzung mit Quellen in verschiedenen Medien, dem Hinweis auf die Notwendigkeit (und Techniken) ihrer Überprüfung sowie ihrer Berücksichtigung in selbstständig verfassten Texten. Die Erklärtexte sind ebenfalls kurz und in einfacher Sprache gehalten, geben klare Handlungsanweisungen und markieren zentrale inhaltliche Aspekte durch

Wiederholung (z. B. *Zuverlässigkeit*). In den Aufgaben wird, wie bereits in den vorherigen Beispielen, unmittelbar Bezug zum in den Erklärtexten vermittelten Wissen hergestellt.

Fazit: Das in den Erklärtexten in *deutsch. sicher* vermittelte Wissen hat starken Merksatzcharakter. Es wird überwiegend in kurzen Texten und in zielgruppengerechter Sprache vermittelt, die beim Lesen keine Schwierigkeiten bereiten oder motivationshemmend wirken dürften. Der „Wissenshabitus" der Erklärtexte ist pointierend-instruktiv, dabei aber weitgehend partnerschaftlich ausgerichtet – etwa durch die Du-Anrede, die jedoch in den Aufgaben und Übungen nicht aufrechterhalten wird, was bei den Lernern u. U. Unverständnis auslösen kann. Die Erklärtexte stehen in einem sachlogischen Verhältnis zu den nachfolgenden Aufgaben, wenngleich nicht immer sämtliche relevante Aspekte der Erklärung (s. Beispiel 3) in der Lern- und Übungsphase berücksichtigt werden.

2. Das Lehrbuch: **Deutsch/Kommunikation** besteht aus zwei Komponenten: **Berufliche Grundbildung** und **Arbeitsbuch für die Berufsfachschule und das Berufsgrundbildungsjahr.**

Aufbau des Lehrwerks: Die Beruflichen Grundlagen und das Arbeitsbuch sind jeweils nach übergeordneten Lernbereichen organisiert, die sich eng am Rahmenlehrplan orientieren. Das Lehrbuch behandelt in Lernbereich 1 – Reflexion über Sprache und Kommunikation – die Themen Kommunikationsmodell, Umgang mit Wörterbüchern, Wortarten, Zeichensetzung, Satzglieder und Rechtschreibung. In Lernbereich 2 – Lesen, mit Texten umgehen und Schreiben – wird der Umgang mit Texten im Allgemeinen und Sachtexten im Besonderen angesprochen. Lernbereich 3 behandelt die schriftliche Bewerbung einschließlich Online-Bewerbung. Lernbereich 4 beschäftigt sich mit dem Führen und Auswerten von Vorstellungsgesprächen, der abschließende 5. Lernbereich wendet sich dem Umgang mit Konflikten – in den Unterabschnitten mit Konfliktsituationen, Gesprachsregeln und Konfliktlösungen – zu. Das Arbeitsbuch gliedert sich in insgesamt 3 Lernbereiche: Lernbereich 1 (Sprachnorm und Sprachwirklichkeit) behandelt die vier Teilthemen Kommunikation aufnehmen und gestalten, Informationen verarbeiten, Interessen vertreten und verhandeln, Berufsorientierung und Bewerbung, Lernbereich 2 (Textbetrachtung und Textproduktion) umfasst darstellende Texte, Erzählungen und literarische Texte sowie die Weiterentwicklung des Verstehens von Texten und Medien, Lernbereich 3 (Texte sprachlich richtig verfassen) richtet das Augenmerk auf die Wortarten, Satzstrukturen, Zeichensetzung und Rechtschreibung. Wie die Systematik erkennen lässt, sind die Haupt- und Unterkapitel in Lehr- und Arbeitsbuch durch die Mischung unterschiedlicher Ebenen der äußeren Betrachtung und des handlungspraktischen Einsatzes von Sprache und Kommunikation gekennzeichnet.

Einbettung der Erklärtexte: Laut Autoren-Vorwort soll das Lehrbuch durch die Vermittlung von Fach-, Sozial- und Methodenkompetenz zur Entwicklung beruflicher Handlungskompetenz bei den Schülerinnen und Schülern beitragen. Die Erklärtexte stehen zu Beginn der Kapitel, unterhalb der Überschrift und werden teilweise ergänzt durch farbig markierte Regeln und Hinweise, die, laut Konzepterläuterung im Vorwort, dabei helfen sollen, die Aufgaben korrekt zu bearbeiten, während die Übungen dem Einprägen der Regeln dienen.

Beispiel 1: Das Attribut – die nähere Bestimmung

Abbildung 7: Erklärtext aus: Deutsch/Kommunikation. Berufliche Grundbildung, S. 46

Lernbereich 1: Reflexion über Sprache und Kommunikation

5.6 Das Attribut – die nähere Bestimmung

- Das Attribut ist kein selbstständiges Satzglied.
- Das Attribut bestimmt die Satzglieder näher.
- Das Attribut begleitet häufig ein Substantiv.
- Das Attribut dient der Ausschmückung.

Was für ein Junge?

Was für ein Hinkelstein?

Was für ein gallischer Händler?

Junge: „Was soll der hier kosten?"
Obelix: „Tja, ich weiß nicht so recht ... normalerweise tausche ich gegen irgend etwas anderes ..."

Die Ausführungen zum Attribut im Lernbereich I: Reflexion über Sprache und Kommunikation sind wie sämtliche anderen unter dem Teilkapitel „Satzglieder" gefassten Erklärungen durch farbige Kästchen abgesetzt und weisen keine Textstruktur, sondern Aufzählungen von das Satzglied charakterisierenden Einzelinformationen in Kurzsatzform auf. Das inhaltlich vermittelte, sprachsystembezogene Wissen, d.h. über die Merkmale von Attributen, ist z.T. unzureichend (das Attribut bestimmt nicht sämtliche Satzglieder näher) und es steht im Grunde für sich, als grammatische Fakten ohne jegliche Adressierung an den Lerner. Auch die sprachliche Form des Erklär"textes" beruht auf grammatischen Begriffen und ist damit relativ abstrakt. Es schließen sich kommentarlos drei Beispielsätze mit Fettmarkierung von Fragepronomina an, anhand derer sich sämtliche oben genannten Kennzeichen von Attributen überprüfen lassen, dies wird jedoch nicht ausdrücklich angeleitet. Auf der rechten Seite findet sich ein den Erklärtext ergänzender Comic mit Obelix, auch dieser sachlogische Bezug muss vom Lerner selbstständig durchschaut werden: Es geht um die Tatsache, dass Attribute nur Satzgliedteil sein und (außer durch andere Attribute) nicht vom Bezugswort getrennt werden können, was sich durch die Verschiebe- bzw. Umstellprobe überprüfen lässt. Mit einer entsprechenden Aufgabe zur Verschiebung von Attributen setzt das Übungsprogramm ein.

Beispiel 2: Einen Kurzvortrag halten

Abbildung 8: Erklärtext aus: Deutsch/Kommunikation. Berufliche Grundbildung S. 83

2.5 Einen Kurzvortrag halten

In der Schule, in der Berufsausbildung oder später im Beruf und im privaten Bereich wird es immer wieder Situationen geben, in denen durch einen kurzen Vortrag ein Sachverhalt erläutert wird. Wer einen Kurzvortrag hält, will seine Zuhörer in einem begrenzten Zeitrahmen informieren.

Der Erklärungstext über das Halten von Kurzvorträgen besteht aus zwei Sätzen, die unpersönlich formuliert sind und inhaltlich einen überschaubaren Grad an Informationstiefe aufweisen, da sie lediglich auf die Relevanz von Kurzvorträgen in unterschiedlichen Lebensbereichen und auf ihren Informationscharakter hinweisen, ohne dabei auf konkrete Anlässe einzugehen. So wäre es vermutlich interessant für die Lerner, zu erfahren, worin sich ein Kurzvortrag von einer Rede unterscheidet und im Rahmen welcher Art von Kurzvorträgen im privaten Bereich Sachverhalte erläutert werden. Ergänzende, stichwortartige Ratschläge zur optimalen Vorbereitung auf einen Kurzvortrag sollen vor allem prozedurales Wissen vermitteln und werden checklistenartig im gerahmten Text gegeben. Auch verbleiben eine Reihe dieser Ratschläge auf relativ abstrakter Ebene, da auf weiterführende Erklärungen verzichtet wird (z. B. *Manuskriptvorlage mit großer Schriftgröße schreiben; Betonung beachten, Markierungen vornehmen; gründlich vorbereiten, um Lampenfieber zu vermeiden*).

Beispiel 3: Darstellende Texte/Die Textkürzung

Abbildung 9: Erklärtext aus: Deutsch/Kommunikation. Arbeitsbuch, S. 54

2.1 Darstellende Texte

Die Textkürzung

Es kann mehrere Gründe geben, warum jemand einen Text kürzen will:

● Ein umfangreicher Text ist für eine Klassenarbeit zu lernen. In gekürzter Form kann man aber den Inhalt besser im Kopf behalten.

● Ein Mitarbeiter soll im Betrieb ein Referat halten. Darin will er die Zuhörerschaft kurz über einen wichtigen Artikel in einer Fachzeitschrift informieren.

● Ein Text ist für den Abdruck in einer Zeitschrift, z. B. in der Schülerzeitung, zu umfangreich. Der vorgesehene Platz reicht nicht aus.

Der Aufsatz über den richtigen Luftdruck an Pkws ist sehr lang. Wenn wir bei diesem Text ein Drittel der Wörter streichen, wird der Text übersichtlicher.

Um eine stärkere situative Einbettung der Inhalte bemüht ist das Arbeitsbuch für Berufsfachschule und Berufsgrundbildungsjahr. Es werden im ersten Beispiel drei Situationen genannt, die an die Lebenswelt der Lerner anknüpfen, um zu illustrieren, warum Texte gekürzt werden. Bei genauerem Hinsehen wird jedoch deutlich, dass auch diese Beispiele eine Reihe offener Fragen generieren, die den Informationsgrad der Erklärung schmälern: Hängt etwa die Behaltensfähigkeit von Textinformationen allein von ihrer Länge ab? Worüber könnte ein Mitarbeiter im Betrieb ein Referat halten? Der Erklärtext und die nachfolgende Aufgabe wiederum sind sinnvoll miteinander verknüpft und auch die sprachliche Form ist weitgehend zielgruppengerecht.

Beispiel 4: Andere unterweisen

Abbildung 10: Erklärtext aus: Deutsch/Kommunikation. Arbeitsbuch, S. 56

2.1 Darstellende Texte

Andere unterweisen

Bedienungsanweisungen und Arbeitsanleitungen erklären, in welchen Arbeitsschritten ein Vorgang erledigt werden muss oder wie man mit einem Gerät umgeht. Solche Anweisungen werden häufig in bebilderter Form, zum Teil mit kurzen Texten gestaltet.

Unter dem Kapitel „Darstellende Texte" findet sich der Erklärtext zur Unterweisung, einer Textsorte, bei der ein (mündlicher) Wissenstransfer von fachlichen Inhalten zwischen einem Experten (z. B. einem Ausbilder) zu einem

Laien (z. B. Auszubildenden) stattfindet. Die häufigste Art der Unterweisung in der Berufswelt ist die Arbeitsunterweisung etwa zu Arbeitsschutz und Arbeitssicherheit, die auch im Lehr-/Lern-Kontext dieses Lehrwerks sicherlich naheliegend wäre. Die Autoren von Deutsch/Kommunikation beziehen das Unterweisen in ihrem Erklärtext hingegen auf (schriftliche) Bedienungsanleitungen und Arbeitsanweisungen und nehmen als sachliches Beispiel ohne weitere situative Einbettung die Erste-Hilfe-Anleitung zum Einnehmen der stabilen Seitenlage.

Fazit: Das Lehrbuch Deutsch/Kommunikation operiert mit Erklärtexten, die zwar sprachlich relativ leicht zu rezipieren, häufig jedoch reduziert auf die reine Sachinformation, ohne direkte Adressierung an die Lerner, in unpersönlicher Passivform verfasst sind und damit wenig motivierend erscheinen. Inhaltlich betrachtet wird häufig ein Wissen als gesetzt „von oben herab" dargestellt, das bei genauerem Hinsehen aber oft verkürzt ist und bei aufmerksamen Lernern neue Fragen aufwirft.

3. Das Lehrbuch: **Berufsdeutsch „Basisband"** und **„Berufsdeutsch. Handlungssituationen Einzelhandel"**.

Aufbau des Lehrwerks: Die Autoren fassen den Inhalt des Basisbands, der Sprache und Kommunikation berufsfeldübergreifend behandelt, in insgesamt fünf Hauptkapitel: Kommunizieren; Informationen sammeln und auswerten, Vortragen und Präsentieren; Ein Projekt planen, durchführen und dokumentieren; Texte lesen und verstehen, Schreiben in Beruf und Alltag sowie Rechtschreibung, Zeichensetzung und Grammatik. *Berufsdeutsch. Handlungssituationen im Einzelhandel* hingegen folgt einer Systematik nach ausgewählten Handlungssituationen für die Ausbildungsjahre 1–3 und ist nach dem Szenarienansatz konzipiert. Ausbildungsjahr 1 umfasst die übergeordneten Kapitel Einstieg in den Berufsalltag – erfolgreich kommunizieren; Einzelhändler ist nicht gleich Einzelhändler; Einen Aktionstag veranstalten. Ausbildungsjahr 2 befasst sich mit den Themen Kundengruppen und Kundentypen richtig beraten; Auf Kundenbeschwerden professionell reagieren und Eine Kundenbefragung durchführen. Den Stoff des abschließenden dritten Ausbildungsjahrs bilden Themen, wie: Sein eigener Chef sein – ein Geschäft gründen; Allein geht es nicht – Sie holen sich Unterstützung und Mitarbeiter motivieren und führen.

Einbettung der Erklärtexte: Der Basisband gibt im Vorwort (S. 3) programmatisch vor, dass in Berufsdeutsch „alle wesentlichen berufsrelevanten Grundlagen des Deutschunterrichts an berufsbildenden Schulen aus den vier Kompetenzbereichen der deutschen Sprache" vermittelt werden sollen. Es wird

des Weiteren ausgeführt, dass das Lehrbuch als Nachschlagewerk angelegt
ist – es soll ein „schnelles Erfassen und Erarbeiten der Deutschkompetenzen
und -inhalte" ermöglichen und „in optimaler Weise die konsequent berufsbezogenen Handlungssituationen der Arbeitshefte „Berufsdeutsch" unterstützen. Die Erklärtexte stehen in der Regel zur Einführung ins Kapitel unterhalb
des Titels sowie gerahmt unter den Rubrikenbezeichnungen „Basiswissen"
(wichtige Inhalte und Begriffe werden näher erklärt) und „Arbeitstechnik"
(hier werden wichtige Hilfestellungen bei der Herangehensweise an bestimmte
Aufgaben gegeben). Im Lehrbuch „Handlungssituationen. Einzelhandel" gibt
es zusätzlich vereinzelte, farblich abgesetzte „Tipps" am rechten Seitenrand, die
ebenfalls zum Teil Erklärcharakter haben – z. B.: Tipp: „Das Bauen eines Stand-
bildes ist eine Methode, in der zwei oder mehr Personen in einer bestimmten
Situation in erstarrter Haltung Aufstellung nehmen. Diese Stellung (inklusive
Gestik und Mimik) sollte bezeichnend für die Beziehung der Personen sein"
(S. 13).

Beispiel 1: Quellen richtig angeben

Abbildung 11: Erklärtext aus: Berufsdeutsch. Basisband, S. 32

Quellen richtig angeben

**Sie sind fündig geworden und haben einige Informationen zu Ihrem Thema zusammengetragen.
Denken Sie daran, dass diese Informationen nicht von Ihnen stammen. Wo immer Sie die
Informationen einbringen möchten (z. B. Handout), müssen Sie kenntlich machen, woher Sie
Ihr Wissen haben.**

Der Basisband Deutsch kombiniert, wie in diesem Beispiel zu sehen, häufig
zwei Arten von Erklärtexten miteinander: einen kürzeren einführenden, der
die Lerner mit einer kommunikationsrelevanten Situation/einem Problem/
einer Herausforderung konfrontiert, und einen unter der Rubrik „Basiswissen"
geführten längeren, gerahmten Text mit fachlichen Erklärungen zu diesem
Problem. Im vorliegenden Fall geht es um das Angeben von Quellen, einer
(nicht nur) in Ausbildungszusammenhängen wichtigen Kompetenz, wenn es
um die Verarbeitung von (fremdem) Wissen geht. Die Formulierungen des
ersten Erklärtexttyps adressieren den Lerner direkt, haben Ratschlagcharakter,
verwenden eine zielgruppennahe, verständliche Sprache (z. B. *fündig* werden,
Handout etc.) und relativ kurze Sätze. Die Basiswissen-Artikel erscheinen deutlich sachbezogener und geben einen strukturierten Überblick über das notwendige Wissen zum Thema (hier: die Unterscheidung von Quellenangaben

nach Medien bzw. einzelnen kommunikativen Gattungen). Zur Unterstützung der thematischen Ordnung oder zur Markierung wichtiger Schlüsselbegriffe wird Fettdruck verwandt.

Beispiel 2: Rechtschreibung, Zeichensetzung und Grammatik

Abbildung 12: Erklärtext aus: Berufsdeutsch. Basisband S. 103

Mit Fehlern in Ihrem Bewerbungsschreiben scheitern Sie schon früh bei der Suche nach einem Arbeitsplatz. Fehler in Schulaufgaben und Prüfungsarbeiten verschlechtern Ihre Note. Fehlerhafte Briefe und Dokumente am Ausbildungs- oder Arbeitsplatz rücken Sie und Ihre Firma in ein schlechtes Licht. Es ist daher wichtig, fehlerträchtige Bereiche der Rechtschreibung, Zeichensetzung und Grammatik zu trainieren. Zudem unterstützt die Einhaltung sprachlicher Regeln und Normen eine erfolgreiche Kommunikation im Alltag und im Beruf.

Dieser Erklärtext führt in das Oberkapitel „Rechtschreibung, Zeichensetzung, Grammatik" ein und weist die Lerner von Anfang an inhaltlich wie sprachlich sozusagen mit erhobenem Zeigefinger (hohes Maß an Nominalisierungen, Aufzählungscharakter zur Verstärkung der Argumentation) und mit relativ drastischen Worten und Bildern (*scheitern Sie schon früh, verschlechtern die Note, in ein schlechtes Licht rücken, fehlerträchtig*), auf die negativen Folgen von fehlerhaften Texten hin. Diese Erklärung hat vermutlich eher einschüchternde Wirkung und nimmt bewusst eine sehr stark normierende Perspektive ein, die dann auch in eine sprachreflexive Aufgabe zur (gesellschaftlichen) Bedeutung von Rechtschreibnormen mündet.

Beispiel 3: Sprache gekonnt einsetzen

Abbildung 13: Erklärtext aus: Berufsdeutsch. Handlungssituationen Einzelhandel, S. 14

Sprache gekonnt einsetzen

Als angehende Kauffrau /angehender Kaufmann sollten Sie sich gezielt mit den unterschiedlichen Kundengesprächen auseinandersetzen. Denn das gesprochene Wort wirkt nicht nur durch den Inhalt, sondern auch durch Betonung, Lautstärke und Aussprache, Pausen, Ausgestaltung des Gesagten durch Fremdwörter und die Länge der Sätze.

Die Erklärtexte in Berufsdeutsch Handlungssituationen Einzelhandel sprechen den Lerner häufig in seiner künftigen beruflichen Rolle und über seine künftigen Aufgaben an. Auch in diesem, ähnlich wie im vorangegangenen, Beispiel soll im Erklärtext ein bestimmtes Problembewusstsein angebahnt werden – es geht um den gezielten Einsatz von Sprache. Allerdings tun sich die Autoren schwer damit, das logisch herzuleiten. Sie empfehlen die Auseinandersetzung mit unterschiedlichen „Kundengesprächen" und fahren dann mit dem Gedanken fort, auf welchen Ebenen man Sprache wirkungsvoll variieren kann. Dies ist ein logischer Bruch, der vermutlich auch nicht sehr hilfreich dabei ist, die sich anschließende Aufgabe mit einer relativ schwierigen, offenen Frage zu bearbeiten.

Beispiel 4: Kapitalbedarf – Eltern oder Bank?

Abbildung 14: Erklärtext aus: Berufsdeutsch. Handlungssituationen Einzelhandel, S. 90

Kapitalbedarf – Eltern oder Bank?

Eine Geschäftsgründung verlangt Geld. Jedes Einzelhandelsunternehmen muss Waren beschaffen und hat damit Ausgaben. Der Verkauf der Waren bedeutet Einnahmen. Da Ausgaben und Einnahmen meist zeitlich auseinanderliegen, entsteht ein Kapitalbedarf.

Dieser kurze Erklärtext führt in das Thema Kapitalbedarf ein und verwendet hierzu als auffälligste Erscheinung auf sprachlicher Ebene verständlicherweise kaufmännisch-betriebswirtschaftliche Lexik (*Geschäftsgründung, Einzelhandelsunternehmen, Waren beschaffen, Einnahmen, Ausgaben, Kapitalbedarf*). Inhaltlich betrachtet wird der Lerner möglicherweise sehr stark auf den Wareneinkaufsaspekt fokussiert – Kapitalbedarf bei Geschäftsgründung entsteht im Wesentlichen durch Investitionskosten (z. B. Kosten für Ladenlokal und -einrichtung, Marketing etc.). Die sich anschließende Übung ist sinnvoll mit dem Erklärtext verknüpft.

Fazit: Die Lehrbücher Berufsdeutsch Basisband und Handlungssituationen Einzelhandel bemühen sich sprachlich um eine relative Nähe zum Lerner und eine systematische Hinführung zum Stoff. Im Detail betrachtet sind die Erklärungen inhaltlich jedoch nicht immer stringent und partnerschaftlich orientiert.

4. Das Lehrbuch: **Das Deutschbuch für berufliche Schulen**

Aufbau des Lehrwerks: Das Deutschbuch besteht aus vier Bausteinen mit insgesamt 20 Teilkapiteln. Zu Beginn gibt es einen Basisbaustein (mit sieben Unterkapiteln: „Grundlegende Lern- und Arbeitstechniken für fast jede Lebenssituation; Man kann nicht nicht kommunizieren; Gespräche im beruflichen Kontext; Verstehen und Wiedergeben, was sich in Sachtexten verbirgt; Nichts als Zahlen? – Diagramme und Schaubilder verstehen und nutzen; Was Arbeitgeber erwarten – Eine formgerechte Bewerbungsmappe erstellen; Grenzenloses Abenteuer – Literarische Texte verstehen"). Es folgt Lernbaustein 1 („In einer Diskussion clever argumentieren; Sicherer Gebrauch von

Gebrauchstexten; Was in der Presse steht – Textsorten kennenlernen/Inhalte visualisieren; Stellung nehmen und erörtern; Neue und alte Medien nutzen"), anschließend Lernbaustein 2 „(Vortragen, referieren und präsentieren; Was im Text steht und wie stehe ich dazu? – Eine Texterörterung verfassen; Wie Sprache beeinflusst und Literarische Texte interpretieren"). Die letzte Lerneinheit umfasst Informationen, Materialien und Methoden und enthält die Teilkapitel Rechtschreibung, Zeichensetzung und Grammatik; Konzipieren, organisieren, realisieren – Arbeiten im Projekt; Textpool sowie Operatoren kennen – Arbeitsanweisungen verstehen".

Einbettung der Erklärtexte: Laut Ausführungen im Vorwort bietet das Deutschbuch Situationen, Materialien und umfassende Aufgaben aus dem Beruf und Privatbereich, um die individuellen Kompetenzen in den vier Fertigkeitsbereichen sowie im Umgang mit Sprache zu vertiefen, mit dem Ziel „sich im Berufs- und Privatleben erfolgreich, kompetent und korrekt ausdrücken [zu können] und sich in möglichst allen Situationen kommunikativ richtig [zu] verhalten". In den Kapiteln sollen, ähnlich wie im Lehrbuch *Berufsdeutsch*, jeweils zwei Arten von Erklärtexten bei der Bearbeitung der Aufgaben und Übungen helfen, die grafisch in Kästchen abgesetzt sind und einführen in 1. „Methoden des Kapitels" (hier werden wichtige Methoden genannt, die im vorliegenden Kapitel vermittelt bzw. geübt werden) und 2. „Gut zu wissen" (hier werden Inhalte und Arbeitstechniken näher erklärt).

Beispiel 1: Die Arbeit dokumentieren – Ein Berichtsheft führen

Abbildung 15: Erklärtext aus: Das Deutschbuch für berufliche Schulen, S. 127

Die Arbeit dokumentieren –
Ein Berichtsheft führen

Ein Berichtsheft dient als Ausbildungsnachweis und ist in der Regel auch Voraussetzung für die Zulassung zur Prüfung. Die für die Ausbildung verantwortlichen Personen können daran feststellen, ob alle notwendigen Fertigkeiten und Inhalte der Ausbildung vermittelt wurden. Für Sie selbst ist es eine Zusammenfassung über den Fortgang Ihrer Ausbildung.

Das Berichtsheft besteht meistens aus zwei Teilen: den Wochenberichten und den Tätigkeitsberichten. Im ersten Teil tragen Sie ein, was Sie während der Arbeit getan haben oder was Sie im Unterricht gelernt haben. Im zweiten Teil sammeln Sie die Tätigkeitsberichte. Wie ausführlich Sie Ihr Berichtsheft führen, ist in den Berufszweigen unterschiedlich geregelt.

Sie sollten Ihr Berichtsheft regelmäßig führen, denn länger zurückliegende Arbeitstage sind nur schwer zu rekonstruieren. Ihr Berichtsheft muss in bestimmten Abständen im Ausbildungsbetrieb zur Gegenzeichnung vorgelegt werden.

Beispiel 1 wartet mit einem relativ ausführlichen, unmittelbar an die Lernenden adressierten Erklärtext zum Themenschwerpunkt „Die Arbeit dokumentieren – Ein Berichtsheft führen" auf. Er ist dicht an relevanten Informationen und Ratschlägen darüber, welche Funktion ein Berichtsheft hat bzw. wie es geführt werden sollte. Der Text ist kohärent und auf sprachlicher Ebene gekennzeichnet durch ein hohes Maß an Nominalisierungen. Das Muster eines Wochenberichts dient der Veranschaulichung, die erste Aufgabe schafft mit einem Erfahrungsaustausch einen sinnvollen Übergang zur Vertiefung des Themas.

Beispiel 2: Das Vorstellungsgespräch – Erfolgreich vorbereiten und durchführen

Abbildung 16: Erklärtext aus: Das Deutschbuch für berufliche Schulen S. 94

Das Vorstellungsgespräch – Erfolgreich vorbereiten und durchführen

Hat man mit der Bewerbungsmappe sehr gute Arbeit geleistet, dann wird man zum Vorstellungsgespräch eingeladen, in dem im Prinzip mündlich wiederholt wird, was schriftlich bereits eingereicht wurde.

» GUT ZU WISSEN Das Vorstellungsgespräch planen

Auf das Vorstellungsgespräch bereitet man sich am besten vor, indem man sich **sehr gut über das Unternehmen informiert**. Umgangston, Kleidung und Frisur werden dem Umfeld des zukünftigen Arbeitsplatzes angepasst, ohne sich jedoch zu verkleiden. Die **Anreise** wird sorgfältig geplant, sodass man pünktlich zum Termin da ist.
Bei der **Begrüßung** stellt man sich selbstbewusst mit vollem Namen vor und setzt sich erst, wenn man dazu aufgefordert wird. Die Namen der am Gespräch Beteiligten sollte man sich gut einprägen. Interesse und Offenheit zeigt man, indem man mit allen am Gespräch Beteiligten Blickkontakt aufnimmt.

Ein knapp dreizeiliger Text leitet in das Thema „Vorstellungsgespräch", indem es – beinahe trivialisierend („sehr gute Arbeit"/"im Prinzip mündlich wiederholt...") den Zusammenhang von schriftlicher Bewerbung und Vorstellungsgespräch erläutert. Der ergänzende Merkkasten „Gut zu wissen" geht (im Fließtext und nicht als Aufzählung, wie das in Bewerbungsratgeber-Texten häufig der Fall ist") auf einzelne Aspekte der Planung von Vorstellungsgesprächen ein, bleibt aber auch hier relativ beliebig und allgemein. Beide Erklärungstext-Formen sind diesmal in unpersönlicher Form gehalten (Passiv, unpersönliches „man"), unter lexikalischen Gesichtspunkten in zielgruppenadäquater Form formuliert. Schlüsselinformationen im Merkkasten werden durch Fettdruck markiert. Die Texte stehen im Vorfeld von Aufgaben zur Vorbereitung auf typische Fragen, die im Vorstellungsgespräch an die Bewerber gestellt werden und kann im anschließenden Rollenspiel als Ratgeber optional genutzt werden.

Fazit: Das *Deutschbuch* gibt sich Mühe, den Lernern über Erklärtexte relevantes deklaratives und prozedurales Wissen zu sprach- und kommunikationsbezogenen Themen zu vermitteln, diese verfügen allerdings inhaltlich über eine unterschiedlich hohe Informationsdichte bzw. -qualität und sind auch sprachlich nicht homogen gestaltet. Was den Vorteil hat, sich umfangreiches Wissen enzyklopädisch anzueignen, könnte gerade bei längeren Texten und dadurch, dass die Autoren ihre Zielgruppe kaum persönlich ansprechen und ihnen selten „didaktische Verschnaufpausen" einräumen, zu nüchtern wirken und ein Motivationshemmer für die Lerner darstellen.

3. Abschließende Bemerkungen

Kapiteleinführende Erklärtexte sind, wie die skizzierten Beispiele gezeigt haben, in ihrer formalen Darbietung variantenreich und dienen sowohl als Einführung in ein Themengebiet/einen Themenschwerpunkt, als Normvorgabe bzw. Ratgeber für sprachlich-kommunikative Verhaltensweisen in beruflichen Kontexten, als auch als Leitlinien für die Bearbeitung nachfolgender/vorangehender Aufgaben und Übungen.

Die Tatsache, dass frei verfasste kapiteleinführende Erklärtexte den „Erstkontakt" mit einem Thema herstellen, sollte für Lehrbuchautoren, die diese Einstiegsvariante wählen, besonderer Ansporn zu einer interessanten, kognitiv aktivierenden, themengerechten, sachlogischen Entfaltung für die Berufspraxis wirklich relevanten und nützlichen deklarativen und prozeduralen Wissens sein. Dies sollte einhergehen mit einer zielgruppennahen Adressierung und einer sprachlich möglichst einheitlich gestalteten, zugänglichen Vermittlung der Wissensinhalte (möglichst kurze Sätze, Verbalstil, Gebrauch der Aktivform, Vermeidung von Abstrakta, Gebrauch von Lexik, die auch später im Rahmen der Aufgaben aktiv verwendet werden kann) sowie den Leseprozess unterstützenden Markierungsformen (Hervorhebungen von Schlüsselwörtern über Fettdruck, Kursivierungen, Absätze etc.). Das aufbereitete Wissen sollte nach Möglichkeit von den Autoren auch nicht normierend „von oben herab", (wie das Thema „Rechtschreibung" zeigt), gar als Mittel zur Einschüchterung eingesetzt werden, logische Brüche, auch im Bezug unterschiedlicher Repräsentationsformen zueinander sowie sprachlich sperrige Formulierungen sind zu vermeiden.

Wenngleich die stichprobenartige Lehrbuchanalyse nicht repräsentativ ist und auch nicht zu dem Ergebnis kam, dass die Lerner mit den kapiteleinführenden

Erklärtexten sprachlich überfordert werden (könnten), da diese in hohem Maße allgemeinsprachlich abgefasst sind, muss jedoch festgestellt werden, dass im untersuchten Material des Öfteren sachliche Nüchternheit und enzyklopädische Vollständigkeit hinter dem Versuch zurückstehen, die Lerner schrittweise mit dem Thema vertraut zu machen, sie situativ und sprachlich behutsam aber präzise an die jeweilige sprachlich-kommunikative Herausforderung heranzuführen.

Wo eröffnet sich weiterer Forschungsbedarf im Umfeld von (lehrbuchkapiteleinführenden) Erklärtexten? Wünschenswert wären für die Zukunft breiter angelegte empirische Untersuchungen zur Aufbereitung und Wirkung von Erklärtexten und dem in ihnen abgebildeten deklarativen und prozeduralen Wissen. Dabei wäre u. a. die Frage zu klären, wie sie (im Unterricht eingesetzt/im Selbststudium, im Wechselspiel mit Aufgaben und Übungen) rezipiert bzw. produktiv weiterverarbeitet und wie, unter welchen Bedingungen sie als „Autorität" zur Wissensvermittlung wahr- bzw. angenommen werden: Für welche Lernertypen ist etwa ein eher partnerschaftlich anmutendes sprachliches Register in Erklärtexten, für welche Lerner eher ein fachlich verdichtetes Register lernmotivierend bzw. welches der beiden wirkt sich günstiger auf die Bewältigung nachfolgender Aufgaben aus?

Literatur

Efing, Christian (2014): Berufssprache & Co.: Berufsrelevante Register in der Fremdsprache. Ein varietätenlinguistischer Zugang zum berufsbezogenen DaF-Unterricht. In: InfoDaF 4/2014 (Themenreihe Vermittlung von Fachsprachen), 415–441.

Feilke, Helmuth (2013): Bildungssprache und Schulsprache. In: Becker-Mrotzeck, Michael et al. (Hrsg): Sprache im Fach. Sprachlichkeit und fachliches Lernen (= Fachdidaktische Forschungen, Bd. 3). Münster, 25–40.

Fiehler, Reinhard (2004): Charakterisierung der Spezifik mündlicher Kommunikation (Kapitel I.1). In: Fiehler, Reinhard et al. (Hrsg.): Eigenschaften gesprochener Sprache. Tübingen, 11–28.

Gogolin, Ingrid/Lange, Imke (2011): Bildungssprache und durchgängige Sprachbildung. In: Fürstenau, Sara/Gomolla, Mechtild (Hrsg.): Migration und schulischer Wandel: Mehrsprachigkeit. Wiesbaden, 107–129.

Neuland, Eva/Peschel, Corinna (2013): Einführung in die Sprachdidaktik. Stuttgart, Weimar.

Redder, Angelika/Guckelsberger, Susanne/Graßer, Barbara (Hrsg.) (2013): Mündliche Wissensprozessierung und Konnektierung. Sprachliche Handlungsfähigkeiten in der Primarstufe. Münster u. a.: Waxmann.

Rexing, Volker/Keimes, Christina/Ziegler, Birgit (2013): Lesekompetenz von BerufsschülerInnen – Befunde und Konsequenzen. In: Efing, Christian (Hrsg.): Ausbildungsvorbereitung im Deutschunterricht der Sekundarstufe I. Die sprachlich-kommunikativen Facetten von „Ausbildungsfähigkeit". Frankfurt/ Main, 41–63.

Schmölzer-Eibinger, Sabine (2013): Sprache als Medium des Lernens im Fach. In: Becker-Mrotzek et al. (Hrsg.): Sprache im Fach. Sprachlichkeit und fachliches Lernen (= Fachdidaktische Forschungen, Bd. 3). Münster, 113–130.

Sujew, Dimitri (1986): Das Schullehrbuch. Berlin: Volk und Wissen.

Lehrbücher:

Das Deutschbuch für berufliche Schulen. 1. Auflage 2013. Berlin: Cornelsen.

Berufsdeutsch. Basisband. 1. Auflage 2013. Berlin: Cornelsen.

Berufsdeutsch. Handlungssituationen Einzelhandel. 1. Auflage 2012. Berlin: Cornelsen.

deutsch. sicher. Berufsvorbereitung. 1. Auflage 2011. Stuttgart: Klett.

deutsch. sicher. Berufsvorbereitung. Für den Hauptschulabschluss.1. Auflage 2012. Stuttgart: Klett.

Deutsch/Kommunikation. Berufliche Grundbildung. 1. Auflage 2009. Troisdorf: Bildungsverlag EINS).

Deutsch/Kommunikation. Arbeitsbuch. Berufsfachschule. Berufsgrundbildungsjahr. 1. Auflage 2013. Troisdorf: Bildungsverlag EINS.

Verzeichnis der Autorinnen, Autoren und Herausgeber

Dr. **Ulrich Carp** unterrichtet am Berufskolleg an der Lindenstraße in Köln in zwei Bildungsgängen (Wirtschaftsgymnasium und FOS13), die zum Abitur führen. Er ist an der Erstellung von Handreichungen für neue Aufgabenformate im Fach Deutsch beteiligt, die an der nordrhein-westfälischen Qualitäts- und Unterstützungsagentur – Landesinstitut für Schule in Soest entwickelt werden.

Prof. Dr. **Christian Efing** ist Professor für die Didaktik der deutschen Sprache und Literatur (Sprachdidaktik) an der Bergischen Universität Wuppertal sowie Initiator des Netzwerkes „Sprache und Kommunikation in der Beruflichen Bildung – SKiBB" (www.berufsbildungssprache.de). Seine Arbeits- und Forschungsschwerpunkte: Sprache und Kommunikation in Ausbildung und Beruf, Lesediagnose und -förderung, Variationslinguistik.

Prof. Dr. phil. **Joachim Hoefele** ist Leiter des Arbeits- und Forschungsbereichs Deutsch als Fremd- und Zweitsprache DaF/DaZ am Departement Angewandte Linguistik der Zürcher Hochschule für Angewandte Wissenschaften ZHAW. Seine Arbeits- und Forschungsschwerpunkte: Forschung und Entwicklung von Konzepten zur Förderung sprachlich-kommunikativer und soziokultureller Kompetenzen im Kontext von Migration und Integration, Förderung der Lese- und Schreibkompetenzen zwischen Deutsch als Mutter- und Zweitsprache DaM/DaZ im Bereich der beruflichen Bildung.

Dr. **Karl-Hubert Kiefer** ist wissenschaftlicher Mitarbeiter am Lehrstuhl für die Didaktik der deutschen Sprache und Literatur (Sprachdidaktik) an der Bergischen Universität Wuppertal. Seine Arbeits- und Forschungsschwerpunkte: Berufsbezogene Sprache und Kommunikation im Mutter- und Fremdsprachenkontext, Variationslinguistik, Translatologie.

Prof. Dr. **Nicole Kimmelmann** ist Professorin für Wirtschaftspädagogik und Personalentwicklung an der Universität Paderborn. Ihre Arbeits- und Forschungsschwerpunkte sind: Sprache in Ausbildung und Beruf, Diversity/Inklusion, Arbeitswelt 4.0 sowie der Einsatz von neuen Medien für Lehr-/Lernzwecke.

Dr. des. **Liana Konstantinidou** ist wissenschaftliche Mitarbeiterin im Arbeits- und Forschungsbereich Deutsch als Fremd- und Zweitsprache am Departement Angewandte Linguistik, Zürcher Hochschule für Angewandte Wissenschaften.

Ihre Arbeits- und Forschungsschwerpunkte: Schreibförderung und Schreibdiagnose in der beruflichen Bildung, Sprache und Kommunikation im Integrationsbereich, Interkulturelle Erziehung, Politische Bildung.

Annette Müller, Germanistin/Politologin (M.A.), Lehrerexamen, ist in Berlin Koordinatorin einer Einrichtung zur ausbildungs- und berufsschulergänzenden Förderung benachteiligter Auszubildender mit dem Schwerpunkt der Verbindung fachlichen und sprachlichen Lernens. Ihre Arbeitsschwerpunkte: Didaktik des Deutschen (als Zweitsprache) in berufsbezogenen Zusammenhängen, Sprachlernberatung, Konzeption, Umsetzung und Auswertung von Projekten zur Berufsbildungsförderung.

PD Dr. **Corinna Peschel** ist wissenschaftliche Mitarbeiterin am Institut für Bildungsforschung an der Bergischen Universität Wuppertal, Arbeitsbereich „Mehrsprachigkeit in der Schule". Ihre Arbeits- und Forschungsschwerpunkte: Sprachbildung in der Schule, Schreiben in mehrsprachigen Klassen/Schreibdidaktik, Grammatikdidaktik.

Prof. Dr. **Maik Philipp** ist Professor für Deutschdidaktik mit Schwerpunkt Schreibförderung an der Pädagogischen Hochschule Zürich. Seine Arbeits- und Forschungsschwerpunkte: Lese- und Schreibkompetenzerwerb und -sozialisation, evidenzbasierte Lese- und Schreibförderung und materialgestütztes Schreiben.

Dr. **Ulrike Pospiech**, M. A., leitet als wissenschaftliche Mitarbeiterin die Schreibwerkstatt im Institut für Optionale Studien der Universität Duisburg-Essen, die sie 1997 gegründet hat. Seit 1992 lehrt und forscht sie an der Universität Duisburg-Essen im Fach Deutsch (Sprachwissenschaft und Sprachdidaktik). Ihre Arbeitsschwerpunkte: Textlinguistik, Schreibdidaktik, wissenschaftliches und berufliches Schreiben.

Prof. Dr. **Jörg Roche** ist Professor für Deutsch als Fremdsprache und Mediendidaktik am Institut für Deutsch als Fremdsprache der Ludwig-Maximilians-Universität München. Seine Forschungsschwerpunkte: Mehrsprachigkeitstheorie, Kognitive Grammatik, Bildungspolitik.

Dr. **Oliver Schoell** ist schulfachlicher Dezernent der Bezirksregierung Köln. Zuvor war er Schulleiter an einem kaufmännischen Berufskolleg in Leverkusen. Im Rahmen seiner früheren Aufgaben als pädagogischer Mitarbeiter des Ministeriums für Schule und Weiterbildung Nordrhein-Westfalen hat er an den Bildungsstandards für die Allgemeine Hochschulreife mitgewirkt.

Michael Seyfarth ist DAAD-Lektor an der Staatlichen Universität Tomsk sowie an der Staatlichen Pädagogischen Universität Tomsk (Russland). Er provomiert an der Universität Wien (Österreich) zum Thema „Kommunikative Anforderungen in Tourismusberufen" (Arbeitstitel).

Dr. **Elisabetta Terrasi-Haufe** ist wissenschaftliche Mitarbeiterin am Institut für Deutsch als Fremdsprache der Ludwig-Maximilians-Universität München. Sie koordiniert das Projekt „Bildungssprache Deutsch für berufliche Schulen". Ihre Arbeits- und Forschungsschwerpunkte: Lernersprachen- und Interaktionsanalyse, empirische Unterrichtsforschung und Integrationsforschung.

Chantal Weber ist wissenschaftliche Assistentin im Arbeits- und Forschungsbereich Deutsch als Fremd- und Zweitsprache am Departement Angewandte Linguistik, Zürcher Hochschule für Angewandte Wissenschaften. Ihre Arbeits- und Forschungsschwerpunkte: Sprach- und Kommunikationsförderung im Integrations- und Migrationsbereich, Einfache Sprache, Schreibförderung in der beruflichen Bildung, Phonetik des deutschschweizerischen Standards.

Dr. **Peter Weber** ist Lehrer am Berufskolleg und wissenschaftlicher Mitarbeiter am Mercator-Institut für Sprachförderung und Deutsch als Zweitsprache an der Universität zu Köln. Seine Arbeitsschwerpunkte: Deutschunterricht mit neu zugewanderten Kindern und Jugendlichen, Förderung der Gesprächskompetenz.

Magdalena Wiażewicz ist Germanistin, Komparatistin, Didaktikerin des Polnischen als Fachsprache, Lehrerin am OSZ Wirtschaft in Berlin, Fortbildnerin, Entwicklerin vom Rahmenlehrplan für die Berufsvorbereitung i.A. der Berliner Senatsverwaltung für Bildung, Jugend und Familie. Ihre Arbeits- und Forschungsschwerpunkte: Sprachbildung, Mehrsprachigkeit und Sprachdiagnostik, Curricula und Qualifizierung der Lehrkräfte zum integrieren Fach- und Sprachlernen in der beruflichen Bildung und zur Integration von zugewanderten und mehrsprachigen Lernenden.

Wissen – Kompetenz – Text

Herausgegeben von Christian Efing / Britta Hufeisen / Nina Janich

www.peterlang.com